Christian E. Hannig wurde 1941 in Friedland geboren. Nach einer schriftstellerischen Ausbildung war er zunächst freier Mitarbeiter bei einer Tageszeitung, bevor er sich zum Fluglotsen ausbilden ließ. Als Ausgleich für diesen Streß-Job hat er sich viele naturverbundene Hobbys zugelegt: allgemeine Tier- und Pflanzenkunde, das Sammeln von Mineralien und Versteinerungen, Naturfotografie und natürlich das Reisen. Seit vielen Jahren unternimmt er im Alleingang ausgedehnte Abenteuerreisen per Rad, vom Roten Meer bis zum Nördlichen Eismeer, auf dem amerikanischen Kontinent bis hinauf nach Alaska und durch Australien. Mehr als eine Erdumrundung hat er inzwischen im Fahrradsattel zurückgelegt.

Bei Frederking & Thaler sind von ihm erschienen:

Im Land der Schotten
Island – Vulkane, Eis und Einsamkeit
Mit dem Fahrrad durch Alaska
Irisches Reisetagebuch
Abenteuer Mexiko

Christian E. Hannig

Polarlicht

Radabenteuer in Skandinavien, Island und Grönland

SIERRA

Umschlagfoto: Für die Bewohner Ammassaliks ein alltäglicher Anblick: Eisberge am »Stadtrand«

Die Deutsche Bibliothek – CIP-Einheitsaufnahme
Hannig, Christian E.:
Polarlicht : Radabenteuer in Skandinavien, Island und Grönland / Christian E. Hannig. – Im Text ungekürzte Taschenbuchausg., 1. Aufl. – München : Sierra bei Frederking und Thaler, 2000
(Reisen, Menschen, Abenteuer)
ISBN 3-89405-086-1

REISEN · MENSCHEN · ABENTEUER

Im Text ungekürzte Taschenbuchausgabe, 1. Aufl. 2000

Titelfoto/Fotos: Christian Hannig
Karte: Isolde Notz-Köhler, München
Produktion: Sebastian Strohmaier, München
Satz: Uhl + Massopust, Aalen
Druck und Bindung: Presse-Druck Augsburg
Gesamtbetreuung: Ariadne Buchkonzeption, Christine Proske, München
Papier: Das Papier wurde aus chlorfrei gebleichtem Zellstoff hergestellt
Printed in Germany
ISBN 3-89405-086-1

Inhalt

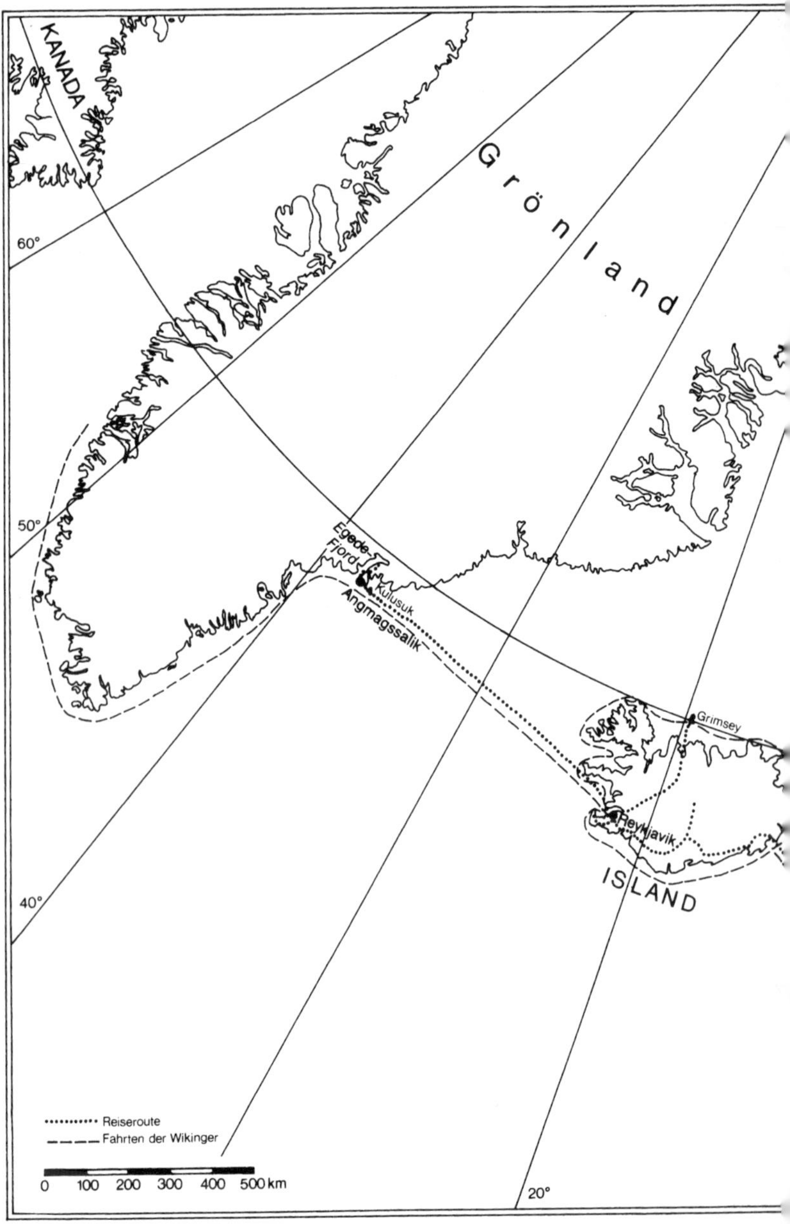
KANADA
Grönland
60°
50°
40°
20°
Egede-Fjord
Kulusuk
Angmagssalik
Grimsey
Reykjavik
ISLAND
Reiseroute
Fahrten der Wikinger
0 100 200 300 400 500 km

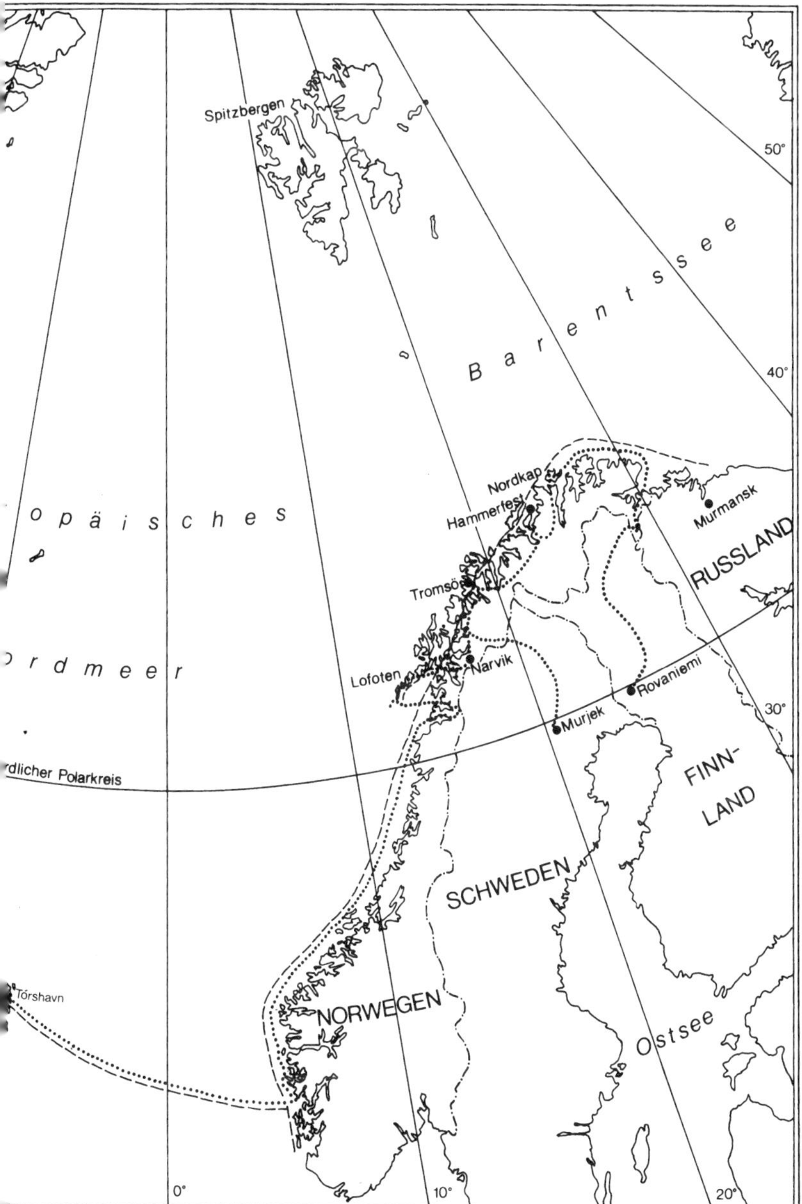

Spitzbergen
50°
B a r e n t s s e e
40°
Nordkap
Hammerfest
Murmansk
RUSSLAND
opäisches
Tromsö
ordmeer
Lofoten
Narvik
Rovaniemi
30°
Murjek
rdlicher Polarkreis
FINN-
LAND
SCHWEDEN
Tórshavn
NORWEGEN
Ostsee
0°
10°
20°

fyrir Finnur Jónsson

Vorwort

Vom Reichtum einer Reise

Mehr als 5 000 Kilometer mit dem Fahrrad, davon über 3 000 nördlich des Polarkreises, das klingt nach einem kleinen Rekord. Doch diese Wertung wäre falsch. Hier zählte nicht die Distanz; die eigentliche Dimension war das Erlebnis.

Reisen haben ein Profil. Diese unterschied sich deutlich von meinen bisherigen. Mehr als je zuvor war die Natur mein Gesprächspartner – ja, sie machte mich zu ihrem Schüler. Sie ließ mich das Werden der Landschollen nachvollziehen, sie legte mir Steine in die Hand, die noch aus der Schöpfungsphase der Erde stammten. Pflanzen verrieten mir die Bedingungen, unter denen sie wuchsen; sie und Tiere machten mir den Rhythmus der Jahreszeiten bewußt.

Die Natur bot mir wahre Schauspiele: das Nordlicht, das Kalben der Gletscher, Stürme über Land und See. Sie ließ mich an diesen Urkräften teilhaben – nicht immer, ohne daß ich einen Preis dafür bezahlen mußte: Kälte, Nässe, todmüde Knochen. Doch im Rückblick war es ein lächerlicher Tribut im Vergleich zum erhaltenen Gegenwert.

Autofahrer mögen es da einfacher haben. Technik verkürzt Distanzen. Aber sie verkürzt auch das Erlebnis. Sie ist wie das diagonale Lesen eines Buches. Am Ende kennt man von seinem Inhalt nur Bruchstücke. Überaus deutlich wird dies bei den Begegnungen mit den Menschen, die ebenso »Inhalt« dieser Reise waren. Ole Christiansen, der einsame Eismeerfischer, Steen Petersen, der Eremit in der Lappenhütte am Polarkreis, Finnur Jónsson, der Mann, dem ich dieses Buch widme: Wie anders könnte man solchen Menschen begegnen als auf einer Reise, die – über das Fortbewegungsmittel Fahrrad hinaus – ausgetretene Pfade meidet. Dabei baute mir gerade das Rad Brücken der Begegnung.

Dieses Buch macht aber auch deutlich, daß weder Ausrüstung noch Kondition – erst recht nicht der Einsatz von Geld – zum Reichtum einer Reise führen, sondern daß der Zufall oder jene schützende Hand, die ich gerne meinen »Glücksstern« nenne, als Pate für das Gelingen einer solchen Tour notwendig sind. Wie anders hätte sie so glücklich enden können!

Christian E. Hannig

Land in Flammen

Seidenweich setzt die Maschine auf dem Rollfeld von Rovaniemi auf. Wenig später beginnt für mich eine Reise mit vielen Unbekannten. Nur eines ist sicher: Mein Partner – oder mein Gegenspieler – wäre wieder einmal die Natur.

Bis zum Polarkreis war es von hier nur eine kleine Etappe. Ihm wollte ich nun auf viele tausend Kilometer folgen – und ihn als meine Ziellinie dabei immer wieder kreuzen. Für ein solches Unternehmen, das wußte ich wohl, bräuchte ich nicht nur das Wohlwollen der Wettergötter.

Napapiiri! Polar Circle! Cercle Polair! Die Schilder sind nicht zu übersehen. Doch der »kalte« Name trügt. Hier verläuft keine »arktische Grenze«, hier beginnt kein klimatisches Extrem. Nur ganz allmählich würde die Natur veränderte Bedingungen schaffen. Sie und die Wissenschaft ziehen verschiedene Grenzen. Das einzig Bemerkenswerte am Polarkreis: Durch die Neigung der Erdachse bleibt es auf dieser nördlichen Breite einmal den ganzen Tag Nacht, und einmal im Jahr geht die Sonne nicht unter.

Es ist September. Die Mücken haben sich verkrochen, der Herbst hat die Touristen des Landes verwiesen. Aus Richtung Norden kommt ein letzter Bus. Ihm entquillt eine Reisegruppe Japaner. Für die Asiaten endet hier die Polartour. Sie posieren noch einmal für ein Foto. In gewohnter Höflichkeit möchte dabei jeder dem anderen den Vortritt lassen. Die Folge für alle: Man fröstelt länger.

Der Polarkreis: für jene die Abschiedslinie, für mich der Startpunkt. Noch ein Blick in die Runde: Tankstelle, Nikolausdorf, Souvenirläden – am Weg ins polare Europa lungert längst der Kommerz. Dann der erste Tritt in die Pedale: Auf mich warten die Weite und die Stille Lapplands. Sie zu erleben, war ich wie ein Fisch aus dem Schwarm ausgebrochen. Herden haben ihre Kundschafter und ihre Nachhut.

Bereits vom Flugzeug aus war mir aufgefallen: Der Herbst hatte in den Wäldern Feuer gelegt. Im Grün der Nadelbäume züngelte es. Noch wenige Tage, noch ein paar Nachtfröste und »Ruska-aika«, der

Indianersommer Lapplands, wäre voll entflammt. Ich ziehe die Wollmütze etwas tiefer in die Stirn. Der Wind kommt aus den Weiten Rußlands, er ist wie ein kalter Gruß. Früher oder später würde ich einfrieren.

Meine Freude an dem Farbenrausch bleibt vorerst gedämpft. Die Eismeerstraße, ehemals ein Schotterband, das Felsen und Moortümpeln auswich, ist heute kaum wiederzuerkennen. Bei ihrem Ausbau war Geradlinigkeit oberstes Prinzip. Die Planer hatten die Autofahrer hofiert. Schade auch um die alten, handgeschnitzten Wegweiser. Reflektierendes Blech hat sie abgelöst: Euronorm nun auch jenseits des Polarkreises. Unvermutet weitet sich die Straße zur Rollbahn: »Military necessity!« Mit der Rentierromantik war es hier wohl für immer vorbei.

Eine Tankstelle! Das Reklameschild verspricht, hier könne man »Tiger power« tanken. Ich begnüge mich mit einem Liter »bensiini« für meinen Kocher. Dann noch ein kleiner Einkauf; mit einem Schwall Popmusik in den Ohren bin ich wieder draußen.

Die nächste Provokation läßt nicht lange auf sich warten. »Coke is it!« wirbt der Voranzeiger für ein Lebensmittelgeschäft. Wäre die Natur nicht eine andere, ich könnte die Interstate zwischen Dallas und Fort Worth unter den Rädern haben. Beim Anblick von soviel »Fortschritt« im Reich der Rentiere vertraue ich mich der Natur an. Sie versöhnt, sie ist der beste Seelenarzt.

Mein erstes Camp im Wald. Das Zelt wird umzüngelt vom Rot der Heidelbeersträucher. Darüber lodert das Gelb der Birken. Mein kleiner Kocher faucht wie eine Wildkatze. Schon ist der Highway-Eindruck vergessen.

Am nächsten Morgen muß ich im avisierten Kauppa meinen Lebensmittelvorrat ergänzen. Das bringt mich der Realität der Zivilisation wieder näher: elektronische Waage, Mikrowelle für Schnellgerichte, rote Plastikseerosen als Tischdekoration. Ja, die Zeiten haben sich… Ich schelte mich selbst: »Dieser Blick zurück bringt nichts – außer Wehmut!« Wieder das Asphaltband unter den Rädern, lasse ich mich von der Natur ablenken. Das Gehöft eines Waldbauern: Ein Kohlfeld – eher ein großes Beet – und ein halbes Dutzend magerer Kühe auf einer Naturweide machen deutlich, wie schwer es dieser Bauer hat. Bei nur drei frostfreien Monaten im Jahr reicht es für wenig mehr als für Kohl, Kartoffeln und etwas Roggen. Ein langer Winter, und die Ernte ist bereits gefährdet. Ich halte, sammle eine Handvoll Heidelbeeren. Beim Anblick des Radlers vergessen die Kühe das Wiederkäuen. Als voraus ein Trupp Rentiere die Straße überquert und mich bemerkt, legen sie die Köpfe weit zurück und flüchten. So ein »rollendes Etwas« verblüfft und hat Scheuchwirkung.

Tief im Südwesten malt die Sonne ein rotgoldenes Band an den Himmel. Ihre Bahn ist flach geworden; schon ist der Tag wieder zu Ende. Je länger ich nördlich des Polarkreises bleiben würde, desto mehr würde sie mit ihrem Licht geizen. Ich beneide die Menschen, die hier im hohen Norden leben, nicht. Zur Härte des Alltags kommt die Härte der Winter. Und wenn sich das Kaamos, die Polarnacht, über die Landschaft legt, dann verstärkt sie das Schweigen, dann haben in den Städten die Psychotherapeuten Konjunktur. Ein echter Same hat das Warten auf die Wiederkehr der Sonne gelernt. Aber Zugezogene können sich mit der langen Nacht kaum abfinden.

Der Wind ist noch unangenehmer geworden. So kalt weht er heute von Osten heran, als käme er direkt vom Ural. Ich baue das tauschwere Zelt ab, gehe wieder auf Nordkurs. Wolken ziehen auf. Ihre Schatten lassen das Wasser der Seen dunkeln. Auf das Herbstfeuer in den Wäldern haben sie die Wirkung eines Löschstrahls. Würden die Wolken ihre Fracht entlassen, würde es schneien. Kaum richtig begonnen, wäre dann meine Tour schon wieder zu Ende.

Ein Lkw der Straßendienste begegnet mir. Er ist mit angespitzten Birkenstöcken beladen. Einer der Männer drillt mit dem seitlich ausgestellten Bohrgerät Löcher in die Berme, ein anderer pflanzt die Schneestangen ein. Ihre Arbeit macht deutlich: Die »achte Jahreszeit«[1] steht bevor. Der Wald lichtet sich. Weite, braunrote Tundraflächen werden sichtbar. In einer solchen Landschaft kann man nicht anders, als still zu sein. Schon die eigene Stimme wirkt störend.

Eine kleine Siedlung. An ihrem Rand Holzhäuser in allen Verfallsstadien. Die Natur holt sich das ihr abgerungene Menschenwerk zurück. Geräusche von Motorsägen verraten, daß man für den Winter vorsorgt – keine Hütte ohne Brennholzstapel daneben. Auch die Segnungen der Zivilisation können hier das Gesetz der Natur nicht entkräften. Die Menschen sammeln Vorräte wie die Waldmäuse.

»Kullanhuuhdonta!« Goldwaschen! Das Schild am rechten Straßenrand verspricht ein typisches Touristen-Happening. Dabei liegt Lapplands Goldrausch länger zurück als der vom Klondike. Um damals ins Landesinnere zu kommen, mußten die Schürfer mit ihren Booten gegen die reißende Strömung des Ounasjoki anrudern und sie dann – gleich den Wikingern – über Land zum nächsten Fluß ziehen. Jetzt hat man die Geschichte für die Touristen wieder aufleben lassen und sie an den Rand der Straße verlegt. Leise lästernd radle ich weiter. Auch an dem goldfarben angemalten Findling, der die Zufahrt zu einem anderen Camp markiert, fahre ich ohne anzuhalten vorbei. Ein Stück zurück zeugt der Lärm der Motorsägen vom natürlichen Lebensrhythmus der Menschen; hier aber wollen clevere Geschäftemacher ans Geld der Touristen. Kollidierende Eindrücke! Wieder passiert ein Trupp Rentiere, wieder der gleiche Anblick: spreizbeinige Flucht, die Köpfe weit in den Nacken zurückgelegt. Ich bin mit meinen Gedanken noch beim Gold, als mich ein Stück modernster Technik ablenkt. Über den Bäumen wird ein riesiger Parabolspiegel sichtbar. Er lauscht ins Weltall. Es ist der Außenposten des Observatoriums von Sodankylä. Rentiere und modernste astronomische Apparate: auch dies ein »zweigesichtiges« Lappland.

Es ist, als schlucke der Schneehimmel das Tageslicht. Schon wieder gilt es ein Plätzchen für die Nacht zu finden. Weil mir heute nicht nach »Moorwasser-Tee« ist, möchte ich an einer der nächsten Hütten um Trinkwasser bitten. Zugegeben: Ein wenig Neugierde ist auch dabei. Als ich mich dem Häuschen nähere, schlagen Hunde an. Ein Mann, der gerade mit Holzstapeln beschäftigt ist, beruhigt die Tiere. Ich schwenke den Trinkwasserbeutel: eine Sprache, die weltweit verstanden wird. Nun werde ich mit einer Handbewegung in die Hütte gelotst. Aber mein Kontaktversuch mißlingt. Als ich eintrete, plärrt ein Kleinkind los. Es hat sich beim Anblick des plötzlich auftauchenden

Frühere – jetzt verfallende – Hütte eines Skoltlappen

Fremden so erschrocken, daß selbst die Mutter es nicht zu beruhigen vermag. Verlegen murmele ich ein »Kiitos!« für das Auffüllen des Beutels und verdrücke mich wieder – jetzt vom heiseren Bellen der Hunde verfolgt.

Der neue Tag beginnt hell und klar. Vorbei ist die Schneestimmung. In den Wäldern flackern die Erdfeuer wieder auf. Die Flammen lekken an den Ebereschen und Birken empor. Das ist »Ruska«. Lappland brennt!

Lange sitze ich später über dem Ufer des Kitinen. Galeriewälder aus Gold säumen den Fluß. Man kann sich daran nicht sattsehen. Aus einer Laune heraus tausche ich das Rad gegen die Wanderstiefel. Meine erste Entdeckung: ein Büschel Margeriten. Ihre Blüten der Sonne zugewandt, scheinen sie ihr voller Sehnsucht nachzuschauen, haben sie doch den Sommer verpaßt. Aufgeregt gackernd streicht ein Schneehuhn ab. »Tut mir leid, ich wollte dich nicht stören!« Der Spieß eines einjährigen Elchbullen im Moos wartet wohl nur darauf, mitgenommen zu werden. Und noch einen weiteren Fund mache ich: das Skelett eines Rentieres. Die Unordnung der Knochen spricht dafür, daß »Leichenfledderer« am Werk waren – vielleicht ein Vielfraß. Meine Sammelleidenschaft macht selbst vor so Makabrem nicht halt. Als ich zum Rad zurückkehre, klappern in meiner Jackentasche eine Handvoll Rentierzähne.

Längst liegt Sodankylä hinter mir. Ich hatte in der Stadt nicht einmal angehalten. Wer die reine Natur sucht, der weicht größeren »Häuserhaufen« aus. Jetzt fällt mir ein: »Du wolltest doch die Skulptur ›Same und Rentier‹ fotografieren!« Doch nun ist es zu spät. Nur selten geben Radler einmal erstrampelte Kilometer wieder her.

Ein kleines handgemaltes Schild am Straßenrand verrät: noch 500 Meter, dann gibt es heißen Kaffee! Ein solches Angebot schlägt man nicht aus, schon gar nicht, wenn einem Kälte die Finger krümmt. Das »Blockhaus-Café« wird von Olavi und Hilkka bewirtschaftet. Wir kommen ins Gespräch. Olavi ist so etwas wie mein Seelenbruder. Wir haben die gleichen Hobbys: Naturfotografie, das Sammeln von Mineralien, das Interesse an Pflanzen und Tieren. Der Finne hatte längere Zeit in Deutschland gearbeitet, das erleichtert die Verständigung. Mit ausholenden Handbewegungen beschreibt er, wie die Schrottpresse, die er bediente, aus alten Autos kleine Blechpakete formte. Später war er in Helsinki bei einer Versicherung tätig. Mit »Buckelmachen« ahmt er einen schreibenden Bürokraten nach. Lachend beendet er die Vorstellung: »Nein, das war nichts! Jetzt bin ich frei! Meine Seele ist frei! – Und warum bist du hier – mit deinem Fahrrad? Aus dem gleichen Grund, genau aus dem gleichen!« Noch bevor ich etwas sagen konnte, hatte Olavi sich die Frage selbst beantwortet. »Hast du etwas Besonderes gesehen?« will er nun wissen. Wie typisch für die verschiedenen Völker diese Art von Neugierde ist! Drüben in den Staaten wollte man immer nur meinen Kilometerstand wissen: »How many miles do you make a day? How many…?« Ich konnte es schon nicht mehr hören. Das Interesse der Frager reichte dort nicht weiter als bis zur Teerhaut des Asphalts. Hier war es anders. Aber leider kann ich Olavi nicht allzuviel berichten: ein Elchspieß, ein Schneehuhn, später ein Hase – und zwar im Farbwechsel. »Snehund?« wiederholte er ungläubig. »Nein, ›Schneehuhhhn‹!« versuche ich – die Endsilbe überbetonend

– aufzuklären. Jetzt begreift Olavi: »Huhn!« Er lächelt. Ich täte es auch, erzählte mir zu Hause jemand, er habe einen Sperling gesehen. Nun gibt er mir ein Handzeichen: »Warte mal!« Nach wenigen Minuten kommt er mit einem Körbchen voller Mineralien und mit einem Fotoalbum zurück. »Alles hier gesammelt!« stellt er mir stolz die Funde vor. »Es liegt in den Flüssen! Im Winter werde ich die Steine sleifen.« Olavi hat Schwierigkeiten mit dem »Sch«. Er schlägt das Album auf. Es ist das Bilderbuch eines Naturfans: Nahaufnahmen von Wollgras, von Bärlapp, von Eiskristallen – Landschaftsfotos bei Gegenlicht, bei dampfender Kälte, bei Vollmond. Er zeigt auf eines der Bilder: »Minus 34 Grad.« Die Frostnebel auf dem Papier strahlen die Kälte förmlich aus. Olavi blättert weiter: »Mein Lieblingsfoto!« Der Schnappschuß zeigt eine Schwalbe. Sie war im letzten Frühling auf der Türschwelle seiner Hütte gelandet – und hatte, vom langen Flug ermattet, für die Aufnahme stillgehalten. Nachwinterliche Temperaturen vertrieben sie wieder. In Lappland machte eine Schwalbe erst recht keinen Sommer!

Hilkka hatte uns die ganze Zeit stumm zugehört. Jetzt lächelt sie. Ich habe das Gefühl, sie lächelt über zwei »große Jungen«.

Aus Furcht vor einem Wasserbauch verzichte ich nach der dritten Tasse Kaffee auf eine vierte, eine fünfte. »Danke«, verabschiede ich mich von den beiden, »es war richtig nett bei euch!« Olavi begleitet mich hinunter zur Straße. Die Ufer des Kitinen, der an seiner Hütte vorbeifließt, sind von Holzstämmen gesäumt. »350 000 Kubikmeter«, erklärt er mir. »Im Mai, wenn das Eis aufbricht, geht der Transport los. Dann siehst du vor lauter Holz kein Wasser mehr. Nach 700 Kilometern ›Swimmen‹ kommt es unten in Kemi an.« Während Olavi mir den Weg des Holzes erklärt, schnuppert er wie ein Ren in den Wind: »Kommt von Osten! Da kriegen wir wieder den Dreck aus den ›Sloten‹ von Murmansk. Filter kennen die nicht!« Ich wußte davon: Waldsterben in Lappland, tote Seen in Schweden, radioaktiver Niederschlag auf den Rentierweiden. Die Skandinavier bekommen die Umweltprobleme von ihren Nachbarn ins Haus geliefert – per »Luftfracht«.

»Wenn jetzt etwas aus den Wolken kommt, dann ›Sne‹«, meldet sich

Olavi wieder. Das klingt gar nicht gut, erst recht nicht für einen Radler, der Lappland noch vor sich hat. Ein herzlicher Händedruck, ein Blick zurück: Straße und Stille haben mich wieder.

»Gold!« Der erneute Hinweis macht mich neugierig. Denn dieses Schild zeigt zum Goldgräbermuseum von Tankavaara. Gegen konservierte Geschichte gibt es nichts einzuwenden. Trotzdem bin ich zunächst enttäuscht. Auf dem Gelände wird deutlich, daß bei der Idee, hier eine alte finnische Goldgräbersiedlung naturgetreu aufzubauen, die amerikanische Filmindustrie Pate gestanden hat. In den Wäldern entlang des Ivalojoki, des Sota- und des Luttojoki hat es nie Häuserzeilen à la Dawson City gegeben. Auch das hier errichtete »Nugget Café« dürfte im Original eher am Yukon gestanden haben. Da paßt es zu den sonstigen Regiefehlern recht gut, daß an einer der »alten« Holzwände die Teilnehmerliste vom letzten »Open«, dem Wettbewerb der Goldwäscher, hängt: auf Endlospapier aus einem IBM-PC. Doch für dieses Klischee entschädigt mich die Ausstellung im Hauptgebäude. Dort ist die Geschichte des lappländischen Goldes authentisch dokumentiert. Statt Glanz und Tand sieht man auf den alten Fotografien das wirkliche Leben (und das Elend) der Schürfer. Als ich das Goldgräbermuseum verlasse, bin ich so gut informiert, daß es zu einem Gespräch in der »Fachsprache« der alten Goldwäscher reichen würde: »Na, was hast du heute gefunden? Nur Lebloses, nicht mal 'ne Nisse? Bei mir waren drei Wanzen und eine Kakerlake darunter …!«[2]

Im für solche Anlagen obligatorischen Goldwäscherrestaurant erkundige ich mich nach dem Sieger des letzten »Open«. Es war wieder einmal Jalmari Kohonen. Ganze zweieinhalb Minuten hatte der Finne gebraucht, um die im Sand versteckten Goldkörnchen auszuwaschen. Er schien sie zu riechen. Während ich mich mit der Bedienung unterhalte, kommt aus dem Hintergrund ein Hund hervor und beschnüffelt meine Beine auf eine Art, die an »Markieren« denken läßt. Doch dann setzt er sich mir zu Füßen, als gehörten wir zusammen. »Wie heißt er?« frage ich das Mädchen. Es wird verlegen: »Weiß nicht, wir haben zwei; aber sie sehen sich so ähnlich.« Dann bückt es sich und schaut dem Hund zwischen die Hinterläufe. »Es ist ER, *Mustika!*« Ich kann mir ob dieser Identifizierung ein Lachen nicht verkneifen. Mustika schaut mir von unten ins Gesicht, so als wollte er sagen: »Eine dumme Herrin habe ich da, nicht wahr?« Ich kurve zurück auf die Straße – ohne das gelbe Glitzerding, das zu kaufen ich eigentlich nicht abgeneigt war. Doch bei 350 Finnmark für nur eine »Nisse« verfliegt das Goldfieber. Am Yukon bekäme ich für die Hälfte des Preises bereits ein richtiges Nugget. So begnüge ich mich mit dem Wissen, daß ich nun über »pures Gold« rolle; denn für den Straßenbau im Gebiet von Sodankylä und Ivalo hatte man Sand von den alten Goldfeldern verwendet.

Wütend wirft der Wind die Wellen eines Sees gegen die Berme. Die Gischt fliegt bis auf den Asphalt. Ich habe Mühe, die Böen auszubalancieren, und halte vor wie ein Flieger, der nicht vom Kurs abkommen möchte. Wieder einmal passiere ich ein zugehängtes Schild. Darunter verbergen sich die Angebote für die Touristen. Auch der quergelegte Balken vor einer Campingplatzzufahrt macht deutlich: Die Saison ist vorbei. Ich bin die Nachhut der Herde!

Während einer Rast bekomme ich Besuch. Der Same hatte im Wald Holz gesägt und mich bemerkt. Er spricht mich an. Doch aus der Unterhaltung wird ein Monolog. Seine Sprache hat von ihrem Klang her Ähnlichkeit mit dem Laufgeräusch der Säge, die er eben noch bedient hat. Ich verstehe kein Wort. Jetzt deutet er auf das bepackte Rad und »knattert« wieder los. Aufs Geratewohl antworte ich: »Saksa, Rrrovaniemi, Inarrri, Kirrrkenes!« Er lacht über mein kopiertes, so stark gerolltes »R«, schiebt sich die gefütterte Mütze zurecht und geht wieder an die Arbeit. Auch ich muß weiter. Ist meine Tour doch eine Fahrt gegen die vorrückende Jahreszeit.

Noch vor Sonnenuntergang erradle ich mir eine Hochebene. Es ist der *Maanselkä*, die Wasserscheide zwischen Ostsee und Eismeer. Der Fels, auf dem mein Zelt steht, ist ein Stück Erdgeschichte. Vor 1 600 000 000 Jahren ergossen sich hier Magmaströme aus dem Erdinneren. Dem Feuer folgte das Eis. Seine Herrschaft endete »erst« vor 10 000 Jahren. In dem Zeitlupentempo, mit dem es zurückwich, nahm das Leben vom befreiten Land Besitz. Der Kampf währt hier noch immer. Aber Nadelbäume haben bereits am Fuße des Berges aufgegeben. Dort verharren sie seit Jahrhunderten – was so langsam wie sie wächst, wird alt. Nur die Fjellbirke hat sich weiter vorgewagt; aber in

300 Metern Höhe mußte auch sie aufgeben: jeder Baum ein verkrüppelter Krieger. Unter meinen Füßen knirscht und krümelt es. Bei jedem Schritt zerbreche ich eine kleine Welt. Die Flechten, die hier wachsen, sind älter als ein Menschenleben. Der Druck meiner Stiefel läßt sie innerhalb einer Sekunde zerbröckeln. Solche Zeitmaße machen die Uhr an meinem Handgelenk zu einem lächerlichen Instrument. Ich wittere in den Wind wie Olavi. Die Luft riecht nach Frost. Es würde mich nicht wundern, wenn ich in dieser Nacht zum ersten Mal einfröre.

Die Butter bröckelt, der Honig sitzt in der Tube fest, der Käse schmeckt »neutral«, wie eben aus dem Kühlschrank genommen. Mit meiner Frostwitterung hatte ich recht behalten. Nach dem Frühstück sammle ich ein paar Heidelbeeren; über Nacht waren sie zu »blauen Murmeln« geworden. Beängstigend schnell ziehen von Osten her Wolken auf. Der Wind schiebt sie in dicken Lagen übereinander. Heute hat die Sonne wohl keine Chance. Langsam fahre ich von meiner Berginsel zur Straße zurück; wieder liegt ein Stück stilles Nordland vor mir.

Ivalo. Auf etwa 68° 45′ nördlicher Breite befinde ich mich nun. Ein Schild zeigt nach Osten: »Murmansk 303 Kilometer!« Das »Njet« der russischen Bürokratie fällt mir wieder ein. Immer wieder hatte ich es versucht: über die Intourist-Zentrale in Moskau, über die Botschaft, über den russischen Schriftstellerverband. Doch von »Perestroijka per Rad« wollte keine der angeschriebenen Stellen etwas wissen. Rußland ja, aber nicht mit einem simplen Velo, schon gar nicht Richtung Polarkreis. Es bedarf wohl noch mehr politischen Tauwetters, bis das »Njet« aus der Moskauer Marx Avenue endgültig hinweggespült wird. Von Rußland per Rad träumend, nehme ich Kurs auf den Inarisee.

Die Sonne hat es doch geschafft! In ihrem Licht fangen die Birken wieder Feuer. Die Blätter der Ebereschen werden zu kleinen Flammen, und der Wind scheint die Glut der Heidelbeersträucher anzufachen. Ruska-aika: Ich freue mich über die mageren sieben Grad, die das Thermometer in den Mittagsstunden anzeigt. Wie ein endloser Faden rollt das Asphaltband der Straße unter meinem Rad ab. »Tag, bitte ende nie!«

Irgendwann beginnt die Trasse zu schlingern. In weiten Schleifen legt sie sich um einen See, den Inari. Viele kennen ihn nur aus dem Kreuzworträtsel. Der eine oder andere hat ihn zur Mückenzeit erlebt: Doch nur wenige Nordlandfahrer wissen um seine Schönheit, wenn die Uferwälder im Herbstfeuer brennen. Hinter dem »See in Lappland mit fünf Buchstaben« verbirgt sich in Wirklichkeit ein Mosaik aus 1 000 Wasserflächen und 3 000 Inseln. Wo Gletscher die Landschaft ausgehobelt hatten, wo der harte Granit der Arbeit des Eises nicht widerstehen konnte, da war diese Naturschöpfung entstanden. Den Samen war dieser See von jeher heilig.

Um diese späte Jahreszeit wird der Spiegel seines Wassers nicht mehr von flitzenden Motorbooten zerschnitten. Die Boote der heimischen Fischer stören nicht. Ein Anblick wie dieser hat sich wohl schon vor 1 000 Jahren geboten. Ich sitze auf einem Felsen und sauge das Bild aus blauen, gelben und roten Tönen förmlich in mich auf. Ruska-aika am Inarisee, das ist Salbe für die Seele eines Naturfans.

Die Kälte am Hosenboden bringt mich wieder auf die Beine. Nicht nur ein heißer Kaffee täte jetzt gut, sondern auch ein Heizkissen. Der Ort Inari wirkt wie ausgestorben. Die Verkaufsstände sind verwaist. Ein Tax-free-Fähnchen flattert verloren im Wind. Die Frau an der Kasse des Souvenirsupermarktes blickt mich beim Eintreten an, als hätte sie schon lange auf mich, den letzten Kunden, gewartet, um dann hinter mir die Tür abschließen zu können. Ich spiele Tourist und kaufe nichts. Jetzt kann sie den Laden dichtmachen.

Ein wenig herumschnüffeln im Ort: Das Lappenmuseum hält längst Winterschlaf, der Silberschmied hat geschlossen, an der Kirchentür hängt ein Zettel: »Geöffnet bis 10. August!« Ich bin weit über einen Monat zu spät gekommen! Ein Gedenkstein mit Hakenkreuz fällt mir auf. Seine Inschrift: »KODIN USKONNON JA IS ANMAAN PUOLESTA.« Weil mich mein kleiner Langenscheidt im Stich läßt, warte ich auf einen »Übersetzer«. Das dauert. Endlich kommt eine junge Frau. Ich spreche sie an. »Hyvää päivää!« (Guten Tag!) Doch schon bin ich mit meinem Finnisch am Ende. Ein Kauderwelschesperanto hilft mir weiter. Am Ende der »Unterhaltung« kann ich wenigstens: »Patriotismus… Heil der Heimat!« ins Tagebuch notieren.

Abends sitze ich wieder am See. Vergleiche gleiten durch meine Gedanken: diese Stimmung hier, diese Ruhe! Zu Hause in den Städten herrscht jetzt »Stop and go«. Die Menschen hetzen durch die Kaufhäuser, »überholen« sich auf den Rolltreppen. Vom See her winkt mir ein Wassergott zu. Halbversunkene Baumwurzeln nehmen für einen Träumer leicht Gestalt an. Die Sonne sinkt schnell. Mit ihr gehen die Farben. Es ist, als löschte jemand in einer Galerie das Licht.

Der neue Tag beginnt so still, wie der gestrige endete. Ganz in der Nähe des Zeltes entdecke ich einen Hasen. Das Tier schaut mich großäugig an. Erst als ich mit der Kamera gar zu aufdringlich werde, streckt es die Läufe, macht einen Katzenbuckel und hoppelt langsam ins Unterholz. Sein Feindbild ist wohl noch nicht entwickelt. Kurz nach dem Aufbruch passiere ich eine Lappenhütte. An ihrer Außenwand hängt noch die Jagdbeute des Vortages: ein Auerhahn und mehrere Schneehühner. »Hase, spute dich!« Die Tür der Hütte ist nur angelehnt. Ich hatte schon anderes gesehen: doppelte Riegel, Sicherheitsschlösser. Mit dem materiellen Besitz keimt auch hier das Mißtrauen.

Inzwischen habe ich die »Rennstrecke zum Nordkap« verlassen. Mein Ziel ist die russische Grenze. Wenn man mich schon nicht ins Land läßt, dann will ich wenigstens einen Blick über den Zaun werfen. Ein Verkaufsstand: der erste, der noch besetzt ist. Nun kann ich nachholen, was mir in Inari nicht geglückt war: den Kauf eines guten Finnenmessers. Mein altes war durchs viele Nachschleifen schon schmal wie ein Brieföffner geworden. Der »Same«, ich tippe eher auf »verkleideten Finnen«, lacht mich an. Er findet den Radler offenbar recht lustig. »Hyvää päivää!«, dann wieder Esperanto. Doch auch ohne viele Worte kommen wir sprachlich gut zurecht. Sein Arm beschreibt einen Halbkreis: »Schau! Ruskaaika!« Jetzt deutet er zum Himmel: »Lumi!« Mit den Fingerbewegungen eines Klavierspielers »zeigt« er mir den Schneefall, bis dieser brusthoch liegt. Den Rest schreibt er auf den Rand einer Zeitung. Im letzten Jahr fiel hier der erste Schnee am 29. September. Der Winter dauerte bis weit in den Mai. Was den Messerkauf betrifft, so »fragt« er mich mit Bewegungen aus dem Handgelenk:

»Zum Hauen oder zum Schneiden?« Ich antworte auf die gleiche Art: »Zum Schneiden!« Dann sucht er mir aus gut 50 Exemplaren das beste aus. Als ich sehe, daß er auch die Maserung des Griffes prüft, weiß ich: Das wird ein guter Kauf! Fast habe ich es erwartet: Das Preisschild gilt nicht. Mit »nix Tourist« entfernt er es. So spare ich einen Geldschein. Mit »Kiitoksia paljon!« (vielen Dank!) radle ich weiter – am Gürtel ein neues »Marttiini«.

Bereits Olavi hatte mir Schnee angekündigt. Jetzt, wo mich ein Graupelschauer eindeckt, ist mir, als schickte der Winter einen ersten Gruß. Hoffentlich bleibt es dabei! Diese Strecke ist besonders einsam. Bis zum nächsten »Kaupaa«, einer »Baari«, einer »Bensiini asema«[3] ist es weit. Eine solch unberührte Natur läßt sich genießen!

Ein kleines Schild! Noch 80 Kilometer müßte ich auf eine Tasse Kaffee warten. Ich werde das Händewärmen am heißen Porzellan auf morgen verschieben. Während einer kurzen Rast dient mir ein Relikt aus der Zeit der Eismeertelegrafie als Sitzbank. Die Isolatoren an dem umgestürzten Mast tragen noch den Zarenadler. »Russisches Großfürstentum«, »Unterdrückung der Autonomiebewegung«, »Befreiungskampf«: Finnlands Geschichte geht mir im Zeitraffer durch den Kopf. Gleich Mammutzähnen werden die Isolatoren als Zeugen der Vergangenheit überleben. Später passiere ich eine Streusiedlung. Viele der alten Hütten sind bereits verfallen. Aus Ivalo hatte ich von einer früheren Reise her eine Skulptur in Erinnerung. Sie zeigte »Trauernde Samen«. Mit Blick auf die Geschichte ist es nicht schwer, das Werk »Weinen um Petsamo« zu taufen. Als das Gebiet nach dem Krieg an Rußland fiel, zogen die meisten Skoltsamen nach Westen. Hier am Inarisee fanden sie eine neue Heimat. Inzwischen wohnen sie in modernen Holzhäusern. Diese hier könnten ebensogut auf Jütland stehen. Nur ein typischer Lappland-Briefkasten reizt zu einem Foto. Das an dem großen »Holzverschlag« ausgestellte Fähnchen signalisiert: »Die Post war da! – Oder: »Es gibt etwas zum Mitnehmen!« Ich werfe einen Blick hinein. Die letztere Botschaft gilt. Ein Brief, durch einen kleinen Stein am Davonwehen gehindert, wartet auf die Beförderung. Der hier wohnende Same scheint eingehende Post noch am Straßenrand zu lesen; denn im Holz steckt der Brieföffner, ein Messer.

So endlos viele Naturzeltplätze gibt es am Inarisee, daß mir die Wahl wieder einmal schwerfällt. Heute entscheide ich mich für ein Schlafpolster aus Rentierflechte. Man liegt, wie man sich bettet!

Am nächsten Morgen erübrigt sich der Blick aufs Thermometer. So still verhält sich nur eine »eingefrorene« Natur. Beim Öffnen des Zeltes spritzen Eiskristalle aus den Zähnen des Reißverschlusses. Frost zwickt mich in die Nase. Als ich den Trinkwasserbeutel anhebe, antwortet er mit leisem Knirschen. Mehr Eis als Wasser füllt ihn. Das Flämmchen des Streichholzes bringt den Benzinkocher zum Fauchen. Wie laut das in der morgendlichen Stille klingt! Selbst das Knacken der Brotkruste unter der Messerschneide scheint in der Stille widerzuhallen. Während ich die Hände um den wärmenden Teebecher lege, wird mir wieder einmal bewußt, welch guter Lehrmeister die Natur in Sachen Bescheidenheit ist. Ich bin rundum zufrieden.

Mit der Kamera bewaffnet, mache ich einen ersten Rundgang. Am Fuß der Endmoräne, in deren Nähe mein Zelt steht, geht der Wald in Moor über. Überfrorene Tümpel wirken wie große, dunkle Augen. Wimpern aus Wollgras säumen sie. Ich stöbere eine Gruppe Rentiere auf. Die Tiere glotzen mich dumm-erschrocken an, ergreifen nach kurzem Verharren die Flucht und stoßen dabei zusammen. Aus der Ferne klingt das Knattern einer Motorsäge. Für den einen beginnt das Abenteuer, für den anderen der Alltag.

Während meiner Pirsch erreiche ich die Straße an einer Stelle, wo eine umgekehrt aufgestellte Baumwurzel mit einem ihrer Arme den Weg zu einer Hütte weist. Der eingekerbte Name verrät: Dort im Wald wohnt der Skoltlappe »Helemannata«. Hunde schlagen an. Da zieht man sich am besten zurück!

Wieder im Sattel meines Velos, stoße ich nach einiger Zeit auf das Kaffee-Angebot von gestern. Die Stube, halb Imbiß, halb Gasthaus, nennt sich zwar »Baari«, doch von Alkohol keine Spur. Dafür stehen eine Kanne Kaffee und heißes Wasser für Tee bereit. Die großen Costa-Rica-Zuckerwürfel deuten es an: Hier trinkt man beides süß. Zum Beißen gibt's Hefewecken, Schmalzkringel und Marmorkuchen. Im Hintergrund steht die Tür zur Küche offen. Was dort aus einem großen Kessel dampft, riecht nach Eintopf. Waldarbeiter sind

Briefkasten eines Skoltlappen. Das ausgestellte Fähnchen signalisiert: »Es ist Post da!« oder: »Ein Brief wartet darauf, mitgenommen zu werden«

nicht wählerisch! Die Speisekarte neben dem Tresen ist mit Papierstreifen überklebt. Mit Touristenbesuch rechnet hier niemand mehr. Laut polternd kommt ein Trupp Männer herein. Sie riechen nach Harz. Unter ihrer zerschlissenen Militärkleidung schaut blauer Arbeitsdreß hervor – kaum einer, bei dem nicht Knie oder Hintern durchgescheuert sind. Sie bleiben wortkarg, schlürfen einen heißen »Kafvi« (mit viel Costa-Rica-Zucker) und gehen wieder. Draußen im Wald wartet die Arbeit.

Ich bin wieder auf Strecke. Der kalte Ostwind hat merklich nachgelassen. Er scheint sich über die Richtung, aus der er wehen soll, unschlüssig zu sein. Das ist kein gutes Zeichen. Ich ahne den Wetterumschwung!

Bis zur finnisch-norwegischen Grenze bleibt nur noch eine kurze Etappe. Die Landschaft verändert sich. Immer mehr Bäume zeigen Kümmerwuchs. Weite Tundraflächen geben den Blick in die Endlosigkeit frei. Es scheint, als gäbe die Natur im Kampf gegen sich selbst auf.

Der Grenzladen! Ich möchte das restliche Münzgeld loswerden. Es reicht gerade für ein »Leningrads Limpa«. Das Brot liegt wohl schon länger im Regal, da kann sich mein neues Messer gleich bewähren. Ein Handelsposten ohne Kunden, eine Tankstelle ohne Autos, ein Windsack als Zeichen dafür, daß hier auch mal ein Hubschrauber landet: So endet die Zivilisation auf 69° 40′ Nord. Dann ein Rentierzaun, der Grenzstein mit der Inschrift »SUOMI 1925«, die norwegische Flagge: Ich habe das Land gewechselt – ohne jede Formalität.

»Schau, das ist Ruska!« Ich sehe noch die Handbewegung, mit der der Messerverkäufer die Natur »umarmt« hatte. Jetzt muß ich zum ersten Mal auf dieser Tour in den Regenanzug. Der Himmel hängt durch wie eine nasse Wolldecke, und der Wind, der nun auf West gedreht hat, »wringt« sie aus. Das Wasser löscht die Glut der Heidelbeeren, die Flammen der Birken ersterben. Lappland wird trist. Ich tröste mich mit dem Gedanken, daß auch ein Eismeertief ein Hoch im Schlepp haben kann. Windgetrieben radle ich auf der alten norwegischen Reichsstraße 6 weiter. Schon morgen würde ich den Russen ihr »Njet« über den Zaun zurückwerfen.

Der Munkfjord, der erste Zipfel des Eismeeres! Wie können es die Menschen an einer solchen Küste aushalten? Regenstürme, Kälte, Polarnacht – zum Trost auch einmal etwas Sonne. Trotzdem flattert hier überall zwischen den Felsen der norwegische Nationalstolz, das blaue Kreuz auf rotem Grund. Der Widerstand gegen das Klima muß den Leuten mit in die Wiege gelegt worden sein.

Mir drückt der Wetterwechsel auf die Psyche; und sie sollte gleich noch einen Dämpfer bekommen. Auf dem Simlefjell, hoch über dem Korsfjord, ist die westliche Freiheit zur Festung ausgebaut. Beiderseits der Straße warnen Schilder: »Stop! Danger! Bombing!« Wassergefüllte Gräben und stählerne Dreibeine sollen Tanks am Weiterrollen hindern. Das Rotorengeräusch von Hubschraubern zerschneidet die Stille: simulierter Kampfeinsatz. Jetzt verbietet ein Hinweis sogar das Stehenbleiben. Ich steige ab, protestiere »mit den Füßen«. Nach zwei Kilometern ein weiteres Schild: »End of military area!« Das verbleibende Vorland bis zur Grenze hatten die Strategen aufgegeben – sicher mit der Taktik: Von der Höhe ins Tal schießt's sich leichter als umgekehrt. Keine neue Erkenntnis, man wußte das schon zur Zeit der Steinschleudern. Unten im Fjord verrostet ein altes Kriegsschiff. Jetzt, wo durch die politischen Ereignisse das Feindbild zerbröckelt ist, gäbe es hier noch mehr zu verschrotten.

Kirkenes. Die letzte Stadt vor dem »langen Zaun« empfängt mich mit einem Regenbogenzipfel: das einzige Stückchen Farbe weit und breit. Der Rauch aus dem Schlot der Eisenhütte legt sich auf die Dächer der Stadt, deckt sie zu wie eine zweite graue Wolkenschicht. Hier möchte ich nicht begraben sein. So trist wirkt der Ort, daß ich – kaum drinnen – schon wieder draußen bin.

Aus dem unschlüssigen Wind ist längst ein steifer Nordwest geworden. Überdeutlich wird mir bewußt, daß ich nicht nur das Land, sondern auch die Wetterzonen gewechselt habe. Im Innern Lapplands herrschte Kontinentalklima, hier an der Küste maritimes. Trockene Kälte gegen nasse Ungemütlichkeit – was für ein Tausch! Als Radler pfeife ich auf die »wohltuende Wirkung« des Golfstromes, der den Fischern die Häfen eisfrei hält. Wäre wenigstens die Straße in Ordnung, so könnte ich bei diesem Rückenwind meinen Körper als Segel nutzen. Doch die Piste ist inzwischen zum »Speichenknacker« verkommen. Mehrfach bleibe ich im Dreck stekken, so daß ich mein Rad schieben muß. Dann der erste Wachturm: Am inneren Bökfjord noch auf Distanz – bald aber unweit der Straße. »Sovjetunionen!« Das Schild, es hat bereits Sammlerwert (denn es müßte wieder »Rußland« heißen), zeigt auf ein Eisentor. Es ist verschlossen. Jedoch anders als Mauern sind Tore auch ein Symbol der Hoffnung. Sie können sich öffnen, an dieser Stelle vielleicht sogar einmal für Radler!

»... schnell, schieß dein Foto und fahr weiter!«

Die üblichen Verbote! Auch das Sprechen mit einem von »gegenüber« ist untersagt. »Wer Fragen hat«, heißt es auf dem Schild, »der wende sich an den Grenzoffizier.« Ich hätte eine: »Wie wäre es mit einem Belegfoto?« Die Antwort des Soldaten, der mir öffnet, verblüfft mich: »Mein Vater ist nicht zu Hause. Mach schnell, schieß dein Foto und fahr weiter!« Auch wenn die Worte etwas anders lauten, für mich sind sie eine offizielle Erlaubnis, und die nutze ich natürlich.

Die Rückfahrt nach Kirkenes ist wie eine Strafe. Dieser Nordwest muß der Vorbote eines Sturmes sein. Auf der Brücke über den Bökfjord torkele ich wie ein Betrunkener. An Fahren ist überhaupt nicht mehr zu denken. Es ist bereits Nacht, als ich wieder Kirkenes erreiche. Die Stadt schläft schon. Während des langen Fußmarsches ist mir klargeworden: Mit dem Zelten ist es vorbei. Ich mußte ein Angebot der Zivilisation nutzen. Zu den wenigen Lichtern, die noch brennen, gehören die eines Hotels. Doch als man mir dort den Preis für ein Zimmer nennt, möchte ich am liebsten gleich zurück in die Regennacht. Der Mann an der Rezeption sieht mir den Schreck an: Es gäbe preislich eine etwas günstigere Möglichkeit in der Stadt, und so weit wollte er mir entgegenkommen. Trotzdem bezahle ich für das Bett noch umgerechnet 160 DM – ein echter »Polar-Preis«.

Sturmfahrt im Eismeer

Ich habe es versucht – und bin gescheitert. Wenige Kilometer westlich von Kirkenes mußte ich aufgeben. Der Sturm war stärker als ich. So entstand ein völlig neuer Plan. Einige der entlegenen Fischersiedlungen, die ich im Programm hatte, ließen sich auch mit dem Fährschiff erreichen. Das war unter diesen Bedingungen ein Gebot der Vernunft. Der weitere Verlauf der Tour blieb offen.

In einem Café vertue ich die Zeit bis zum Einlaufen der Fähre. Jeder Stuhl im Raum ist besetzt. Es sieht ganz nach »Jungmüttertreff« aus. Draußen steht ein Konvoi Kinderwagen – alle mit Wetterschutz. Unter den Tischen krabbelt es. Die langen Polarnächte scheinen die Liebe zu beflügeln. Und wo sind die Väter der Kleinen? Natürlich in den Erzgruben oder in der Eisenhütte. Kirkenes: Schon der Name klingt hart wie Stahl.

Mit einem Rest Hoffnung spreche ich draußen auf der Straße einen Mann an. Er sieht nach Seefahrt aus. »Was meinen Sie zum Wetter? Wird es aufklaren?« Seine Antwort klingt alles andere als ermutigend: »Nein, im Gegenteil. Das dicke Ende kommt erst noch!« Schöne Aussichten!

Im Hafen wartet bereits ein Dutzend Amerikaner. Weiß der Teufel, woher diese Touristengruppe jetzt noch kommt; ich hatte mich schon als Nachhut gewähnt. Wenn sie ahnten, was für eine Seereise ihnen nun bevorstand, würden sie wohl gleich wieder in den Bus steigen. Stürme über dem Eismeer spaßen nicht.

Schon das Anlegemanöver der Fähre, es ist die alte *Finnmarken*, mißlingt. Das Schiff rammt die Kaimauer. Beim zweiten Versuch bekommt man es nur an eine Leine; dann dreht es der Sturm wieder ab. Endlich klappt es. Unruhig pumpend reibt sich der Schiffsrumpf an den Prallreifen. Einer der Offiziere (er verdient ein Kompliment) ist mir beim Verstauen des Rades behilflich. Mit: »Darf ich Ihnen helfen?« packt er zu wie ein Lagerist. Ich frage auch ihn nach der Wetterentwicklung und füge hinzu: »Ich möchte dann noch weiter von Batsfjord aus.« Er schüttelt den Kopf: »Keine Chance!« Und die Fährfahrt betreffend ergänzt er: »Es wird sehr rauhe See geben!« Ich nehme seine Worte als Warnung und zurre das Rad besonders gut fest.

Die Amerikaner haben sich im Salon zum Kartenspiel eingefunden – die Frauen mit so viel Schmuck an den Fingern, daß sie sie – auch ohne das Kartenblatt zu halten – spreizen müssen. Doch ich sollte nicht lästern. Es sind Senioren. Sie haben mit Sicherheit jahrzehntelang gearbeitet und dabei auf vieles verzichten müssen. Nun holen sie das Leben nach. Leider zu spät. Kaum hat die *Finnmarken* den schützenden Bökfjord verlassen, beginnt sie zu rollen und zu stampfen. Die Stimmen der Frauen werden erst schrill, dann immer leiser. Schon wanken die ersten aus dem Raum – Ladies in Not! Bald hat sich der Salon geleert. Nur ein altes Paar ist zurückgeblieben. Wie zwei Verliebte halten sie Händchen. Ihr gequälter Gesichtsausdruck verrät die gegenseitige Schutzsuche. Ich gebe ihnen den Rat, den Mittelpunkt des Schiffes aufzusuchen, dort sei das »Rolling and Steaming« am geringsten. Man versucht ein Lächeln. Die beiden kommen bis zur Tür, als der Bug des Schiffes wie von Geisterhand gehoben und wieder fallengelassen wird. Die Schwingtür pendelt mit vollem Ausschlag durch und wischt das alte Paar beiseite. »The world's most beautiful voyage!« heißt es in der Reklameschrift der *Hurtigruten*. Würde man die jetzt am Boden Liegenden nach ihrer Meinung fragen, könnte man sich die Antwort denken. Meinen Körper hat der Tisch gebremst; ich schnappe nach Luft, so hart ist der Schlag gewesen. Das Rumpeln im Innern des Schiffes ist noch nicht verklungen, als der Fußboden erneut zur schiefen Ebene wird. Mit den Muskeln versuche ich den Fliehkräften entgegenzuwirken; sie scheinen das Gewicht meines Körpers zu vervielfachen. »Es wird rauhe See geben ...!«

Inzwischen habe ich nachgelöst. Es wäre sinnlos, die Fähre in einem der Häfen zu verlassen. Dieser Sturm würde mich vom Rad blasen. Einer der Offiziere kommt herein und prüft die Lage. Dezent bereitet er mich auf noch Unangenehmeres vor: »Nach Mitternacht fahren wir ins offene Meer hinaus!«

Es hat einen Verletzten gegeben! Eine der Frauen war die Stufen hinuntergestürzt. Sie liegt im Lazarettraum. Außer den Amerikanern waren noch drei Norweger an Bord gegangen. Aber auch diese, obwohl sie von Kind auf den Seegang in den Beinen haben, schütteln den Kopf. Eine *solche* »Schiffsschaukel« war etwas für besondere Gummigelenke.

Die *Finnmarken* hat bereits 35 Dienstjahre auf den Planken. Sie gilt als »Oldtimer« der *Hurtigruten*-Flotte. Mit den 15 Knoten Fahrt, die sie gerade macht, ist kein Blaues Band zu gewinnen – und ohne Stabilisatoren kann die See so richtig mit dem Schiff spielen. Mir kommt ein Gedanke: »Wie wäre es mit einem Telefonanruf nach Hause – aus dem Eismeer?« Auf dem Weg hinunter zur Telecom-Nische begegnet mir einer der Amerikaner. Er murmelt etwas von »Terrible... aus dem Bett gefallen...!« Ich »verkeile« mich vor dem Telefonapparat und ziele mit dem Finger auf die Nummerntasten. Meine Bewegungen gleichen denen eines Betrunkenen. Funkstörung! Aus dem Hörer kommt nur ein lautes Rauschen. Es ist, als telefonierte ich mit der See.

Die Feuer *Molvik, Kjölnes* und *Slettnes* hatten wir passiert. Wie Leuchtraketen schossen sie durch die Bewegungen des Schiffes vor den Fenstern in den Himmel, um Sekunden später als »rote Kometen« von dort zurückzukehren. Noch nie hatte ich auf einer Schiffsreise solche extremen Schlagseiten erlebt. Jetzt halten wir Kurs auf das Nordkinn. Wo Europa endet, da wird es keine schützende Bucht, keine Landzunge mehr geben, die man als Windbrecher nutzen könnte. Die *Finnmarken* würde dem Sturm ihre verletzliche Breitseite bieten.

Einer der Norweger war auf die Idee gekommen, uns einen Mitternachtskaffee zu kochen. Ich werde diesen Augenblick nicht vergessen. Wir hatten es gerade bis in die Cafeteria geschafft, als der Boden unter uns wegsackt; gleich darauf schwingt er wie um zwei Achsen. Alles, was am Tresen nicht festgeschraubt oder mit Drahtkörben gesichert ist, fliegt durch den Raum. Der Norweger vor mir nimmt in gebückter Haltung »Anlauf«, als wollte er mit dem Kopf die gegenüberliegende Wand rammen. Ich selbst lande rücklings auf einem der Tische. Und nur weil ich instinktiv die Beine unterschlage, endet dort mein »Flug«. Als das Schiff in die Normallage zurückfindet, hat die Milchkanne, die an der Innenbordwand liegt, endlich Zeit, auszulaufen. Sie hatte den Raum durchquert, ohne daß etwas von ihrem Inhalt herausgeschwappt war. Die ganze Besatzung ist auf den Beinen. Unten im Rumpf hatte es geklungen, als sei die Ladung durcheinandergepoltert. Und noch etwas ist geschehen: Die Geräusche der Dieselmotoren haben sich verändert. Der Kapitän hat die Fahrt so weit zurückgenommen, daß das Schiff wohl gerade noch manövrierfähig bleibt. So rollen und pumpen wir in Schleichfahrt weiter nach Westen. Obwohl die *Finnmarken* – in Ermangelung von Fracht oder Passagieren – nicht einmal alle Häfen angelaufen hatte, erreichen wir die Insel Mageröy mit vier Stunden Verspätung. Vielleicht war dies die letzte Sturmfahrt der Fähre. Fünfunddreißig Jahre Dienst in rauhen Gewässern, die machen auch ein Schiff »müde«. Selbst Stahl läßt sich nicht beliebig lang belasten. Jetzt steht die *Finnmarken* auf der Ausmusterungsliste.

Vom Winter verfolgt

Zwanzig Stunden dauert die Seereise. Ein Achterbahnmarathon hätte nicht schlimmer sein können. Im Matrosengang wanke ich vom Schiff. Nach der durchwachten Nacht ist mir im Augenblick nur nach Schlafen; jedes Plätzchen wäre mir dafür recht. Am Skipsfjorden rolle ich mich in mein Zelt – »felsenfester« Untergrund: Was für eine Wohltat!

In einen solchen Sturm hineinzufahren, hatte freilich auch einen Vorteil: Man brachte ihn schneller hinter sich. Wahrscheinlich tobte jetzt das Unwetter bereits über die Kolahalbinsel hinweg; in den Weiten Rußlands könnte es sich verlaufen. Ein erster Sonnenstrahl blinzelt durch die Wolken: der sprichwörtliche Hoffnungsschimmer.

Mein Ziel ist wieder einmal das Nordkap. Fast 30 Jahre war es her, daß ich diese Strecke – damals noch über »Piste« – zum ersten Mal befahren hatte.

Jetzt drängen sich mir schmerzhaft Vergleiche auf. Bereits unten in Honningsvag waren die Veränderungen nicht zu übersehen gewesen. Zum »Fortschritt« gehörte auch der dortige »American Car Club Nordkapp«. Vor der Halle stand ein silberblauer *Mustang*. Drei weitere Schlitten wurden gerade aufgepoppt. Hier, am Ende unseres Kontinents, gibt es ganze zwei Straßen: die eine 39, die andere 21 Kilometer lang. Da muß man – bei so vielen PS unter der Haube – rechtzeitig bremsen.

Es sollte noch schlimmer kommen. In älteren Reiseführern findet man *Nordmannset* als »Sommerlager der Kautokeino-Lappen« bezeichnet. Als ich das Gelände erreiche, dröhnt eine Turbopropmaschine über mich hinweg. Eine Rollbahn hatte den Weideplatz der Rentiere eingenommen. An einem kleinen See, früher Tränke für Mensch und Tier, macht ein Schild für die dort errichtete Feriensiedlung *Lagune* Reklame. Ich reibe mir die Augen: Auf dem Blech ist eine Palme abgebildet – mediterranes Flair am 70. Breitengrad. Das Polareis liegt näher als Nizza. Nur wenige Kilometer weiter passiere ich eine Großbaustelle. Wenn schon der Druck einer Stiefelsohle die Natur schädigt, was richten dann erst Raupenketten und Baggerschaufeln an? Wo jedes Pflänzchen, jede Flechte einen Daseinskampf führt, dauert es Jahrhunderte, bis sich Wunden in der Landschaft wieder schließen. Es folgen leere Verkaufsstände von »Touristen-Lappen«, dann eine Hütte mit einem Stapel Geweihe davor: unverkaufte Ware. Gut, daß ich ein Ventil für meine Wut finde: Als ich sehe, wie sich eine Samin damit abmüht, Autoreifen zu verladen, gehe ich zu ihr hinüber und kommandiere mit einer barschen Handbewegung: »Weg da! Ich mache das!« Reifen und Felgen fliegen auf den Pritschenwagen. »Gibt es noch mehr zum Schmeißen?« Die Frau schaut mich wegen meiner groben Hilfsbereitschaft ganz erschrocken an. »Farwel!« Ich bin schon wieder auf dem Weg zum Rad.

Nun auch das noch: Graffiti am Straßenrand. Die bunten Inschriften auf Felsen häufen sich. »Franco e Roberta« waren hier, ein gewisser

»Marc« aus Tasmanien, ferner »Kurt«, »Paul«, »Egon«... Es schreibt sich so schön in der Natur. Erschrocken blicke ich mich um: Was für ein drohendes Geräusch! Hinter mir nähert sich ein tarnfarbener Riesenvogel. Die Abgasfahnen seiner vier Triebwerke im Schlepp, folgt er im Tiefstflug dem Geländeprofil. Fast sieht es wie eine Notlandung zwischen den Felsen aus. Doch es ist ein »ernstes Spiel«. Voraus liegt eine Radarstation der Nato. Diese gilt es mit einem simulierten Bombenabwurf zu »zerstören«. Da scheut der Pilot die elektronische Entdeckung.

Das Finale! Wer den Nordkapfelsen kennt, der kann unschwer nachvollziehen, warum ihn sich die Samen einst als Opferplatz ausgesucht hatten. Entlang der gesamten europäischen Eismeerküste gibt es kein vergleichbar markantes Gebilde wie dieses hohe, fast senkrecht abfallende Plateau. Zwischen See und Himmel gelegen, wirkt es wie ein natürlicher »Noaide«[4]. Irgendwann hatte man auf ihm – zur Erinnerung an den Besuch König Oskars II. – eine Gedenksäule errichtet. Naturverträglich erschien auch die kleine, alte Kapstation. In ihr konnte man sich aufwärmen und einen heißen Kaffee schlürfen. Kapfans aus aller Welt waren hier anzutreffen. Da hieß es zusammenrücken. Auf den Holzbänken herrschte permanent Platzmangel – etwas, was Gespräche fördert. Und was jetzt draußen als Graffiti die Natur ziert, das fand man früher nur hier an den Wänden, der Decke, den Türrahmen. Doch jetzt, wo ich das Plateau erreiche, wächst er vor mir empor: der neue »Touristen-Tempel«. Das Nordkap ist zu einer Opferstätte des Mammons geworden.

Als ich das Gebäude betrete, wirkt mein Gesicht offenbar kantig wie ein Stück Fels. »85 Kronen, bitte!« empfängt mich ein Mädchen im »Lappen-Kostüm«. Die erste Frage formuliere ich laut: »Wofür?« Die zweite verkneife ich mir gerade noch: »Warum bist du nicht bei deiner Arbeit in Oslo?« Auf mein »Wofür?« bekomme ich zur Antwort: »Das ist das Eintrittsgeld!« Spontan spreizt sich mein Geiz: »85 Kronen als Eintrittsgeld?« – »Sie können die Filmshow sehen, die Ausstellungen, die...« – »Ich möchte nur einen Stempel in mein Tagebuch«, unterbreche ich ihre Litanei. »Sorry!« Das Mädchen wedelt mit der Eintrittskate: »85 Kronen!« So komme ich zähne-

Auf dem alten Opferplatz der Samen steht heute ein Touristentempel

knirschend zum teuersten Tagebuchstempel all meiner Reisen, denn umgerechnet kostet er mich 23 DM. Verständlich, daß ich die 85 Kronen bis zum letzten Öre ablästern möchte.

Nach dem System der russischen Holzpuppen findet man in dem Touristentempel einen weiteren, sogar einen richtigen. Er soll an den lange zurückliegenden Besuch des thailändischen Königs Chulalongkorn erinnern. Auch hat man den Kapfelsen inzwischen durchbohrt und ausgesprengt. Über eine schiefe Ebene gelangt man so in den Bauch des Plateaus. Dort wird – an der Underground-Bar – für die Mitglieder des »Royal North Cape Club« ein Champagnerumtrunk angeboten; und es lohne sich – so die Reklameschrift – bei dieser Gelegenheit eines der »Erkennungszeichen« (Manschettenknöpfe, Schlips, Feuerzeug etc.) zu kaufen. Würde man später in London, in New York, in Singapur einem anderen Clubmitglied begegnen, so könnte man – ihn am Symbol erkennend – erneut mit ihm anstoßen. »Skal!«

Ich verlasse den »Opferplatz« mit einer bissigen Bemerkung, worauf mir ein Angestellter ein »Die Zeiten haben sich geändert!«

nachwirft. Soll ich mich umdrehen? Ich hätte eine Antwort parat: »Du liegst falsch, Mann! Die Zeiten ändern sich nie – nur die Menschen!«

Obwohl ich über der Ostklippe ein traumhaft schönes Plätzchen für mein Zelt gefunden habe, fällt es dieses Mal der Natur schwer, mich zu versöhnen. Zu grell waren die Eindrücke! Meine letzte Tagebuchnotiz widme ich all denen, die vielleicht vor einer ähnlichen Reise in die Vergangenheit stehen: »Meidet die Orte schöner Erinnerungen!«

Noch einen weiteren Tag lasse ich mich von der Natur anschweigen, schweige zurück. Doch wie ich an jenem Morgen aus dem Zelt krieche, rutscht mir von dessen Wölbung eine Firnplatte vor die Füße. Nächtlicher Regen und Graupel waren zusammengefroren; der Himmel über dem Eismeer ist eine einzige Bedrohung. Als ich beim Skoltefossen[5] vom baltischen Schild zur Küste hinunterrollte – und damit mitten hinein in die Regenfront – hatte ich den Golfstrom verflucht. Doch das morgendliche Erlebnis macht mir klar, daß ich dieser »Warmwasserheizung« eigentlich zu Dank verpflichtet bin. Ohne sie herrschten hier längst Bedingungen wie bei Kap Barrow in Alaska. Ohne den Golfstrom wären mein nächstes Ziel, die Färöer, noch kahler, Island wirklich »Eis-Land«, und für die letzten Etappen bräuchte ich Schneeschuhe. Ich werfe einen Blick hinunter zur See: »Nun heize mal weiter! Ich muß noch zurück zu meiner Ziellinie!«

Als ein Schneeregenschauer niedergeht, beginne ich zu packen. Es ist höchste Zeit, auf Südkurs zu gehen, denn auch ein Golfstrom kann den Winter nicht aufhalten – nur etwas verzögern. »Farwel Nordkapp!« Ich verabschiede mich laut – und meine damit: »Auf Nimmerwiedersehn!«

Auf der Rückfahrt nach Honningsvag deckt mich das Wetter bereits ein: mit Sturm, Schneeregen und Graupeln. Ganze drei Teilstriche hatte die Quecksilbersäule heute geschafft, jetzt rutscht sie wieder ab. Erstmals kommen mir Bedenken: Sollte mich der Winter doch einholen?

Wieder unten am Skipsfjorden, mache ich eine seltsame Bekanntschaft. Ich fülle gerade eine Probe Eismeersand in ein leees Filmdöschen (was man nicht alles sammeln kann), als oben auf der Straße ein Pkw hält. Man beobachtet mich! Da ein Fremder in der Nähe eines einsam gelegenen Bootsschuppens falsche Schlüsse zuläßt, gehe ich den Hang hinauf zum Auto und erkläre dem Fahrer: »Ich habe eine Sandprobe genommen!« Der Mann nickt. Er hatte wohl auch mein nach großer Tour aussehendes Rad bemerkt, und was wollte ein »syklist« mit fremdem Gut? Der Schuppen dort unten, das erfahre ich nun, gehört ihm. »Ich wohne auf der Insel dort!« erklärt er mir. Bei diesen Worten zeigt er auf ein kleines Eiland im Fjord. Irritiert blicke ich auf die »Hand« des Mannes, die gar keine ist. Zwei eiserne Greifer ragen aus dem Jackenärmel – eine jener schrecklichen Prothesen, wie man sie in den Nachkriegsjahren baute und wie man sie in alten Krimis sieht. Mit einem kratzenden Geräusch öffnet er die Wagentür. Dann entlädt er das Auto. Auf der Straße stapeln sich Plastiktüten mit Lebensmitteln, eine Seilrolle, Kabel. Mehr aus Verlegenheit stelle ich mich vor: »Ich heiße Christian!« – »Ole Christiansen!« kommt es in gebückter Haltung zurück. Er richtet sich auf, blickt zum Fjord: »Ich muß auf die Minute pünktlich sein, sonst komme ich nicht zu Fuß hinüber!« Hatte ich da richtig gehört: zu Fuß hinüber auf die Insel? Der Norweger sieht das »Fragezeichen« in meinem Gesicht und zeigt auf seine hochschaftigen Stiefel: »Bei Ebbe geht es, es gibt Felsen unter Wasser!« Was für eine Begegnung! Ich versuche das Gespräch mit dem Mann in Gang zu halten: »Es gibt keine Stromleitung auf Ihre Insel hinüber!« Er versteht die versteckte Frage und meint, wenn er elektrisches Licht brauche, gehe er auf sein Boot. Dort gebe es einen Generator. »Und wie fühlen Sie sich…?« Ole Christiansen weicht meiner Neugierde aus. Wer verrät schon einem Fremden, wie man auf einer solchen Insel wirklich lebt? Er lenkt ab, zeigt nach Norden in Richtung der Großbaustelle: »Dort bauen sie ein Hotel und einen Campingplatz! Haben Sie das Ding gesehen?« Mit diesem »Ding« meinte er den »Touristen-Tempel«. Als ich ihm nun sage, daß ich bereits in den 60er Jahren hier war, als Nordmannset noch…, da nickt er nachdenklich. Und leise, wie zu sich selbst, sagt er: »Das hätten sie nicht machen sollen! Nein, das hätten sie nicht machen sollen!« Nun belädt er sich wie einen Packesel. »Ich muß gehen!«

Ich kann ihm zum Abschied nicht einmal die Hand reichen; er müßte sie mit den Eisenhaken greifen. So sagte ich nur: »Farwel, Ole Christiansen!« Und dieses Mal meine ich es anders als beim Nordkapabschied.

Der Fischer klettert den Hang hinunter und watet mit bedächtigen Schritten durchs Wasser. Er muß den schmalen Felsenpfad unter der Oberfläche genau kennen. Als ich ihm mit der Radglocke einen Gruß nachklingle, bleibt er stehen, dreht sich nach mir um und deutet eine Verbeugung an. So beladen, kann er keinen Arm heben. Ole Christiansen, der einsame Eismeerfischer von einer Insel im Skipsfjord! Ich habe diese kleine Szene verinnerlicht.

Als ich Honningsvag erreiche, zählt die Frau im *Daglivarer* bereits die Kasse. Froh darüber, die restlichen Brötchen loszuwerden, überläßt sie sie mir zum halben Preis. Wenig später stehe ich kauend an der Reling der Fähre. In einer Stunde bin ich wieder auf dem Festland und damit im »richtigen« Europa. Die nächsten Etappen heißen *Hammerfest, Tromsö, Narvik* – vorausgesetzt, die Wettergötter lassen es zu.

Noch eine Nacht am Kafjord, dann beginnt die lange Fahrt nach Süden. Als ich sehe, daß die Berge voraus bereits Schneekappen tragen, wird mir etwas mulmig. Hat sich der »letzte Tourist Lapplands« doch verspätet?

Die Straße führt durch eine Landschaft voller »Frostbeulen«. Sie sind typisch für eine Erde, unter deren Oberfläche noch ewiges Eis ruht. Im Osten, am Ufer des Porsangerfjordes, werden die Konturen alter Küstenlinien sichtbar. Zweitausend Meter dick war die Eislast, die das Land einst niederdrückte. Von ihr befreit, hebt es sich. Die »Auftauchlinien« an den Fjordfelsen gleichen den Wachstumsringen der Bäume: Geologieunterricht, von der Natur erteilt.

Das erste Haus! Wie verloren es in dieser Weite wirkt. Sein Weiß scheint zu signalisieren: »Hier wohnt jemand!« Im Hintergrund hangeln sich die Drähte einer Stromleitung von Mast zu Mast. Für den Fischer sind sie der Anschluß an die Zivilisation. Ein kleiner Torfstich am Straßenrand verrät, womit der Mann heizt. Ich verfolge mit den Augen den schmalen Trampelpfad, der über Flechten und zwischen Krähenbeeren hindurch von der Hütte herüberführt. Sein anderes

»Folianten aus Fels«, das Ergebnis tausendjähriger Erosion

Ende beginnt unten an der Küste: der Wildwechsel eines Eismeerfischers, sozusagen das landfeste Gegenstück zu Ole Christiansens Unterwasserpfad. Wie ich so schaue, wird mir die Stille bewußt, die hier herrscht. Einen lärmgewohnten Städter schmerzt diese Ruhe fast in den Ohren.

Der Tag hatte nur zögernd begonnen – mit einem schmalen Lichtstreifen am südöstlichen Horizont. Bald löst die Sonne die Wolken auf. Ich profitiere vom Föhneffekt der Porsangerberge. Während drüben in Finnland wohl der Herbst schon zu Ende ist, glühen hier noch die Farben. Der Golfstrom verschiebt »sichtbar« die Jahreszeiten. Wieder muß ich anhalten. Der Berg rechts der Straße scheint gar nicht aus Fels zu bestehen. Schmelzwasser haben ihn »zersägt« – eine Jahrtausendmühe. Die weitere Arbeit hatte dann der Frost übernommen. Er trieb seine Keile in das vorbereitete Gestein. So zerfielen Bergwände in Blöcke, Blöcke in »handliche Stücke«. Es folgte die Feinarbeit, das Aufspalten entlang der dünnen Schichtlinien. Das Endergebnis waren »Blättchen«. So wurden aus Steinen langsam »Bücher«. Ich stehe vor einer »Bibliothek der

Erdgeschichte« – gefüllt mit Folianten aus Fels. Dabei bedarf es keiner großen Phantasie, in den zwischengestreuten Heidelbeersträuchern »Lesezeichen« zu sehen. Mein Gott, ich muß weiter! Bis zum Polarkreis sind es noch 1 000 Kilometer.

Der Skarvbergtunnel. Die Felsröhre ist nur mit trüben Funzeln beleuchtet. Dreck von unten, Wasser von oben. Naß wie nach einem Regenguß komme ich wieder ans Licht. Nun führt die Straße als Behelfspiste zurück in die Berge – doch nicht mehr lange: Unten am Fjord ist bereits die neue Trasse abgesteckt. Highway-Format! Ein paar Lappenhütten. Es sind eher ärmliche Behausungen. Aber auch hier haben Schneemobile bereits das Ren abgelöst – keine Hütte ohne *Yamanah, Ski Doo* oder *Trapper*. Voraus im Smörfjord dümpeln ein paar Fischerboote. An Stangengerüsten trocknet der letzte Fang – durch Netze gegen gefiederte Diebe geschützt. Neidvoll giert ein Trupp Möwen nach dem Fischkopf, den sich zwei Kolkraben brüderlich teilen. Man lärmt, bleibt aber auf Distanz. In der Natur gilt das Gesetz des Stärkeren. Drüben, über der Insel Bringnes, zieht ein Adler seine Bahn. Jeder findet seinen Meister, auch die wehrhaften Kolkraben!

Ein kurzer Stopp im Fischerdorf Olderfjord: Verpflegungskauf, einen Kartengruß schreiben (»Bin wieder auf dem Weg zurück!«) – schon hat mich die Straße wieder. Jetzt ist es die von Kirkenes kommende Nummer 6. Ihr dunkles Band krümmt sich über einen Bergsattel, um sich bald darauf in der Weite der Finnmark zu verlieren. Bei dem Blick in die Ferne rücken die Masten der Telegrafenleitung zusammen, werden so zu den »Latten eines Zaunes«. Eben wechselt ein Rentierbulle vor mir über die Straße. Dann überlegt er es sich anscheinend, macht kehrt und stellt sich mitten auf der Fahrbahn in Pose, so als wollte er sagen: »Da hast du dein Fotomotiv!«

Inzwischen radle ich in leichter Wintermontur, mit Wollmütze und Fäustlingen. Obwohl die Sonne scheint, ist es empfindlich kalt. Abseits der Küste macht sich die nördliche Breite bemerkbar. Ich fahre etwa auf Höhe des Scorebysundes in Grönland. Aber die Natur entschädigt mich mit ihren Farben: Voraus die Herbstwälder am Repparfluß, zu beiden Seiten der Straße die Schattierungen der

Hochmoore, hinter mir das Weiß des Bergwinters. Ich habe den höchsten Punkt erreicht. Das Rad beginnt zu rollen. Den Rücken zum Buckel gekrümmt, versuche ich noch an Fahrt zu gewinnen. So sause ich mitten hinein in die tiefstehende Sonne. Der Wind weht mir den Geruch von Holzfeuern entgegen – ein paar Häuser: Das war Skaidi. Aber der Schwung trägt mich weiter. Erst unten am Fluß kommt das Rad zum Stehen. Nahe seiner Mündung entdecke ich ein kleines Felsplateau als »Hochsitz« für die Nacht. Solche Logenplätze liebe ich!

Der Kocher faucht. Der Deckel des Teetopfes beginnt zu tanzen und entläßt Dampfstöße in die kalte Abendluft. Auf einem »Tischtuch« aus Flechten liegen *rugbröd, smör* und *geitost*[6] für das »Souper« bereit. Später wölbt sich über den Bergen Kvalsunds ein Sternenhimmel, klarer als in der Wüste. Auch er gehört zur Radlerromantik.

Am nächsten Tag bleibt die Sonne kraftlos. Nur widerwillig weicht der Frost. Wolken ziehen auf. Es riecht nach Schnee. Der Besuch Hammerfests bedeutet einen schmerzhaften Umweg von 120 Kilometern. Nichts reizt mich an diesem »Thule Norwegens«, doch auf dem Postamt wartet wahrscheinlich ein Brief auf mich. Es gibt eben Wichtigeres als Distanzen.

Stilles Treten, stille Freude – ein paar neugierige Blicke in die Natur. Hinter der Kvalsundbrücke passiere ich einen Felsen, der wie eine Skulptur am Rand der Trasse steht. Es ist ein *Stallo*, einer jener Riesen, denen selbst Straßenbauer aus dem Weg gehen. Stallos, so berichtet der Samendichter Johan Turi, seien »böse Wesen«. Sie ließen Mensch und Tier erkranken. Ja, ein hungriger Stallo fresse den Samen samt seinem Ren. Da lohnt es sich schon, eine solche Gestalt in Ruhe zu lassen.

Mein Rad mag mir verzeihen! Kupferkies, Biotit, Granat: Ich sehe es im Gestein blitzen und kann nicht widerstehen. Erst wenn unter all den Zuladungen die Speichen stöhnen würden, käme ich zur Vernunft. »Privateigentum!« Die Schilder, die das Betreten der Landschaft verbieten, häufen sich. Häuser sieht man zwar noch keine, aber die Bauplätze sind bereits abgesteckt. Hammerfest kann nicht mehr weit sein. Es kommt mir sozusagen entgegen.

Die nördlichste Stadt der Erde lebt vom Fischfang und vom »Touristen-Angeln«. Sie ist ein Muß für alle Nordlandfahrer – zumindest glauben sie das. Ich begnüge mich mit einem Foto von der Meridiansäule, mache um alles Touristische einen Bogen, als gelte es, Stallos auszuweichen, und bin schon wieder draußen aus der »Metropole«. Aus den Augenwinkeln nehme ich noch eine kleine Szene wahr. Während vor der Kirche ein Brautpaar auf den Fotografen wartet, verläßt eine alte Frau gerade den gegenüberliegenden Friedhof. Sie hatte wohl das Grab ihres verstorbenen Mannes winterfest gemacht. Sechs Meter Asphalt trennen einen »Anfang« vom »Ende«.

In dem Brief, der hier schon über eine Woche auf mich wartet, steht: »Komm bald nach Hause!« – »Bin schon auf dem Weg!« antworte ich nun in den Wind. Aber meine Tourenkarte möchte ich nicht nach der Distanz fragen!

Bald stoße ich wieder auf die Reichsstraße. Ab hier verläuft sie genau nach Süden. »Alta 87 Kilometer!« Das Schild macht deutlich: Erneut wartet ein Stück Einsamkeit auf mich.

Ich habe meine »Loge« für die Nacht gefunden. Der Kocher faucht…, aber dieses Mal hat sich die Romantik verändert: Es »riecht« nicht mehr nach Schnee. Ich sehe ihn. Er scheint von den Bergen herabzukommen – gleichzeitig von allen Seiten. Der Winter kreist mich ein. Noch ein stilles Zwiegespräch mit meinem Tagebuch. Ich ziehe die Bilanz des Tages: ein Adler, zwei Falken, ein kurzer Plausch mit einem Fischer. Stolz hatte er mir den soeben gefangenen Lachs gezeigt. Auch war ich wieder zum Schüler der Natur geworden: Geologieunterricht für Langsamreisende – besonders bildhaft: die alten Gletscherbetten drüben auf der Insel Seiland. In Gedanken sah ich, wie mächtige Eiszungen durch sie ins Meer krochen.

Nein, während der Nacht war ich nicht eingeschneit! Obwohl ich es befürchtet hatte. Aber die Schneehüte der Berge lassen ihre weiße Krempe jetzt noch tiefer herabhängen. »E 6 over Sennalandet apen!« Das Schild macht mir Hoffnung, die Hochebene doch noch schneelos hinter mich zu bringen. Denn genausogut könnte um diese Jahreszeit bereits »Lukket!« – gesperrt – angezeigt sein. Die Straße wölbt sich hoch hinauf, durchläuft Sennalandet, das alte Kernland der Samen.

Die Meridiansäule in Hammerfest erinnert an die Vermessung der Erde in den Jahren 1819–1852

Hier verlief ihr Wanderweg vom Eismeer hinunter zum Sjusjavrre. Wer diese Natur sieht, der versteht die Geschichten von den *Stallos*, den *Ruosas*, den *Uldas*[7]. In dieser Einsamkeit mußte das Nordlicht einfach zu den »Seelen der Verstorbenen« werden. Da fanden sich zwangsläufig Plätze, an denen man als Wesen von dieser Welt besser nicht rastete. Ein Schuß zerreißt die Stille. Dem Schneehuhn wird die Tarnung des Gefieders nichts genützt haben. Mit dem Knall zerplatzt auch meine Sagenwelt. Nicht Geistergeschichten sind gefragt, sondern Kilometer!

Die Lappenmission von Aisaroaivve. Sie gleicht einer Einsiedelei. Dann zwei alte Hütten. Die draußen vor den Türen stehenden Kochherde signalisieren: »Wir sind ausgezogen!« Auf einem Buggy, wie sie die Eskimos in Alaska fahren, brummt ein junger Same an mir vorbei – die Fellmütze tief ins Gesicht gezogen. Ich selbst trage inzwischen vier Lagen Bekleidung. Auf dem Sennaland bestimmt der Wind die Temperatur. Dieser hier ist eisig!

Die Straße streckt sich. Ihr Asphaltband, die Rentierzäune und die Masten der Telegrafenleitung machen aus der Landschaft ein »Fluchtbild«. Ich durchradle sie, als gelte es den gemeinsamen Endpunkt der Linien zu finden. Dunkle Moorflächen, Zwergbirken, die durch Millionen Flugsamen des Wollgrases wie mit Rauhreif geschmückt wirken, bizarre Luftblasenmuster im Eis der gefrorenen Tümpel: eine Natur mit stillen Farbtönen. Sie spricht nicht jeden an. »Sender« brauchen einen »Empfänger«. Das gilt nicht nur für die Elektronik. Trotz der Kälte genieße ich die Fahrt!

Eine Gruppe Samen. Sie haben Rentiere eingefangen – sicher als Fleischvorrat. Man schlachtet die Tiere jetzt, bevor sie durch die karge Flechtenkost im Winter abmagern, und lagert das Fleisch ein. Ich halte, grüße. Aber die Männer drehen mir den Rücken zu. Diese Antwort ist deutlich: »Fahr weiter, Tourist!« Ich muß das schweigend akzeptieren. Später eine ähnliche Szene. Dieses Mal klappt die Völkerverständigung. Der Same gestattet mir sogar, ein Foto zu schießen. Aber wie er es mir erlaubt, das hebt mich aus den Schuhen. Sein »Photo okay!« hätte nicht amerikanischer klingen können. Beinahe bedanke ich mich nicht mit »Takk!«, sondern mit »Many thanks!«. Schneetreiben setzt ein. Der scharfe Wind läßt den Flocken keine Zeit zum Fallen. In waagerechtem Flug jagt er sie vor sich her. Ich muß von der Hochebene herunter! »N... ik 5...!« Das Schild ist bereits so schneebepackt, daß man die Schrift erraten muß. »Narvik 500 Kilometer«, vielleicht auch 550 oder 580. Aber was macht schon dieser Unterschied! Narvik ist für mich »der Süden«. Den einen lockt das Mittelmeer, den anderen der Polarkreis.

Die Straße buckelt. Aus der weißen Pracht wird grauer Matsch. Nichts wie heraus aus dem Winter! Ich möchte hinuntersausen zum

Altafjord; doch es wird ein Hinabtasten, mit einem halben Dutzend Faststürzen. Anders als die Autofahrer, habe ich an meinem Rad keine »M+S-Reifen«.

Unten in Alta wartet ein »Geschenk« auf mich, ein noch geöffneter Campingplatz, auf dem es Hütten zu mieten gibt. Gerne bezahle ich für die »hölzerne Kabine« den geforderten Hotelpreis; denn meine Ausrüstung braucht einen Schub trockene Zimmerluft. Zu oft hatte ich das Zelt rauhreifüberzogen einpacken müssen. Am nächsten Tag sehe ich, wie sehr sich die alte Hauptstadt der Lappen verändert hat. Lange vor den Wikingern hatte es hier, an der Mündung des Altaelv, mit ein paar Torfgammen[8] begonnen. Später folgten bescheidene Holzhütten. Und noch vor wenigen Jahrzehnten war das Ortsbild geprägt vom bunten Treiben der Samen. Jetzt recken sich hier Beton- und Glasfassaden. Ein modernes Industriezentrum ist entstanden.

Die Vorgeschichte der Stadt finde ich ein Stückchen weiter südlich. Das Eis mußte hier früher als an anderen Küstenstrichen zurückgewichen sein und hatte so die erste Besiedlung ermöglicht. Viel wissen wir nicht über diese »Ur-Samen«. Doch auf Felsen haben sie der Nachwelt Zeugnisse hinterlassen, die den Kern ihres Lebens widerspiegeln. Die Bilder belegen, daß bereits vor 5 000 Jahren das Ren den Alltag der Samen bestimmt hat.

Das Wetter meint es wieder gut mit mir. Viel Sonne und wenig Wind: ein echter Radlertag. Ein paar Wolken am Himmel sind sich über ihre Zugrichtung noch unschlüssig. Nur der Frost ist weiter vorangekommen. Während der Nacht hatte er den Fjordsaum erreicht. Unter dem Druck des Rades splittert das Eis der Pfützen wie Fensterglas. Leider wird dieser schöne Tag durch »Zeugen« aus dem letzten Krieg getrübt. Schon seit Hammerfest radele ich in alten Kampfspuren. Fünfzig Jahre ist es her, seit der deutsche Größenwahn Lappland und die Eismeerküste erreicht hat. Auf seinem Rückzug galt das Prinzip der verbrannten Erde. Von der Stadt Hammerfest blieb nur die Friedhofskapelle übrig. Tromsö, Narvik, Bodö… die Stätten der Zerstörung reihten sich zu einer Anklageliste. Jetzt umrunde ich den Kafjordbotn. Hier hatte das Schlachtschiff *Tirpitz* auf Opfer gelauert – bis eine englische Fliegerbombe es auf den Grund des Meeres schickte.

Noch immer findet man hier Kruppstahl und Bunkerreste. Sie mahnen: »Nie wieder!«

Der Natur gelingt es, das düstere Geschichtsbild zu verwischen. Es ist Ebbe. Vor der Küste tauchen immer mehr Felsen auf. Gerundet und tangbehangen, gleichen sie Urtieren. Die See leckt über sie hinweg – mehr streichelnd als dagegen anlaufend. Der Kiefernwald, durch den die Straße führt, ist eine Ansammlung von Individualisten. Bäume, die unter solch harten Bedingungen wachsen, verärgern zwar Sägewerksbesitzer, erfreuen aber das Auge eines jeden, der in ihnen nicht nur Bretter sieht.

Karlslatte, Isnestoffen, Storsandnes ... Orte gibt es hier, bei denen die Zahl der Türen die der Buchstaben im Namen kaum übertrifft. Hier am Langfjord bringt man getragene Kinderkleidung noch in die *Barnstue* – für andere Mütter. Fürs Postamt reicht eine Stube, und die Hunde haben grundsätzlich etwas gegen Fremde. Ich lege einen Gang zu, gebe Fersengeld.

»Tromsö 300 Kilometer!« Das Schild steht für drei Tagesetappen und drei Frostnächte. Doch bis dahin hätte ich wieder ein gutes Stück geschafft. Langsam komme ich dem Polarkreis näher.

Die Tage sind kurz geworden. Es dunkelt bereits. Über den Bergen verglühen ein paar Wolken. Doch so still wie der heutige ausklingt, so laut wird es während der Nacht. Vom Lassafjell herab rauscht ein Fallwind, daß ich um mein Zelt bangen muß. Es zerrt an den Leinen wie ein angebundenes Ren, das ein Rudel Wölfe nahen sieht. Der Spuk währt nur kurz, dann kehrt die Stille zurück. Wo im »Lehrbuch der Meteorologie« könnte ich eine Erklärung für dieses Phänomen finden?

Am nächsten Morgen bekomme ich Besuch – aus der Luft. Der Pilot eines *Sea-King*-Rettungshubschraubers hatte das einsame Zelt entdeckt. Er hält Position. Ich hebe den rechten Arm, gebe das Zeichen für: »Alles okay!« Der weiße Retter dreht wieder ab. Schon nach wenigen Minuten ist der Hubschrauber nur noch ein kleiner Punkt, eine »Möwe« vor dunkler Felskulisse.

Der Frost hatte in dieser Nacht noch ein paar Grad zugelegt. Beim Heidelbeersammeln hole ich mir Eisfinger. Die Früchte sind etwas zum »Lutschen«. Der Winter ist mir bereits hart auf den Fersen.

Schon mehrfach hatte ich in den Küstengewässern Lachsfarmen gesehen. Die großen Netzbecken stehen für eine neue Industrie. Am inneren Langfjord wird gerade eine dieser schwimmenden Zuchtanstalten ans Ufer geschleppt. Dort warten die Schlächter. Neugierig halte ich. Das Becken wird verankert. Dann senkt sich der an einem Ausleger hängende Netzkorb hinab. Wenig später pendelt er zurück – gefüllt mit einer silbergrauen, zappelnden Fracht. Ein Ruck an der Reißleine: Wild um sich schlagend purzeln die Lachse auf die Schlachtbank. Durch die Neigung der Metallrutsche werden sie automatisch dem Messer zugeführt. Da hilft kein Aufbäumen, kein Springen. Jeder bekommt die Klinge zwischen die Kiemen. Eben noch Meisterschwimmer, füllen sie jetzt, müde mit dem Schwanz schlagend, eine Plastikwanne. In manchem Lachs flackert noch ein Funke Leben. Er reckt sich zum letzten Sprung – und fällt mit weit aufgerissenem Maul zurück. Fische schreien nicht. Sie sterben stumm.

Der Schlächter hat einen Augenblick Zeit. Die nächsten Opfer sind noch nicht im Korb. »Ich bin Knut, der Lachskiller!« grüßt er lachend zu mir herüber. Dabei sticht er mit dem Messer in die Luft, als gelte es, auch fliegende Fische zu schlachten. Ich weiß: Seine Arbeit wird vom Alltag diktiert. Wo es keine Alternativen gibt, bestimmt die Not den Job. Trotzdem: Es dürfte eine Weile dauern, bis mir Fisch wieder schmeckt. Das Bild der stumm schreienden Mäuler ist zu eindringlich gewesen.

Die »Nummer 6« hat noch immer nicht durchgehend Europaformat. Frost, Steinstürze und Schmelzwasser machen den Straßenbauern zu schaffen. Am Fuße des Daumandstind fressen sich Baggerzähne in den Fels. Das Rad rumpelt über einen Steinacker. Um es zu schonen, schiebe ich es. Der nächste Sund ist bereits überbrückt. Für Nordlandfahrer rückt damit das Kap um 40 Kilometer näher – und für mich der Kvaenangenpaß. Eine Formation Wildgänse überholt mich. Ihr Keil zeigt nach Süden. Es ist, als gäben mir die Tiere damit ein Signal.

Die Straße beginnt zu klettern. Sie ist völlig überfroren, eine Schlittschuhbahn. Eiskaskaden schmücken die Felswände. Diese ragen höher hinauf als die Bahn der Sonne. Es wird Monate dauern, bis ihre Strahlen den Fels wieder treffen. Die ersten Kehren: Ich nähere mich der Baumgrenze. Bald folgen hohe Schneezäune. Langsam trete ich die Höhenmeter nieder. Nun werden die Ausblicke immer großartiger. Tief unten leckt eine blaue Zunge weit ins Land: der Kvaenangen. In seinem Wasser schwimmt eine Flottille kleiner Inseln: Nöklan, Skorpa, Spildra. Im Osten wachsen die verschneiten Berge Troms empor. Noch eine weitere Kehre, und der Eisschild des Öksfjordgletschers wird sichtbar. Mir bietet sich das vielleicht schönste Nordlandpanorama. Völlig klar, daß es für mich – selbst auf die Gefahr hin, daß ich im Frost zur »Mumie« werde – heute keinen anderen Zeltplatz als diese Paßhöhe gibt.

Die zehnte oder elfte Kehre! Völlig unvermutet taucht ein Voranzeiger auf: »Fjell-Hotel!« Damit habe ich nicht gerechnet, schon gar nicht auf diesem Bergsattel, den ich als Lagerplatz der Samen in Erinnerung hatte. Bei der Nähe von Wärme werde ich schwach. In der Rezeption schäle ich mich erst einmal aus meiner Vermummung. Die junge Frau hinter dem Tresen lächelt verständnisvoll. Als ich ihr den Grund für meine »Verpackung« sage, fragt sie erschrocken-ungläubig zurück: »Auf einem Fahrrad?« Ihr Gesicht wird zur Mitleidsmiene: »Du armer Kerl!« Dieses Mitfühlen ist es wohl auch, was mir einen gewaltigen Preisvorteil bringt. Die kleinste der Dependancehütten kostet normal 380 Kronen. Die Frau überläßt sie mir für 100. Ich lächle ein Dankeschön – und profitiere schon wieder. Als ich das Frühstück mitbezahlen möchte, schiebt sie mir einen Schein zurück: »Ich habe keine Münzen!« Ein Hotel ohne Wechselgeld? Ich habe den Wink verstanden.

Wenig später genieße ich eine richtige Almhüttenromantik. Mit Hilfe der Kocherflamme gelingt es mir, die Birkenscheite in der Feuerstelle zu zündeln. Draußen klirrt der Frost, hier drinnen knistern Flammen. Die Gemütlichkeit könnte nicht größer sein.

Durchgewärmt und wollumwickelt mache ich noch einen späten Rundgang. Über den Bergen liegt ein bläulicher Lichtschimmer – der Rest eines klaren Nordlandtages. Wie eine milchfarbene Montgolfiere hängt der Mond am Himmel. Man kennt diesen Postkartenkitsch. Hier sehe ich nun das »Original« – und es ist tatsächlich zum »Ausflippen«.

Es ist Nacht, als ich noch einmal vor die Hütte gehe. Jetzt müßte draußen ein Sternenhimmel funkeln, heller als in jedem Planetarium. Als erstes fällt mir ein Lichtstrahl auf. Er könnte von den Scheinwerfern eines Autos stammen, das gerade die lange Paßanfahrt heraufkommt. Doch dann schelte ich mich selbst: »Dummkopf!« Seit wann gibt es gekrümmtes Licht? Der »Strahl« ist in der Tat ein »Bogen«. Er scheint seinen Ursprung hinter dem nordöstlichen Horizont zu haben und krümmt sich in großer Höhe über den verschneiten Gipfel des Kaven hinweg. Der Schnee scheint das Licht zu reflektieren. Ich spüre die Gänsehaut auf meinem Rücken. Sie kommt nicht von der Kälte. Was ich sehe, sind die »Seelen der Verstorbenen«, das Nordlicht! Der Bogen wird zum breiten Band, wechselt seine Farbe vom faden Gelb ins Orange, ins Blaßgrüne. Jetzt flackert er, krümmt sich zum »S«, zerfällt und entsteht aufs neue. Das faszinierende Schauspiel währt so lange, daß der Frost genügend Zeit findet, meine Schutzhülle aus Wolle und Baumwolle zu durchdringen. Ich friere jämmerlich. Schwachstelle sind die Füße. Wie zehenlos gehe ich in die Hütte zurück. Doch was für ein lächerlicher Preis für ein solches Erlebnis!

Der Wasserhahn vor der Hütte trägt einen langen Eisbart. Die Kälte hat immer noch Krallen. Es müssen unter minus 10 Grad gewesen sein. Als Morgengymnastik schuffle ich über gefrorene Hochmoortümpel. Das Eis ist so dick, daß es sich mit dem Stiefelabsatz nicht mehr eintreten läßt. Beim Frühstück im Hotel versuche ich den nächtlichen Erlebnisstau loszuwerden. Die Bedienung lächelt müde: »Nordlys? Ja, das ist die Zeit dafür.« Man erzähle einem Schäfer etwas über Lämmer!

Die lange Abfahrt hinunter auf Meeresniveau ist berauschend. Wenn ich nicht Wollmütze und Kapuze trüge, flögen mir vor Kälte die Ohren weg. Die Straße legt sich um ein halbes Dutzend Buchten und Fjorde. Stunde um Stunde radle ich still vor mich hin. Die Begegnung mit einem Auto wäre eine Tagebuchnotiz wert. Da es keinen Kennzeichen nachzuschauen gilt, merke ich mir die Namen auf den Briefkästen. Sie lesen sich wie aus einem norwegischen Sagenbuch: »Torleif«, »Eriksen«, »Gundersen«... Von einem leichten Rückenwind verwöhnt, erreiche ich den Kai am Lyngenfjord viel schneller als geplant. Nur, heute geht kein Schiff mehr! Die Saison ist vorbei, die Fährpläne sind zusammengestrichen. So begebe ich mich mit meinem Zelt auf Warteposition. Es wird meine zweite Nordlichtnacht.

»Grönland«, heißt es in einer alten Schrift, »liegt am äußersten Rand der Erde, deshalb kann das ›Randfeuer‹ die Meere umfließen.« Neben der trocken-wissenschaftlichen Erklärung für das Polarlicht gab es schon immer bizarre Deutungen. Und während ich im Nomedalen ähnlich wie auf dem Kvaenangenpaß durchfriere, versuche ich meine eigene. Ich mache die Aurora borealis zu einem »Regenbogen aus Mondlicht«.

Bereits im Morgengrauen stehe ich wieder am Fähranleger. Eine halbe Stunde Wellenschaukeln, und der Fjord liegt hinter mir. Die Karte gibt sich großzügig. Der Ort Lyngen ist mit einem gelben Kreis markiert. Für die eher bescheidene Häuseransammlung hätte auch ein kleiner schwarzer Punkt genügt.

Weil mir nach einem soliden Frühstück ist, steuere ich das Restaurant nahe dem Schiffsanleger an. Zu so früher Zeit bin ich der erste Gast. Schade, hier sieht es ganz nach »importierter« Gastlichkeit aus. Eine einfache *Gatekjökken*[9] wäre mir da lieber gewesen. An der vorderen Wand hängt ein Spielautomat. Der Aufkleber »*Nye!*« verspricht eine auf 20 Kronen erhöhte Gewinnchance. Gegenüber flimmert der Bildschirm eines Sega-Computers. Das Ding läuft wahrscheinlich im 24-Stunden-Dauerbetrieb. Warum den Stecker herausziehen? Strom ist in Norwegen extrem billig. Auf der Mattscheibe geht es um einen »Out-run«. Wer fliegt zuerst aus der Kurve? Die Rennpiste führt durch die Wüste, den Hintergrund bilden verschneite Berge – eine Mischung aus Arizona und Norwegen.

»Ihr Hamburger, bitte!« Ich hatte »blind« gewählt. Mit einem »Danke« nehme ich den Teller entgegen und stelle ihn zur Seite, als wäre mein Hunger bereits verflogen. Mich interessiert die »Solid State Stereophonic Musicbox«. Fände man im Plattenprogramm norwegische Volksweisen, in dieser Umgebung wäre das glatter Stilbruch. Richtig getippt! Die Titel sind up to date: *Love Train, Cry for me, Road to our Dreams*... Dieses kleine Lyngen liegt voll im Trend der Zeit. Nach diesem so arg amerikanisierten Frühstück finde ich meine Traumstraße draußen in der Natur.

Bereits gestern abend hatten mich im Vorblick die Lyngenalpen fasziniert. Als »Bastion aus Fels und Eis« säumen sie den Fjord. Ihnen verdankt er den Titel: »König der Nordland-Fjorde«. Das Sträßchen Nummer 91 führt mich nun mitten hinein in dieses Panorama, und das heute wieder unruhige Wetter läßt mich die Szenerie wie ein Bühnenstück erleben.

Die Sonne ist nur eine trüb-milchige Scheibe – die richtige Beleuchtung für eine solche Vorführung. An den Berggipfeln haben sich Wolken verfangen. Aus ihnen hängen – gleich Sänften – die Gletschertröge. Firnfelder werden zu weißen Zungen, die ihren Ursprung im Himmel haben. Einer der Berge war längst geboren, als der Teufel erneut Magma nachschob. Farben und Formen des Gesteins verraten die »Nachgeburt«. Jetzt liegt sie in einer Wiege aus Eis. Es ist eine Welt, in der die Chronometer der Erdschöpfung den Zeittakt angeben. Fast ehrfurchtsvoll durchradle ich sie.

Wie Sonne und Wolken, so spielt auch der Wind in diesem Stück Regie. Er bestimmt, was ich sehen darf und was mir verborgen bleiben soll. Jetzt lehrt er mich zudem den Venturi-Effekt fürchten. Das enge Gletschertal des Kjosen ist wie ein natürlicher Windkanal. Als ich beim Fotografieren einen Handschuh verliere – und diesem nachhetze, wirft der Wind hinter mir polternd das Rad um. Eine Böe dreht es im Fallen weiter – zum Salto in den Graben. So etwas kann Bruch geben! Neidisch schaue ich einer Möwe zu. Sie zeigt mir, wie man in einem solchen Windkanal vorankommt – der Trick: Tropfenform annehmen. Doch meine »verstellbaren Flügel« sind leider nur ein paar Berggänge – ein schäbiger Ersatz.

Niemand weiß, wie der norwegische König Hakon, der vor über 500 Jahren lebte, wirklich ausgesehen hat. Für mich klingt der Name nach alt, nach bärtig, nach grimmig dreinschauend. Nun sehe ich »Kong Hakon« unten am Wasser sitzen. Er ist es wirklich! Ich hatte seinen Namen auf einem Briefkasten am Straßenrand gelesen. Der alte König trägt Ölzeug und Gummistiefel – für mich nur ein kleiner Regiefehler. Ich »verankere« das Rad an einer Birke (nicht noch einen Salto) und folge dem Pfad, an dessen Ende Hakon sitzt.

»Kong Hakon« säubert seinen Fang

Um ihn nicht zu erschrecken, grüße ich schon von weitem; doch er hört mich nicht. Der Wind hält ihm die Ohren zu. »God dag!« wiederhole ich noch einmal laut – jetzt schon fast hinter ihm stehend. Langsam – wie im Zeitlupentempo – dreht sich der König um. Ich sehe an seinem Gesicht, daß er über das plötzliche Auftauchen des Fremden nicht erschrocken ist. Wer so alt ist wie er, der kennt keine Angst mehr, der hat das Leben bereits hinter sich. Wegen meiner bescheidenen Sprachkenntnisse reduziert sich unsere Unterhaltung auf ein paar Vokabeln: »...med sykkel, fra tyskland... en reise pa finnmarken!« König Hakon nickt. Mit einer großzügigen Handbewegung erlaubt er mir auch, ein Foto zu machen. Der richtige König hätte damals von seinem Thron herab den Arm nicht gönnerhafter ausstrecken können. »Takk og farwel, Kong Hakon!«

Das Tal weitet sich. Den schmalen Landstreifen, den die Berge nun freigeben, haben Siedler genutzt. Jeder dieser Höfe ist ein Einödposten, eine vorgeschobene Stellung im Kampf mit der Natur. Das Leben muß hart sein zu Füßen des vergletscherten Isskartindan. Am Wegrand fehlt es nicht an Zeugen. Ein alter Pflug erinnert an den Versuch, hier so etwas wie »konventionelle Landwirtschaft« zu betreiben. Die Bohlenauffahrten zu den Scheunen sind morsch. In rostigen Milchkannen überfriert das Regenwasser. Dann ein geradezu unwirklicher Anblick: Das Gehöft war aufgegeben worden. Schneedruck hat das Dach beschädigt, Wind und Wetter lassen die Holzfassade bröckeln. Aber hinter den verschlissenen Gardinen leuchtet bunt ein Strauß Plastikblumen.

Die Straße schwenkt nun nach Norden. Durch die Richtungsänderung wird der Gegenwind erträglicher. Dieses Mal habe ich Glück! Am Fähranleger von Svensby liegt auslaufbereit die *Goalsevarre*. Das Schiff scheint auf mich gewartet zu haben. Als ich das Ticket kaufe, deutet der Mann auf mein Rad: »Glück gehabt, kein Schnee!« Er hatte recht. Das Glück, noch nicht eingeschneit zu sein, begleitete mich nun schon über 1 000 Kilometer. Noch einmal campen auf Niemandsland, und ich wäre bereits in Tromsö. Vielleicht holt mich der Winter doch nicht mehr ein.

Es gibt Erlebnisse, die eignen sich für eine Karikatur. Dieser Tag beginnt mit einem solchen. Noch etwas schläfrig vor mich hinträumend, durchfahre ich gerade eine Kurve. Plötzlich bin ich hellwach. Hastig, etwas zu hastig, ziehe ich beide Bremsen; hoffentlich kommt das Rad lautlos zum Stehen! Keine 50 Meter voraus wechselt eine Elchkuh über die Straße – mit einem Gang, als schliefe sie noch. Aber da ist noch jemand: eine Frau. Sie kommt mir entgegen, den Elch nur einen halben Steinwurf weit im Rücken. Vorsichtig setze ich einen Fuß ab; dann gebe ich ihr Zeichen: »Drehen Sie sich mal um!« Die Frau bleibt stehen, blickt mich verständnislos an. Ich wiederhole den Fingerzeig, male einen Kreis in die Luft und deute mit dem Daumen über die Schulter: »*Umdrehen! Hinter Ihnen!*« Die Elchkuh hat inzwischen die Straße überquert. Die Vorderbeine im Graben, die Hinterhand auf dem Asphalt, beginnt sie zu fressen. Die Frau muß noch schläfriger als das Tier sein. Sie kapiert einfach nicht. Nun strecke ich den Arm aus und rufe laut: »En elk!« Endlich dreht sie sich um. Meine Stimme und das erschrockene »Ohhh« der Frau jagen den Elch in die Flucht. Er bricht durchs Erlengestrüpp, daß die Zweige brechen. Im Weiterfahren grüße ich besonders laut. Aber nun war die Frau ja wach; auf dem Weg hinunter nach Breivikeidet würde sie sich wohl noch mehrfach umdrehen.

Die Straße zieht bergauf. Wie ein Saumpfad verläuft sie hoch über einem Gletschertal. Dieses mußte eine wahre Elchweide sein. Zwischen den Siedlungen Hov und Sandeggen zähle ich im »Tele« vier Tiere. Zwei weitere sind drüben am Fuß des Storfjellet auszumachen. Ich versuche es mit einem Foto. Aber bei den miesen Lichtverhältnissen komme ich nicht mehr zum Schuß. Es ist erst drei Uhr nachmittags, und doch schon wieder Abend. Die Landschaft zeigt nur noch Brauntöne mit einem grauweißen Strichmuster. Letzteres sind die Stämme der Birken. Ich blicke hinab in das weite Tal: »Hier könntest du es eine Weile aushalten!« Doch die verschneiten Bergspitzen mahnen: »Fahr weiter! Der Winter kommt!«

Leider verwischt die Dämmerung immer mehr die Details, nur der weiße Parabolspiegel der Forschungsstation *Icecat* hebt sich noch scharf vom dunkleren Hintergrund ab. Elektronik und Elche als Nachbarn: Drüben in Finnland hatte ich Ähnliches erlebt. Dort waren es Rentiere.

Still vor mich hinradelnd, zähle ich die Schneestangen am Straßenrand. Die Berge werden flacher, ihre Silhouette milder. Der Hobel des Eises hatte diese Landschaft besonders »weich« geformt. Schade! Meine kleine Traumstraße ist zu Ende. Ein richtiger Highway schluckt sie: die »E 78«. Noch ein nüchterner Endspurt, und ich sehe die Lichter Tromsös.

Es gäbe einiges anzuschauen in der Stadt: das Planetarium mit dem Nordlichtprogramm, die Eismeerkathedrale, das eine oder andere Museum. Doch ich muß Prioritäten setzen. Mein Zelt wartet wieder einmal aufs richtige Abtrocknen, das Rad braucht einen Generalcheck.

Eine Hütte auf dem Campingplatz bietet die Lösung. Dort spricht man mich an: Was ich um diese Jahreszeit mit dem Fahrrad noch in Nordnorwegen machte? Bereits Ende September hätten hier schon einmal 25 Zentimeter Schnee gelegen. Den Leuten muß meine Tour wie ein »Irrtum« erscheinen.

Erst das Rad, dann die Stadt. Die Zeit reicht noch für einen kleinen Bummel. Tromsö, das Tor zum Eismeer, ganz ohne Touristen – mal etwas anderes. Die bunten Speicher am Hafen, das ochsenblutfarbene Nordkalottenhaus, Kirche und Gemüsemarkt. Was für ein bescheidenes Angebot: Karotten, Kohl und Kartoffeln – kein Wunder, daß verwöhnte Kunden ausbleiben. Gedränge herrscht dagegen an der Mole. Dort sind die *Sörholmen* und die *Knivegga* eingelaufen. Fangfrischer Fisch ist bei den Tromsöer Hausfrauen immer gefragt. Im Hafenbüro erkundige ich mich nach dem Wetterbericht. Als ich die Antwort höre, wirkt mein Gesicht wohl so grimmig wie das Roald Amundsens, der draußen vom Denkmalsockel herab über den Sund blickt. Sturm ist angesagt – Regensturm, in schon geringen Höhen Schneefall.

Noch in dieser Nacht breche ich auf. Jetzt zählt jede Stunde. Es wird eine Geisterfahrt. Um Kraft zu sparen, radle ich ohne Licht. Autofahrer, die ich schrecken könnte, gibt es um diese Zeit nicht. Ein Schatten huscht von der Straße: der Größe nach ein Vielfraß. Seine Beute ist ein schon zum Fleck zerfahrenes Tier. Zunächst müßte ich das Ende des Balsfjordes erreichen. Dort hätte mich die Reichsstraße wieder. Auf einem Schild würde dann stehen: »Narvik 200 Kilometer!« Lappland schrumpft.

Als es Tag wird, habe ich bereits den Sagelvvatnet hinter mir. Das sieht ganz nach einem Etappenrekord aus. Jetzt wölbt sich über den Bergen ein blaßblauer, wolkenloser Himmel. Von dem angekündigten Sturm keine Spur. Schon erscheint mir das Sichabhetzen überflüssig. Birkengesäumte Wildbäche, deren Ufer einen Häkelsaum aus Eis tragen, Felsen, die mit einem dicken Mantel aus Moos überzogen sind, Moorseen mit den eingefrorenen Silberpinseln des Wollgrases: Wie könnte man angesichts einer solchen Natur auf die Uhr schauen?

Ich hatte wieder ein Plätzchen gefunden, das gut in einen Norwegenbildband paßte. Kein Campingführer wird es je vermerken. Am Morgen weckt mich ein leises Gackern und Glucksen. Die Schneehühner müssen ganz nahe am Zelt sein. Von irgendeinem Felsen herab antwortet ein Rabe. Tage können so schön beginnen!

Es geht weiter bergan. Die Straße führt aus der Tiefe des Salangsdalen hinauf in jene Welt, in der Bäume zu Einzelgängern werden, wo Flechten den Felsen Gesichter malen, und wo die Pflanzen vor den harten Bedingungen der Natur zu kriechen beginnen. An den Hängen des Högtind und des Sölvfjellet wäre Widerstand auch zwecklos. Hier sichert nur Anpassung das Überleben. Endlich die Belohnung für den Radler: die Schußfahrt hinunter zum Herjangsfjord. Ein weiteres Ziel rückt näher.

»Narvik 32 Kilometer!« Auf der Hochebene des Sennalandes waren es fast noch 600 gewesen. Die Radumdrehungen summieren sich eben. Jetzt, auf der Luvseite der Berge, sehe ich den Sturm kommen. Als bleigraue Wand nähert sich das Unwetter aus Richtung der Lofoten. Mir bleibt keine Wahl: Ich muß mitten hinein.

Bereits am Fuß des Mellomfjellet erwischt es mich. Heftiger Regen setzt ein. Getrieben von harten Böen, peitscht er mir ins Gesicht. Eine unsichtbare Kraft scheint am Rad zu zerren, will es stoppen: ein Sturm, schlimmer als der bei Kirkenes. Würde ich der Straße über Narvik hinaus weiter nach Süden folgen, es wäre ein Fiasko. Westwetterlage an Norwegens Küste: Da rotieren die Windmesser, da füllen sich die Regentöpfe der Meteorologen. So ist es ein Gebot der Vernunft, daß ich ausbreche. Eine neue Straße verbindet die Küste mit dem schwedischen Kiruna. Von dort sind es noch 200 Kilometer bis zum Polarkreis. Meine »Ziellinie« liegt dann eben etwas weiter östlich. Der Riesenvorteil: eine letzte Steigung, dann würden mich die Berge gegen das Nordatlantikwetter abschirmen. Der Entschluß kommt so plötzlich, daß ich umkehren muß, denn ich hatte die Abzweigung bereits passiert. Den Sturm im Rücken, gehe ich das Björnfjell an. Bald wechselt der Regen in Schnee. Noch weitere 100 Höhenmeter – und es ist aus. In der Landschaft gibt es nur noch eine Farbe: das Weiß des Winters. Er hatte die Schlinge um den Radler zugezogen. Ich stehe im Schneetreiben und begreife: »Du mußt zurück!«

Die letzten 20 Kilometer bis nach Narvik kommen mir wie eine Ewigkeit vor. Am Rombaken bläst es mich fast von der Brücke. Es mag nicht nur am Wetter liegen und an dem funzeligen Tageslicht, daß ich in Narvik lediglich eine »Halde grauer Häuser« sehe, so grau wie das Erz, das hier verladen wird. Eine »Delle« in meiner Psyche verengt mir offenbar den Blick. Kein Radler steckt eine solche Wetterfalle einfach weg. Der Campingplatz ist längst geschlossen. Ich muß den Besitzer per Telefon bitten, noch einmal mit dem Wagen herauszukommen, um mir einen Hüttenschlüssel zu überlassen. Das »Pa sykkel« (»Mit dem Fahrrad«) fördert sein Mitleid. Ich bräuchte, meint er später – auch wenn ich länger bliebe – nur für eine Nacht zu bezahlen. Den Schlüssel könnte ich bei der Abreise in den Briefkasten werfen.

Am nächsten Morgen stehe ich am Bahnhof. Es stürmt und regnet noch immer. Aber der Regen ist bereits mit Schnee vermischt. Wenig später sitze ich im Zug nach Stockholm. Die Stationen passieren: Straumsnes, Rombak, Katterat. Wie ich es geahnt hatte, liegt das Wetter bald hinter mir. Aber auch diesseits der Berge ist es längst Winter geworden. Ich hätte einen Schneepflug am Rad gebraucht. Vor den Zugfenstern wird das »Tor zu Lappland« sichtbar, jene perfekte Gletscherarbeit, die aus zwei abgeschliffenen Bergen und einem Trogtal eine »Pforte« gemacht hat. In den Nachmittagsstunden passieren wir den Polarkreis. Doch es ist kein bleibender Abschied von meiner Ziellinie. Spätestens wenn ich die Zeltheringe nicht mehr im Schnee verankern muß, komme ich hierher zurück.

Kurs Nord

Es ist Frühling geworden. Ich habe mich im mittleren Schweden etwas warmgeradelt und stehe am Fahrkartenschalter in Uppsala. Wie eine gerissene Schnur, die man zusammenknüpfen muß, um wieder ein Ganzes zu erhalten, gilt es jetzt, die Tour dort fortzusetzen, wo sich die Natur als der Stärkere erwiesen hatte. »Eine Fahrkarte nach Murjek, bitte – einfach, und das ist mein Gepäck!« Bei diesen Worten zeige ich auf Rad und Gepäck. Der Schalterbeamte stutzt: »Nach Murjek? Das ist das Ende der Welt!« Er dehnt die Worte. Nun gut, dann eben eine Fahrkarte ans »Ende der Welt«! Während der Mann seinen Computer befragt, murmelt er etwas vor sich hin. Wenig später gehört mir für ganze 577 Kronen der Globus.

Die Siedlung Murjek liegt hart unter dem Polarkreis. Der Ort ist nicht einmal in allen Schwedenkarten vermerkt. Ein Wunder, daß dort überhaupt Züge halten. Die 1200 Kilometer bis ans »Ende der Welt« dehnen sich. Es wird Nacht und wieder Tag. Unaufhörlich hämmern die Räder des Zuges den immer gleichen Takt: »Nach Murjek! Nach Murjek!«

Aus Zeitungsmeldungen weiß ich, daß Nordskandinavien in diesem Jahr unter einem besonders langen Winter leidet. Von Treibhauseffekt keine Spur. Gerade war das Maikalenderblatt abgerissen worden, da meldet Lappland die niedrigsten Temperaturen seit über 80 Jahren. Der Frühling ist auf seinem Weg nach Norden in den Wäldern Dalarnas steckengeblieben. Vor dem Zugfenster sehe ich den Beweis. Auf der Höhe von Stockholm waren die Birken förmlich im Maitrieb »explodiert«. Hier in Norbotten dagegen scheinen sich die Blätter zurückzuentwickeln, wieder zu Knospen zu werden. Der Schaffner erinnert mich daran, daß der nächste Halt meine Station ist. Er weiß: Wer auf dieser Strecke das Aussteigen verpaßt, der hat einen weiten Rückweg.

Der Zug, so scheint es, hält nur meinetwegen. Ich werfe einen Blick in die Runde: Wo bin ich hier nur gelandet? An diesem Ende der Erde gibt es weder Birkengrün noch einen anderen Frühlingsschimmer. Neben dem Bahnhofsgebäude liegt ein Haufen Schnee. Auch der Sonnenschein trügt. Es ist empfindlich kühl. Hinter mir setzt sich der Zug wieder in Bewegung. Ich komme mir vor wie in die Verbannung geschickt.

Es gibt Überraschungsmomente, da kann man nicht anders als dumm dreinschaun. Das tue ich jetzt – geradezu ausgiebig. Auf dem Gepäckkarren, den ein Mann heranschiebt, liegt provozierend übersichtlich mein Rad – aber eben nur das Rad, von den Packtaschen keine Spur. Durch Schaden klug geworden, hatte ich die Verladung der Sachen in Uppsala persönlich überwacht. Alle Stücke befanden sich bei der Abfahrt im Zug. Jetzt kommt nur das Rad an! In Gedanken zähle ich die Möglichkeiten auf: »Diebstahl«, »an der falschen Station ausgeladen«, »beim Umladen fehlgeleitet« – dann eine letzte: Mein Gepäck liegt noch im Zug, reist jetzt ohne mich weiter nach Narvik.

Der Bahnbeamte dreht und wendet die ihm überreichten Gepäckscheine: »Tut mir leid! Ich will versuchen ...!« Am Telefon bestätigt man ihm, was ich bereits »geschworen« hatte: Die Sachen waren ordnungsgemäß verladen worden. Vollmundig verspricht er mir, daß ich noch heute zu meinen Packtaschen käme. Ich solle doch in der Zwischenzeit einen Kaffee trinken gehen. Nach dem Schreck, ohne Zelt und Ausrüstung, nur mit einem blanken Rad in Lappland angekommen zu sein, könnte ich sogar einen Kaffee mit Cognac gebrauchen.

Der Mann hatte mir das entsprechende Holzhaus gezeigt. Am Zaun davor sind die Öffnungszeiten angeschlagen – zusammen ein paar Stunden in der Woche. Drinnen erwartet mich viel Holz, eine Sammlung ausgestopfter Tiere und etwas Lappenkunst. Ich muß die Besitzerin bei der Küchenarbeit gestört haben. Die Frau wischt sich die Hände an der Schürze ab und schaut mich neugierig-fragend an: ein fremder Gast? Betont artig bestelle ich »kaker og kaffee«, wobei mich die Antwort: »Ingen kaker!«[10] nicht erstaunt hätte. Mit einem Fingerzeig gibt sie mir zu verstehen: »Einen Augenblick bitte!« Nach ein paar Minuten kommt sie zurück und streckt mir beide Hände entgegen. In jeder liegt ein Stück tiefgefrorener Kuchen. Ich entscheide mich für den weniger vereisten. Das Auftauen im Backofen kann ich von meinem Platz aus beobachten, denn die Küchentür bleibt offen.

Ich ziehe mein Tagebuch hervor und skizziere das Café von Murjek. Wanddekoration: Gruppenfoto der Dorfbewohner – wohl um 1930, daneben ein Porträt: »Respektsperson« – Autorität, noch mit Pulverblitz eingefangen. In der linken Ecke die »Leihbücherei«: etwa 20 Bände. Die Titel sind landschaftsbezogen: *Taiga, Samit, Der blommande Fjället*. Draußen wird es laut. Eine Gruppe Männer in Arbeitskluft kommt herein. Das sind zu viele Gäste auf einmal, die Frau holt Verstärkung. In der Küche beginnt das Brutzeln. Der Koch muß Fingerspitzen aus Hartgummi haben; er wendet die Omelettes in der Pfanne mit den blanken Händen. Der erste Stapel wird serviert: dazu Tütenmilch, Marmelade und ein Becher Margarine, in der das Streichmesser wie im Rücken einer Bratgans steckt. Unkompliziertheit ersetzt hier Etikette. Während der eine Stapel Pfannkuchen abnimmt, wächst in der Küche bereits ein neuer empor – mit blanken Fingern in heißem Fett gewendet. Als sich erneut Stimmen nähern, trinke ich meinen Kaffee aus, zahle und mache damit den Stuhl frei. So könnte sich wenigstens ein weiterer Gast setzen.

Auf dem Holzverladeplatz am Bahnhof stehen jetzt ein halbes Dutzend Lkw. Gäbe es hier keine Wälder zum Abholzen, existierte dieses Murjek wahrscheinlich gar nicht. Ich versuche einen Rundgang. Ein Hund begegnet mir – und zwei Frauen, die wie »Kong Hakon« bereits das Leben hinter sich haben. Kaum hat das Dorf begonnen, da ist es schon wieder zu Ende. Ein Café, ein Geschäft, der Bahnhof: Urbanität auf Steinwurfweite.

Ich frage bereits zum dritten Mal nach dem Verbleib meines Gepäcks. Jetzt steht dem Bahnbeamten der Erfolg im Gesicht geschrieben. Er hatte herausbekommen (über Funk wahrscheinlich), daß sich meine Radtaschen noch im Zug befanden. Man hatte schlichtweg vergessen, sie auszuladen. Jetzt waren sie schon wieder auf dem Weg hierher zurück.

Die Bahnstrecke Stockholm–Narvik ist meist nur eingleisig ausgebaut. Dafür gibt es »Warteschleifen«, die es zwei Zügen ermöglichen, zu passieren. Irgendwo zwischen Murjek und Gällivare war es so gelungen, mein Gepäck von dem nordwärts fahrenden Zug in einen aus der Gegenrichtung kommenden umzuladen. Der Beamte macht mir Hoffnung: »In einer halben Stunde haben Sie Ihr Gepäck!« Es sollte stimmen!

Der »Südexpreß« hält. Niemand steigt aus. Niemand steigt zu. Aber dann öffnet sich eine der Zugtüren, und herausgereicht werden meine Radtaschen. Sie sind von ihrer Soloreise jenseits des Polarkreises zurück.

Während ich das Rad belade, hüpfen – gleich weißen Flöhen – Graupelkörner auf dem Erdboden. Das Thermometer zeigt sechs Grad

Celsius. Im letzten Herbst war ich wohl etwas zu spät auf die Reise gegangen; dieses Mal vielleicht etwas zu früh! – Der Asphalt hatte nur für die Dorfstraße gereicht. Mit dem letzten Haus beginnt die »Piste«. An ihrem Rand stecken noch die roten Schneestangen. Unter überhängenden Torfsoden schimmert Eis. Im Untergrund verharrt noch der Winter.

Das Warten aufs Gepäck hatte mich so viel Zeit gekostet, daß ich heute gerade noch den Polarkreis erreiche. Hier ist er mein Startpunkt, und weit im Westen ist er wieder meine Ziellinie. Das Zelt steht; der Teepott singt; ich ziehe die Naturbilanz: zwei Wildschwäne, ein Kranich, ein Schneehuhn – dazu Rentiere im Dutzend.

Der nächste Tag beginnt mit einem kräftigen Regenguß. Meine Nase tropft; die Kälte krümmt mir die Finger. In den Zahnkränzen knirschen Sand und Dreck. Radler sollten solche Wege lieber meiden. *Slättberget, Nattavaara, Pikuujaakko:* Wann schon einmal verirrt sich in solche Nester ein Fremder? Ich mache alle Hunde rebellisch: Murjek liegt etwa 100 Kilometer zurück, als ich endlich wieder Asphalt unter den Rädern habe. Mein Velo bedankt sich »schweigend«.

Ich befinde mich auf der Nummer 98, der »Rennstrecke« Kiruna–Töre. Den Tribut für das Rasen muß die Natur zahlen. Bis in die Erzstadt zähle ich später (nur auf meiner Straßenseite) 18 tote Rentiere, drei überfahrene Hasen und eine fast halbierte Elchkuh. Das dürfte die »Handschrift« eines Lkw sein. Ein Spezialfahrzeug, beladen mit Schlauchbooten, überholt mich. Der Torneälv ist Raftingrevier[11]. Die Boote müssen vor den ersten Touristen am Wildwasser sein. Eine Gold-Camp-Reklame. Wie schon drüben in Finnland, so sollte man auch hier das Glücksangebot nicht zu ernst nehmen. Das wirkliche Gold Schwedens ist schwarz. Ganze Berge bestehen in Lappland aus Magnetiterz. Es hat den einen Reichtum, den anderen Kulturverlust gebracht. Vor etwa 300 Jahren gehörte das Land noch allein den Samen. Die ersten »Gäste« waren eine Handvoll Pioniere, die Kupferschürfer von Svappavaara. Mit der Entdeckung des Eisenerzes kam dann die Großindustrie. Nicht wenige Samen verdingten sich in den Gruben. Eine fremde Sprache, eine fremde Kultur überlagerte die ihre. Für ein so kleines Volk ist

Assimilation wie der schleichende Tod. Das Umdenken kam spät – auf beiden Seiten. »Wir sind Samen und wollen Samen sein!« steht jetzt in ihrer Identitätserklärung. Rückbesinnung ist ein guter Anfang!

Voraus wird ein verschneiter Gipfel sichtbar, der *Dundret.* Kaum 800 Meter hoch, bietet er einen tiefwinterlichen Anblick. Hier am 67. Breitengrad muß man Höhenangaben mit drei multiplizieren, dann bekommt man einen klimatischen Vergleich mit den Alpen. Wer also wie ich auf Nordkurs fährt, der gerät mit jedem Kilometer »höher hinauf«.

Man kann es versuchen – und wird es doch nicht ganz schaffen, dem industrialisierten Lappland auszuweichen. Zu viele Wunden sind der Natur bereits geschlagen worden. Den Erzbrechern folgten die Holzfäller, diesen wiederum die Stromerzeuger. Jetzt passiere ich eine Batterie Torfhobel. Wo sie einmal gefahren sind, da ist es aus mit Wollgras, mit Knabenkraut, mit dem Ruf des Brachvogels. Hinter Alltajärvi befindet sich eine solche »Tiefenrasur« der Landschaft. Der Mond könnte nicht trostloser sein. Am besten, man schaut weg.

Um ein altes Stück Lappland zu treffen, fahre ich hinunter nach Jukkasjärvi. Der Handelsplatz hat sich gemausert. Ich gönne den Samen den technischen Fortschritt: den Männern das Motorboot, den Frauen eine moderne Küche, den Kindern die BMX-Räder. Aber warum müssen Kontraste so schrill sein? Drüben, neben der alten Holzkirche, liegt der Dichter der Samen, Johan Turi, begraben. Er hat das »Lied des Rentieres« geschrieben. Würde man nun hier einem bestimmten Wegweiser folgen, so käme man zur Raketenabschußbasis *Esrange.* Das meine ich mit »schrill«.

Kiruna, die graue Erzstadt. Sie ist mir nur einen kurzen Stopp wert. Lediglich die Lappenkirche lohnt ein Foto. Schade, daß sie geschlossen ist. Auf der Weiterfahrt über die neue Nordkalotte begleitet mich ein Erzzug. Die Gleise stöhnen unter x-Tausend-Tonnenlast. Gezogen werden die Waggons von einer Superlok. Sie hat sogar einen Namen: *Oskar.* In den Anfängen des Bergbaues mußten Rentiere den Transport des Erzes verrichten. Kadaver verendeter Zugtiere säumten damals den Schlittenweg. Heute zieht

Die noch kahlen Birken erlauben diesen Blick auf die Lappenkirche von Kirma

Oskar mühelos 30 000 dieser Ackjalasten[12]. Und er hängt mich dabei noch ab. Ein Konvoi Pkw kommt mir entgegen – mit Skiern auf den Gepäckträgern. Im letzten Jahr hatte mich der Winter gescheucht. Jetzt bin ich ihm auf den Fersen.

Inzwischen befinde ich mich 200 Kilometer nördlich des Polarkreises. Die Natur ist noch um ein paar Farbnuancen farbloser geworden. Matte Brauntöne herrschen vor: winterdürres Gras, blattlose Büsche, öde Moorwassertümpel. So durchsichtig ist noch das Birkengestrüpp, daß ich den Elch schon auf Distanz erkenne. Das Tier möchte über die Straße und sichert aus vermeintlicher Deckung. Vielleicht gelingt mir ein Foto? Ich versuche, den Elch zu überlisten. Er läßt mich zwar passieren – ohne zu flüchten, doch als ich zurückschleiche, verraten saugende Stapfgeräusche in meinem Rücken, daß mich das Tier sprichwörtlich »hintergangen« hat. Zum »Jäger« tauge ich nicht.

Eine langgestreckte Wasserfläche wird sichtbar, der See Torneträsk. Eisschollen treiben auf ihm. Links der Straße »hängt« ein gefrorener Wasserfall über die Felsen. Die Berge voraus sind alle noch weiße Riesen. Ich habe den Winter eingeholt! Abisko! Manche Nordlandfahrer verlassen die Station gleich wieder. Ihnen ist der Rummel zuviel. Das mag für die Saison gelten. Mich dagegen empfängt gähnende Leere. Auf dem Campingplatz ist noch nicht einmal die Wasserversorgung in Gang. Ich muß mich im Hauptgebäude versorgen.

Auch wenn Wollpullover, Wollmütze und Wollhandschuhe noch notwendige Bekleidungsstücke sind, ich nehme es hin. So wie ich als einer der wenigen Touristen »Ruska-aika« erlebt hatte, so möchte ich hier auf den Frühling warten. Etwas weiter südlich liegt die »Lappenpforte«. Sie erinnert mich an den Abschied im letzten Oktober. Doch bei dem Versuch, sie zu erreichen, scheitere ich kläglich. Auf dem Fjell machen Schneewehen ein Weiterkommen unmöglich. Geduld ist gefragt.

Inzwischen kenne ich die Besatzung der Abisko-Station, habe im *Naturum* Anschauungsunterricht über die subpolare Tier- und Pflanzenwelt genommen, und auch die ersten Kilometer vom »Königspfad«[13] sind mir nun vertraut. Wir haben bald Mitte Juni. Die Temperatur hat ganze zwei Grad zugelegt; die Luft riecht aber noch immer nicht nach Frühling. So weit nördlich des Polarkreises richtet sich die Natur erst recht nicht nach dem Kalender. Hier den Frühling zu erleben, ist Glückssache. Er lauert unter dem Schnee, wartet aufs spontane Hervorbrechen und verbindet sich dann sogleich mit dem Sommer. Man muß ihn wie etwas Flüchtiges geradezu erwischen.

Es beginnt mit einem Windsprung. Blies der Wind bisher unangenehm kalt aus Nordost, so weht er jetzt aus Südwest. Die Quecksilbersäule quält sich nicht mehr von Teilstrich zu Teilstrich. Sie steigt sprunghaft auf über 15 Grad. Kniebeugen und Fingerübungen als morgendliche Aufwärmgymnasitk werden überflüssig. Vom Fjell rinnt und plätschert es. Wasserfälle entstehen. In den Buchten des Torneträsk bricht das Eis auf. Und hatten mir bisher Schneewächten den Weg versperrt, so sind es jetzt die Schmelzwasser. Gleichzeitig beginnt ein Wettblühen: Steinbrech, Silberwurz, Fettkraut, die roten und gelben Kätzchen der Zwergweiden. Es ist, als

Nördlich des Polarkreises werden Bäume zu Individualisten

erreichten die Blumen ihr Blütenstadium nicht durch eine überschnelle Entwicklung, sondern als wären sie lediglich aufgetaut. Die Fjellrose »vergißt« sogar ihre Blätter. Sie besteht fast nur aus Rot. Ich »sammle« mit der Kamera Blumensträuße, wie sie kein Florist zustande brächte.

Den Blumen folgt das Grün. Die Zwergbirken entrollen ihre Blätter, als öffneten auch sie Blüten. Der zarte Grünschimmer wandert aus den geschützten Flußtälern bergauf. Immer weiter zieht sich der Winter zurück. Er gibt sich geschlagen, flüchtet auf die höchsten Gipfel. Die Bilder in der Kamera werden so zu Dokumenten eines »Sieges«. Schon wieder bin ich mit dem Film »am Anschlag«. Dabei wollte ich doch noch den ersten Bergfinken, den ersten Goldregenpfeifer, die erste Bachstelze fotografieren. Ich folge Wildwechseln, durchwate Schmelzwasser, überwinde Schneefelder, auf denen man jetzt bis über die Knie einsinkt. Das Fjell im Frühling: Die Natursuche wird zur Sucht!

Es war abzusehen, daß diese Schönwetterlage nicht ewig anhalten würde. Der Wind springt erneut um, und das Trommeln auf dem Zelt, das mich heute morgen weckt, verkündet nichts Gutes: Es regnet! London und Lappland haben etwas gemeinsam: Ihr Reiz verblaßt in der Nässe. Aus Langeweile gehe ich zu einem Plausch hinüber in die Station. Das Mädchen vom Dienst hat draußen eine Blume gepflückt und diese unter dem Schild: »Was blüht denn da?« nach Botanikermanier ausgestellt: »Fjällstört[14], Pinguicula alpina.« Ich verwickle die junge Schwedin in ein Gespräch: »Der Wind kommt aus Osten, vom Kontinent, warum regnet es dann hier?« Sie wird verlegen und meint, schlechtes Wetter käme sonst immer aus Richtung Narvik. Damit nimmt sie den Zettel mit der Vorhersage vom Info-Bord. Diese hatte etwas ganz anderes »versprochen«.

Ich hatte das »Herbstfeuer« in Lappland erlebt – und nun den »Frühlingsrausch«. Beides für einen lächerlichen Preis – für etwas Frieren. Als der erste Touristenbus in Abisko anrollt, verdrücke ich mich. Letztes Mal war ich die »Nachhut« der Herde gewesen, jetzt bin ich ihr »Kundschafter«.

Nur wenige hundert Meter Höhenunterschied, und schon wechselt man in Lappland die Jahreszeiten. Auf dem Björnfjell komme ich zurück in den Winter: Schneefelder, gefrorene Seen, Berge als weiße Hüte. Keine Rentiere, keine Vögel, keine Spur von Frühling. Ich durchradle gerade eine Kurve, als mich eine unsichtbare Kraft von der Straße drückt. Dem Sturz entgehe ich nur durch Zufall. Die Luft ist von einem Rauschen erfüllt. Jetzt sehe ich: Über den Gebirgskamm fließen die Wolken gleich einem gewaltigen Strom herab. Noch bevor sie die Fjellebene erreichen, lösen sie sich auf. Föhnsturm, wie aus dem Lehrbuch! So etwas von achtern, das nennt man Radlerglück. Leider ist die Straße keine Gerade. Am Pakajakka packt es mich wieder von der Seite. Mit einer Jolle gegen Windstärke acht kreuzen, wäre einfacher. Taumelnd schiebe ich das Rad. Hinter der nächsten Kurve hebt mich dann der Sturm förmlich in den Sattel. Ich jage über das Björnfjell, als hätte ich eine Meute Schlittenhunde vors Rad gespannt. Um wenigstens ein paar Fotos zu machen, muß ich mich zum Bremsen zwingen. Wer vergibt schon gerne einen solchen Vorteil?

Noch immer durchfahre ich eine winterliche Landschaft: Eis, Schnee, kahler Birkenbusch. Das Serviceschild der Station Vassijaure ist überklebt. Es ist noch nichts mit Besuchern! Die Straße neigt sich. Jetzt durchkurvt sie eine Welt voller Gretirsteine[15]. Zu Tausenden liegen sie hier herum.

Auf den Föhnsturm als Helfer kann ich nun verzichten. Das Rad rollt und rollt. Den Weg hinunter zum Atlantik findet es von selbst. Mit dem Höhenverlust fahre ich wieder dem Frühling entgegen. Die ersten Blumen, das erste Grün, die ersten Vogelstimmen: Ein Bühnenbild wird gewechselt.

Unten am Fjord empfängt mich eine angenehm wärmende Sonne. Kaum zu glauben, daß ich mich noch immer weit nördlich des Polarkreises befinde. Als ich auf die Reichsstraße einschwenke, kommt ein Halbwüchsiger auf seinem Rennrad angehechelt. Er hatte mich vom einsamen Fjell herabkommen sehen und glaubt mir einen guten Tip geben zu müssen: »Seien Sie vorsichtig – Autos!« Ich bedanke mich ebenso überlegen: »Sicher!« Er wiegt davon, verfällt in einen Sprint. Dabei bräuchte er meine Konkurrenz gar nicht zu fürchten.

Auf meiner letzten Herbstetappe hatte mich der Winter genau an dieser Stelle eingeholt. Ich sehe mich wieder an der Steigung zum Björnfjell stehen. Regen war in Schnee übergegangen. Das war die erzwungene Umkehr gewesen. Ein Stück voraus hatte ich hinter dem Brückenpfeiler Schutz gesucht. Die Brücke selbst mußte ich mir Schritt für Schritt gegen den Sturm erobern. Jetzt rolle ich fast mühelos hinüber nach Narvik: zwei Jahreszeiten, zwei Welten.

Mit dem Überqueren des Grenzgebirges hatte ich eine Trumpfkarte gezogen. Der beständige Ostwind garantiert an der Küste Kaiserwetter. Warum nicht auch einmal verwöhnt werden? Mein Zelt steht am Beisfjord. Das metallische Keckern der Austernfischer hatte mich geweckt. Jetzt sitze ich an der Küste und schaue der Dünung zu, wie sie an den Felsen leckt. Es ist ein Plätzchen zum Bleiben. Doch mein Magen mahnt knurrend den überfälligen Einkauf an. Vor lauter erzpazifistischen Gedanken hatte ich es versäumt, in Narvik meine Lebensmittelvorräte aufzufüllen. Ein Tante-Emma-Laden am Straßenrand bringt später die Lösung. Mein Einkauf fällt etwas groß aus. Hunger macht eben maßlos.

Die Straße legt sich um die Fjorde Ballangens. Sie umarmt sie förmlich. Ich fahre die Schleifen genüßlich aus. Schön, wenn man vom Zeitdruck einer mahnenden Uhr befreit ist. Von keinem Zeiger gehetzt, von keinem Verkehr bedrängt, entdecke ich Nebensächliches: eine Hummel, ein Blumenbüschel, einen Stein mit »Flechtengesicht«. Der Anblick blütenschwerer Traubenkirschen läßt mich vergessen, daß ich am Björnfjell noch einmal die Wollhandschuhe auspacken mußte. Ein Bauer, der den Radler bemerkt hat, hält beim Reparieren des Zaunes inne und grüßt mich durch Hammerschwenken. Kinder treiben störrisches Jungvieh auf die Weide. Eine Frau schichtet Holz auf. Es sind Alltagsbilder, aber sie prägen sich mir ein, weil ich sie bewußt aufnehme.

Auf Brücken überspringt die Straße die nächsten Fjordarme. Unten strudelt die See. Die landeinwärts drängende Flut wird in den Felsengen zum »Mahlstrom«.

Jetzt scheint das Rad mit jedem Meter schwerer zu werden: was für eine hinterlistige Steigung! Sie führt mich noch einmal in den Winter. Doch schon treibt mir der Abfahrtswind die Tränen in die Augen. Den Schwung möchte ich am liebsten nutzen, um gleich über die See hinwegzufahren; denn im Westen ist eine bizarre Inselwelt zu erkennen: die Lofoten. Sie sollen als »Landsteg« für meinen weiteren Weg zum Polarkreis dienen.

Inselspringen im Nordatlantik

Ein Vergleich bietet sich an: Der Wandertrieb der Rentiere wird von der Natur bestimmt. Im Frühling finden sie das erste Futterangebot entlang des Küstensaumes. Während des Sommers sind die Berge ihr Lebensraum. Wenn der hereinbrechende Winter ihnen dort die Nahrungsgrundlage entzieht, müssen sie in die Niederungen ausweichen.

Ganz ähnlich verläuft meine Polarkreisreise. Auch diese Tour wird vom Rhythmus der Natur bestimmt. Im Oktober habe ich wegen des nahenden Winters auf Südkurs gehen müssen. Später, am Björnfjell, erzwang er meine Umkehr in tiefere Lagen. Jetzt, wo in der Höhe noch immer Schnee liegt, ziehe ich es vor, auf Meeresniveau zu radeln. Hier ist mir der Frühling sicher. »Natursuche« wie ein Ren!

Vor der Schranke des Fähranlegers von Skutvik warten bereits ein paar Wagen – darunter ein norwegischer VW-Kombi. Seine Bemalung, ein sonniger Palmenstrand, verkörpert wohl die Urlaubswünsche des Fahrers. Aus einem *Nordkap-Expreß-Bus* halten 60 Augenpaare Ausschau nach der Fähre. Eiligen sollte man den Vortritt lassen. Ich reihe mich hinten an.

An Deck der *Rösund* sind die Sonnenplätze heiß begehrt. Doch die Lofoten liegen nun mal nicht im Inland; das Schiff wird mit Westkurs fahren. Erst ein paar Minuten sind wir auf See, da beginnt das Stühlerücken. Ich bekomme ein Gespräch mit:

»Walter, hol dir deinen Stuhl!«

»Was is, wenn hier auch Schatten is?«

»Wovon?«

»Vom Schornstein!«

»Davon doch nich!«

(Nach drei Minuten.) »Wir sitzen falsch!«

»Ja, ich glaub!«

(Erneuter Positionswechsel.)

»Wenn du hier gradaus guckst, dann siehst du immer mehr Meer!«

Ich blicke in die andere Richtung. Am östlichen Horizont tauchen die Berge des Festlandes langsam in die See weg. Ihre verschneiten Spitzen werden zu »Eisbergen«. Der Golfstrom scheint sie von der Küste Grönlands bis hierher transportiert zu haben. Hinter mir redet man jetzt von Känguruhschwanzsuppe. Eigentlich möchte ich das restliche Stück hinüber auf die Lofoten schwimmen. Als die Fähre in Svolvaer anlegt, bummle ich beim Verlassen des Schiffes bewußt. Die Expreß-Nordlandfahrer sollen einen möglichst großen Vorsprung haben.

Die Lofoten empfangen mich mit Fischgeruch. Es muß eine gute Fangsaison gewesen sein. Die alten Trockengestelle hatten die vielen Dorsche nicht mehr aufzunehmen vermocht; man hatte mehrere neue »Holzdome« errichten müssen. Sie sind dicht gedeckt mit Schindeln aus Fischleibern. Das war nicht immer so. Niemand konnte vorhersagen, wie stark der Hochzeitszug der Dorsche aus dem Gebiet von Spitzbergen und der Insel Nowaja Semlja sein würde. Es gab magere und fette Zeiten. In diesem Jahr müßten die Gesichter der Lofotenfischer vor Zufriedenheit glänzen.

Eine erste kurze Fahrt über die Inselstraße, und schon häufen sich die Tagebuchnotizen. Ein *Dagligvarer*: Die Schaufensterdekoration zeigt, wie weit ich hier vom durchindustrialisierten Deutschland entfernt bin. Ein buntes Durcheinander von Gegenständen wirbt um Käufer: Handschuhe für Seeleute, ein Kaffeeservice mit Bergblumenmotiv, Angelhaken, Osram-Glühbirnen, eine Alu-Milchkanne, aus der ein Dutzend hölzerne Rührlöffel ragen. An der Hauswand des Geschäftes hängt ein Briefkasten der königlich-norwegischen Post. Er hat die üblichen münzgroßen Sichtfenster – eines für jeden Wochentag. Eigentlich müßten weiße Scheiben darin die Leerungstage anzeigen. Doch da gähnen sieben leere Löcher. Sicher blieb die Post hier trotzdem nicht liegen.

Ein Blick über Zäune. Die Gartendekorationen verraten den Berufsstand der Besitzer. Anker, Netze, Bojen – einmal sogar ein kleines Leuchtfeuer – ersetzen die bei uns üblichen Zwerge. Die Häuser sind etwas für den Zeichenblock. Mitunter scheint es, als suchten sie hinter einzelnen Felsen Schutz vor den rauhen Winden. So mancher dieser Steinblöcke stammt von einem Bergsturz; sie liegen, als hätten sie im Rollen nur kurz innegehalten. Ein altes Ehepaar begegnet mir: der Mann in seiner altgedienten Fischermontur, die Frau mit Küchenschürze und in Hausschuhen. Die beiden machen händchenhaltend einen Abendspaziergang. Wo sonst noch findet man solche Szenen? Beim Grüßen schaue ich den Alten forschend ins Gesicht. Wenn es stimmt, daß eine lange Lebensgemeinschaft die Partner einander ähnlich macht, so sind diese beiden der Beweis dafür.

Es gibt so viel Niemandsland auf den Lofoten, daß es mir nicht schwerfällt, ein Plätzchen für die Nacht zu finden. Allenfalls irritiere ich ein paar Schafe.

Geweckt werde ich vom Knattern des Zeltstoffes. Stürme gehören auf den Lofoten zum Wetteralltag. Sie kommen, ziehen weiter. Verweilen lohnt sich nicht für sie. Drüben am Festland gibt es ein

Trockengerüste für Fisch sind die Wahrzeichen der Lofoten

1700 Kilometer langes und über 2000 Meter hohes Gebirge. An diesem können sie sich reiben. Auch der heutige Sturm lebt nur für kurze Zeit. Wie ein Spuk jagt er vorbei; die Wolken reißt er mit. Am Nachmittag wird es an der Festlandsküste regnen. Soll es! Als Radler ist man auch mal schadenfroh.

Jetzt, wo sich die Sonne über Austvagöy zurückmeldet, kann ich meine beschauliche Lofotenfahrt fortsetzen. *Horn, Dal, Steine:* Die Natur scheint den Fischerdörfern ihre Namen zu geben. Ein Weg »gepflastert« mit Dorschköpfen – verlorene Traktorenfracht –, Butterblumen auf dem Schulhof am Storfjord, eine Möwe, die sich einen alten Autoreifen als Nestumrandung ausgesucht hat: Am besten, ich klemme Tagebuch und Kugelschreiber am Lenker fest, damit ich sie zum Notieren griffbereit habe.

Der Nappastromtunnel! Die halbdunkle Felsröhre verbindet – unter dem Meer hindurch – die Inseln Vestvagöy und Moskenes. Seine Passage ist eine Tiefenfahrt in die Erdgeschichte. So um 3000000000 Jahre alt ist der Stein, der aus der Tunnelsohle in meine Packtaschen wandert. Er hatte noch die Entstehungsphase der Erde erlebt. Zu Hause würde das Stück mein Sammelsurium aus »nirgendwo käuflichen« Souvenirs ergänzen. Werte müssen nicht materieller Art sein! Wie ich da im Schein meiner Taschenlampe unter dem Nordmeer herumgeistere, wird mir doch etwas komisch zumute. In dem Tunnel ist es keinesfalls still. Überall tropft und rinnt es durchs Gestein. Ein halbes Dutzend Pumpen saugen seufzend die hereinsickernde See wieder ab. Ein kritischer Blick hoch zur Tunneldecke: Die Statik hat die Natur doch hoffentlich gut berechnet!

Im Berggang komme ich wieder ans Tageslicht. Die Frau an der Mautstelle blickt mir mit einem Lächeln entgegen. Als ich sie nach der Gebühr für die Tunnelpassage »med sykkel« (mit Fahrrad) frage, zeigt sie lachend auf die Anzeigetafel. Die Gebührenliste fängt erst beim Motorrad an. Wir wünschen uns gegenseitig einen schönen Tag; aber während sie ihren tristen Kassiererjob weiter verrichten muß, warten auf mich wieder Erlebniskilometer.

Daß ich diese zweite Nordlandetappe so früh begonnen habe, hält mir den Hauptstrom der Touristen vom Leibe. Doch die Zeit der Mitternachtssonne ist inzwischen gekommen, und die Temperaturen wurden auch für Frierkatzen langsam erträglich. Der *Nordkap-Expreß-Bus* war ein Indiz gewesen: Der alljährliche Run auf »Europas letztes Naturparadies« hatte begonnen. Am Nordkap würde erneut Champagner ausgeschenkt, in Hammerfest stiege die Zahl der Mitglieder des »Eismeer-Clubs« weiter an, und viele Samen schlüpften für die Touristen wieder in ihre Tracht. Ein Luxusliner nähert sich der Küste. Es könnte die *Maxim Gorki* sein. Wo sie anlegt, da schwappen 600 foto- und kaufhungrige Nordlandfahrer an Land. Schlechte Zeiten für Individualisten! »Nach Vikten rechts ab!« So sehr mit dem Schiff beschäftigt, hätte ich den Wegweiser fast übersehen.

An meiner verwaschenen Windjacke trage ich ein Stoffabzeichen, das sich durchs viele Waschen schon in Auflösung befindet. Nur Insider werden es noch als die Lofotenplakette erkennen. Gleich sollte es eine Funktion erfüllen. Wie alle Straßen auf den Inseln, so endet auch diese schon nach wenigen Kilometern. Vikten ist ein Ort, in den man sich allenfalls verirrt, es sei denn, man sucht etwas ganz Bestimmtes. Seit einiger Zeit, das weiß ich, gibt es hier eine Glasbläserei – mit Sicherheit die nördlichste auf der Erde. Sie ist mein Ziel; ich bin einfach neugierig. Daß der Glasbläser identisch ist mit jenem, der mir vor 20 Jahren die Plakette verkaufte, ahne ich natürlich nicht. Als ich mir von ihm die Arbeitsabläufe seiner Glasproduktion erklären lasse, bemerkt er die Abzeichenreste an meinem Ärmel. Er stutzt, mustert mich genau: »Dich kenne ich! Du warst schon einmal hier. Das muß lange her sein. Damals habe ich so etwas verkauft!« Er zeigt auf die Plakette. Nun gehen zwei Jahrzehnte an niemandem spurlos vorüber, außerdem habe ich jetzt weniger Haare auf dem Kopf, dafür mehr im Gesicht. Aber der Mann hat ein besseres Personengedächtnis als ich, denn ich finde ihn in meinen Lofotenerinnerungen nicht. »Christian!« stelle ich mich nun vor. »Asvar, Asvar Tangard!« revanchiert sich der Glasbläser. Asvar hatte schon vor Jahren seinen Job als Fischer ganz aufgegeben. Eine neue Idee bringt ihm jetzt mehr Geld ein als Dorsch- und Abzeichenverkauf zusammen: das von ihm hergestellte »Ishavsglas«. Als Markenzeichen hat er die von ihm entworfene Lofotenplakette gewählt. Da es hier keine Rohstoffe für die Glasherstellung gibt, verwendet er für die Schmelze die leergetrunkenen Flaschen der Inselbewohner. Diese »Lagerstätte« dürfte sich nie erschöpfen! »So fängt es an!« Asvar zeigt auf einen wassergefüllten Bottich. Er meint damit das Einweichen und Abwaschen der Etiketten. Was aus leeren Bierflaschen alles entstehen kann, das zeigt ein Blick in die Regale. Dort warten Gläser, Schalen und Vasen auf Käufer, die individuell Geformtes maschineller Massenproduktion vorziehen. Nach mir, das wünsche ich Asvar, könnte hier die *Maxim Gorki* Anker werfen. Dann verdienten die Fischer Viktens am Ausbooten, und er hätte eine satte Einnahme.

Als ich mich von ihm verabschiede, ist mein Gepäck um ein Stück »Eismeerglas« schwerer. Bruchgefahr besteht nicht. Solche Trinkgefäße könnten – ohne dabei zu zerbrechen – von Wikingerfäusten auf den Tisch geschmettert werden. Ihre Wandungen haben die Stärke von Panzerglas. Und noch etwas nehme ich mit: eine Einladung. Asvar meinte, ich sollte unbedingt wiederkommen – spätestens erneut in 20 Jahren. Nun ja, dann könnten wir zusammen unseren 70. Geburtstag feiern.

Schon mehrfach waren mir die hellen Strandpartien an den Inselküsten aufgefallen. Jahrmilliarden altes Urgestein – und dann fast weißer Sand? Jetzt halte ich und lasse die hellen Körnchen genießerisch-prüfend durch die Finger rieseln. Es ist ein Sandimitat. Das Meer hat es aus unzähligen zerriebenen Muschel- und Seeigelschalen geschaffen. Und was solche Strände besonders schön macht: Auf ihnen fehlen die Sonnenanbeter. Dafür habe ich soeben Eiderenten und Kormorane fotografiert.

Schließlich wartet doch eine Begegnung auf mich. Zwei Jungen bauen an einem Schiff aus Strandgut. Die See liefert ihnen hierfür das Material. Sogar die Bojen zum Markieren des »Ankerplatzes« liegen schon bereit. »Ein Wikingerschiff!« erklärt mir der ältere der beiden. Klar, daß Lofotenjungen keine Gondel bauen. Doch gleicht das Gebilde aus Brettern, Bändern und Plastik eher Heyerdahls *Kon-Tiki* als einem Wikingerschiff. Von mir beim »Schiffsbau« beobachtet, tun sich die zwei mächtig wichtig. »Grimmige Überlegenheit« steht ihnen im Gesicht; und erst als ich meinen Namen genannt habe, sind sie bereit, mir die ihren zu verraten. Der zukünftige Bootsführer heißt *Randers*, und sein Gefährte, der mit Schild und Schwert Piratenwikinger abwehren wird, ist *Terje*. Ich wünsche den beiden »Gute Fahrt!«

Auf den Lofoten lohnt das Bummeln und das Umwegefahren. Die Notizen in meinem Tagebuch belegen es. Jetzt ist *Nusfjord* an der Reihe, eines der alten, besonders schön gelegenen Fischerdörfer. Auf der Fahrt hinunter zur Bucht wird die Landschaft zum eindrucksvollen Erlebnis. Überhängende Schneewächten an einem sonnenfernen Nordhang erinnern noch an den Winter. Dafür hat sich in einer geschützten Nische der Frühling versammelt. Dort blüht und grünt es. Hinter der nächsten Kurve fällt der Blick unvermutet auf einen kleinen Bergsee. Das Gegenlicht macht sein Wasser zu flüssigem Silber. Den Ort entdeckt man erst auf den letzten Metern, so versteckt liegt er.

In Nusfjord warten auf die Kamera Motive und auf Neugierige ein Tante-Emma-Laden, der bereits ein Stück Lofotengeschichte ist.

Welch ein Unterschied zu den anonymen Verkaufshallen der städtischen Supermärkte! Läden wie dieser sind Individualisten, irgendwie Zeugen aus einer anderen Zeit. Auch dieser hier hat die übliche Multifunktion: Postamt, Zeitungsagentur, Apotheke, Kommunikationszentrum – und wie ganz nebenbei finden die Fischerfrauen das für den Haushalt Benötigte, Angler alles für einen guten Wurf. Handwerkern hilft er Probleme lösen. Das Schauen lohnt im Laden von Nusfjord: viel Holz statt Plastik, einmal (und danach nie wieder) gestrichen, eine Wand voller Schubkästen, Porzellanschildchen für die Warenkennung, ein Museumsstück von »National-Kasse«... Am Ende der Besichtigung zahle ich 76 Kronen – für fast nichts in der Tüte. Ich hatte eigentlich nur für das Gucken bezahlt.

Noch ein Rundgang auf dem Holzsteg zwischen Wasser und Fels, dann möchte ich aus dieser Sackgasse zurück. Möchte! Was mir den Weg versperrt, sind zwei Wohnwagengespanne. Mit so etwas sollte man sich nicht in Gassen wagen, die für Fischerfrauen mit Kinderwagen gebaut wurden. Die beiden Dreiachser sitzen zwischen den Häusern fest wie Korken in einem Flaschenhals. Das hat man davon, wenn man bis an die Ladenkasse heranfahren möchte! Später sagt mir eine Norwegerin: »Wir haben doch so viele schöne Rorbuer[16] hier, aber jetzt kommen immer mehr mit diesen Dingern; wo doch gar kein Platz für so etwas ist.« Mit der Arroganz eines Radlers mache ich den Vorschlag, für Wohnwagengespanne die Fährpreise bis über die Schmerzgrenze zu erhöhen.

Die Lofotenstraße hat mich wieder. Mein nächstes Ziel ist das Kirchlein von Flakstad. Wenn es stimmt, was im Reiseführer steht, so hatte man es aus der Holzladung eines vor der Küste gesunkenen russischen Frachters erbaut. (Woher auch auf diesen Inseln – wo in der freien Natur kein Baum gedeiht – ein Brett nehmen, wenn es nicht die See an Land wirft?) Die Wetterfahne auf der Turmspitze zeigt die Jahreszahl 1780. Bei einem Blick auf die Grabsteine neben der Kirche fällt mir der Gleichklang der Namen auf: Jakobsen, Arnisen, Samuelsen – quasi eine »Sammlung von Söhnen«.

Der Wind spielt mit der Fahne und mit mir. Hier ändert sich das Wetter ähnlich schnell wie die Wolkenbilder am irischen Himmel. Es bläst schon wieder! Auf den nächsten Kilometern wird das Fahren mehr zum Balancieren. Es sind die Berge, die ganz eigenwillige Strömungsverhältnisse erzeugen. Fallwind, Rücken- und Gegenwind wechseln oft von Kurve zu Kurve. Jetzt habe ich einen freien Blick auf die »Lofotenwand«. Während der großen Vereisung müssen die Inseln am Rand des Geschehens gelegen haben. Nur so sind die schroffen Gebirgsformen hier zu erklären. Berge, die unter den Eishobel geraten waren, sehen anders aus. Was da vor mir aufragt, sind Spitzen, keine Rundköpfe. Schon mancher Gipfelstürmer ist an ihnen gescheitert. An den Nordflanken der Berge reicht der Schnee noch bis zur Straße herab. Verschwindet die Sonne hinter den Gipfeln, dann wird es hier empfindlich kalt. Auch ein bilderbuchhafter Lofotenfrühling verlangt noch immer Winterwäsche im Gepäck. So »polargepolt, pedalgetrieben«, ist mir wieder einmal nach einem heißen Kaffee mit »Beilage«. Die dritte Lofoteninsel durchradele ich nun schon, aber es ist mir bisher nicht geglückt, auch nur eine geöffnete Lokalität zu finden. Die Masse der »Touris« war eben noch nicht unterwegs. Selbst im *Optimisten-Café,* ich hatte es irgendwo passiert, standen die Stühle auf den Tischen. Von den Fischern allein konnte es nicht leben. Wider Erwarten werde ich jetzt fündig. Der Ort heißt *Reine.* Er liegt auf schmalem Schwemmland und auf Felsbuckeln. Aus der Höhe betrachtet sieht es aus, als seien die Häuser von den Bergen herabgerollt. Im Restaurant am Hafen staunt man über den ersten fremden Gast. Speisekarte und Küche sind um diese Jahreszeit noch zwei verschiedene Dinge. Mir ist nach heiß und süß, doch das Angebot lautet: »Laks, egg og bröd!« Weil mir Fisch aus dem Kühlfach nicht zusagt, entscheide ich mich für die einzige Alternative: »Pizza, mit ›Warten‹«. Was für ein Stilbruch: in einer Welt der Fische einen solchen Teigfladen zu essen! Zu Tausenden schwimmen sie schuppenglänzend draußen umher. Aber sie finden wohl alle den Weg in die Pfannen und Kochtöpfe der Hausfrauen. Wenigstens werde ich durch Größe und Geschmack der Pizza fürs Warten belohnt. Der Preis verärgert mich wieder. Die Luftfracht aus Italien hierher wollte ich eigentlich nicht mitbezahlen!

Eben lachte noch blanker Sonnenschein, doch draußen empfängt mich ein kalter Regenguß. Lofotenpreise, Lofotenwetter; beides ist

Grate und Zinnen machen die »Lofotenwand« zu einer Herausforderung für Bergsteiger

für Überraschungen gut! Mir ziemlich klein vorkommend, radle ich an der Bergwand entlang. Tausend Meter fast senkrecht aufsteigender Fels lassen einen Menschen schrumpfen. Da gerät mein heutiges Camp eher zu einem Versteck.

Während abends Schweigen über den Felsen von Moskenes liegt, beginnt hier jeder Tag mit lautem Neidgeschrei der Möwen. Für sie gibt es immer nur einen Fisch, nämlich den, den gerade ein anderer Vogel ergattert hat. Der Lärm ist meine »Uhr«. Es ist Mitternachtssonnenzeit; auf den 24-Stunden-Tag sind die Sinne eines Mitteleuropäers nicht programmiert.

Odin scheint heute wieder launisch zu sein. »Was halten Sie vom Wetter?« frage ich den ersten, den ich treffe. Der Mann macht eine Handbewegung: »Man weiß nie!« Selbst Lofotenfischer akzeptieren das Wechselwetter, als sei es von den Göttern gewollt. Ein paar harte Windböen, ein kräftiger Regenguß, ein zweiter – dann Sonne, viel Sonne. Ich bin wieder versöhnt.

Die Straße ist zu Ende. Es heißt auf eine Fähre umsteigen.

Im »Info« am Anleger werde ich Zeuge einer filmreifen Szene. Das Mädchen hinter dem Tresen versucht gerade einem französischen Paar den Genuß von Stockfisch zu erklären. Nationalbewußt, wie die Franzosen nun einmal sind (»tout le monde parle français, sans question«, glauben sie), verstehen sie kein Wort. Die Norwegerin müht sich mit Gesten: »Zuerst mit einem Hammer zerschlagen, dann die Stücke weichkochen – man kann sie aber auch weichkauen, am Ende schmeckt dieses ›Norwegian special‹ bon!« Mit einer Hand noch den »Hammer schwingend«, hält sie dem Paar mit der anderen eine Tüte Stockfisch entgegen: »Probieren Sie einmal!« Als die Frau die schmutzigweißen Stücke sieht, tritt sie einen Schritt zurück: »Non, merci!« Ihr Mann ist etwas mutiger. Er formt zwei Finger zur Pinzette und greift mit der Vorsicht einer Katze zu. Langsam führt er das Stück zum Mund – nein, erst zur Nase. Er prüft es wie ein Tabakkenner das Blatt einer Brasil. Sein Gesicht verzieht sich. Trüffeln riechen anders! Dann noch einmal eine Katzengeste. Mit »langen Zähnen« greift er den Fisch – und kapituliert. Draußen hört man ihn ausspucken. Der Gaumen des Gourmets ist diese Beleidigung wieder los. Die Norwegerin schaut betroffen zu Boden. Sie hatte sich doch soviel Mühe gegeben!

Die Fähre kommt. Es ist die *Röst*. Norwegenfans wissen: Der Name steht für ein besonderes Naturerlebnis. Wenn ich die Insel Vaeröy hinter mir habe, werde ich auf den Vogelfelsen Röstlands herumklettern – ein Grund zur Vorfreude!

Obwohl Vaeröy südlich von Moskenes liegt, holt das Schiff weit nach Osten aus. »*... Gleichzeitig merkte ich, wie jene Bewegung des Ozeans, die der Seemann ›springend‹ nennt, plötzlich in eine Strömung umschlug, die ostwärts lief. Während ich hinsah, nahm dieser Strom eine ungeheure Geschwindigkeit an. Mit jedem Augenblick vergrößerte sich diese, wuchs zu rasendem Ungestüm. Hier hob sich eine weite Wasserfläche, von tausend ineinander widerstreitenden Strömungen zerfurcht, plötzlich wie in rasenden Zuckungen springend, brodelnd, zischend ...*« Ich stehe an der Reling und denke an diese bildhafte Beschreibung des »Mahlstroms« von Edgar Allen Poe. Natürlich hatte der Meister der Gruselgeschichte übertrieben; aber es gibt ihn, den *Moskenesströmmen* oder *Den store male*, wie die

Das »Felsengesicht« von Vaeröy: eine Laune der Natur

Norweger den Gezeitenstrom zwischen den beiden Inseln nennen. Mit Urgewalt preßt er das Wasser zwischen den nur wenig unter der Oberfläche liegenden Felsen hindurch. Von der Südspitze Moskenes kann man die Strudel sehen. »*... Die Wasserschlünde sind von solcher Tiefe, daß ein Schiff, das ihnen zu nahe kommt, unvermeidlich verschluckt und auf den Grund gerissen wird.*« Auch der Kapitän der *Röst* schien Edgar Allen Poe gelesen zu haben. Er zollt dem Mahlstrom seinen Respekt und hält mit der Fähre mehrere Meilen Abstand.

Vor uns taucht ein großer »Felsklotz« auf. Die Flut scheint ihn aus der See zu heben. So markant ist das Profil Vaeröys, daß man es, sollte man selbst 1000 Inseln besucht haben, sofort wiedererkennt. Für mich ist sie das »Landschaftskonzentrat« der Lofoten. In Sachen Natur recht egoistisch, neide ich die Insel anderen. Wäre ich erst einmal von Bord gegangen, dann könnte man bis zu meiner Abreise die Fährverbindung ruhig einstellen.

Ein Schaben und Rumpeln: Wir haben angelegt. Kaum öffnet sich das Bugtor, rolle ich mit meinem Rad vom Schiff. Expreßreisende, denen ein Vorsprung gebührt, gibt es hier nicht. Unweit des Hafens entdecke ich ein kleines Schild: »Camping«. Was einst wohl ein Vorgarten war, bietet die norwegische Familie jetzt »Unterprivilegierten« zum Aufschlagen ihres Zeltes an. »Takk!«

Ein erster Schnuppergang durch den Ort. Die Kinder grüßen den Fremden. Eine Gruppe halbwüchsiger Gören steckt die Köpfe zusammen und kichert über den »alternden Radler«. Zwei Möwen folgen mit kleinen Trippelschritten einer Frau, die einen Kinderwagen schiebt. Sie wissen, daß Kleine krümeln und daß dabei so manches Keksstückchen »außenbords« fällt. Auch ein Vogelleben ist ein durchgehender Lernprozeß. Vielleicht baut die Evolution solches Wissen einmal in die Gene ein. Im Café von Vaeröy stehen die Stühle noch auf den Tischen. Das Restaurant des P & W-Motels hat zwar bereits geöffnet, aber für die Inseljugend ist der gegenüberliegende Kiosk die preiswerte Alternative. Dort trinkt man ein *Coke,* ein *Solo,* kaut dazu eine *pölse med bröd* und füttert mit dem Wechselgeld den Glücksspielautomaten – hoffend, auf diese Weise wenigstens einen Teil des Würstchengeldes wieder hereinzubekommen. Einige der Jugendlichen sind bereits stolze Autobesitzer. Die »Vaeröy-Avus« ist acht Kilometer lang, fünf nach Norden, drei nach Süden. Es folgt »der freie Fall« ins Wasser. Leider gibt es hier noch Sinnloseres als »High-speed-short runs« – etwa das Luftgewehrschießen auf Möwen oder auf Straßenschilder. Die Welt der Lofotenjugend ist klein. Der Dorsch sichert nicht allen eine Zukunft; der Frust braucht ein Ventil. Darüber sollten die Verantwortlichen vielleicht einmal nachdenken. Ich montiere das Tele. Vor einem der Häuser sonnt sich eine Katze auf dem Sitz eines Mofas. Das Tier ist schwarz, das Gefährt sinnigerweise vomTyp *Panther.* Es gibt Motive, die provozieren einen Schuß.

Aus meiner Schwäche für alte Dorfläden, für Kirchen und für noch ältere Friedhöfe mache ich kein Geheimnis. (Ein Psychologe mag mein Inneres nach außen kehren, vielleicht wird er fündig.) Drüben auf Moskenes hatte ich eine alte Frau beim Säubern eines Grabsteines beobachtet. Später warf ich einen Blick darauf. Seit fast einem Jahrhundert ruhte hier eine »Jensen«. Zwei rote Tulpen waren der Grabschmuck; Löwenzahn und Gänseblümchen hatte die

Natur dazugepflanzt. Unvergessene Gräber sprechen für die noch Lebenden. Jetzt hat es mir die kleine Kirche an der Nordspitze Vaeröys angetan. Was außen schlicht ist, kann innen nur stimmungsvoll sein. Als ich die Tür aufdrücke, vernehme ich leisen Gesang. Vorne, bei den ersten Bänken, sitzt ein Mann; er bastelt an einem großen Schiffsmodell. Das gut einen Meter lange Boot ist sicherlich als Kirchenschmuck gedacht. Die Hände, die die Takelage knüpfen, arbeiten so flink, wie man es nur in einem langen Fischerleben lernen konnte. Wie viele Netze mögen diese Finger schon geflickt haben? Ich bin an der Tür stehengeblieben und lausche dem Gesang des Alten – was für eine Stimmung! Er hat mich bemerkt! Seine Stimme stockt. Was er sagt, klingt nach: »Was stehst du hier so dumm herum?« Ich antworte mit einem Sprachengemisch: »I just vil gjerne kirke betrakte – snakke De tysk?« (Ich möchte mir gerne die Kirche anschauen – sprechen Sie deutsch?) Der Mann schüttelt den Kopf: »Nei!«, bastelt weiter und beginnt wieder zu singen. Ich verdrücke mich leise. Doch lasse ich hinter mir die Tür ein Stück offen. So klingt mir das eben erlebte Stimmungsbild noch etwas nach.

Hatte es mir gerade an einem Tonträger gemangelt, so könnte ich jetzt Zeichenstift und Papier gebrauchen. Das »Modell« wäre ein kleiner Garten – zehn mal fünf Schritte groß. Ein Fischernetz dient als Zaun, ein Fischbehälter als Frühbeet. Der Rhabarber ist bereits in Blüte geschossen; unter dem Netz hindurch ist er auf dem Weg zurück in die Natur. Das Gärtlein hat einen »Rahmen« aus blühendem Löwenzahn. Er macht das Bild komplett.

Hinter mir klatscht ein Seeigel auf die Straße und verspritzt sein Inneres. Ich staune: Der »Werfer« war keine Möwe, sondern eine Krähe – ein erneutes Lernbeispiel aus der Vogelwelt.

In den Felsen Vaeröys nisten noch immer Adler. Ein paar waren den Fängern, die sie aus einer Steintarnung heraus mit bloßen Händen griffen, entgangen. Einer von ihnen wird mir in den folgenden Tagen immer wieder begegnen. Seine Identifizierung ist leicht: Ihm fehlen ein paar Schwungfedern. Der Adler muß seinen Horst am »Nordlandsnupen« haben. Immer wenn er von dort abstreicht, eilen ihm die Alarmrufe der anderen Vögel voraus. Man könnte es mit dem Heulen der Sirenen vergleichen, das im Krieg vor den angreifenden Bomberflotten warnte. »Feind im Anflug«, schnarrt und keckert es aus tausend Vogelkehlen.

Plötzlich schwirrt ein »Pfeil« über meinen Kopf hinweg. Es folgt ein ganzer Geschoßhagel. Erst kurz vor dem Aufschlagen auf See werden die Geschosse zu Vögeln. Die Fallgeschwindigkeit der Papageientaucher ist so groß, daß nach dem Übergang in den waagerechten Flug ein langer Bremsweg folgt. Mit Flügel- und Schwimmhäutespreizen fangen sie den Schwung ab. Bis hinüber ins verlassene Mostad werde ich immer wieder auf diese Indianerart »beschossen«.

Das alte Fischerdorf wird sicher noch ganz aus den Karten verschwinden. Schon lange haben die Menschen hier aufgegeben. Wind und Wetter nagen an den Gebäuden. Boote werden von einstürzenden Schuppen erdrückt. Mostad, bereits tot, stirbt noch weiter. Es geht auf Mitternacht, als ich wieder die Nordspitze der Insel passiere. Die Tür der Kirche ist jetzt geschlossen. Aber morgen würde der Alte weiterbasteln, weiter singen. Unten in Vaeröy sitzen die Leute noch an den Fenstern – nichts Ungewöhnliches um diese Jahreszeit. Für sie sind die nicht endenden Tage viel zu schade, um sie zu verschlafen.

Es ist mein letzter Tag auf der Insel. Noch einmal gehe ich mit Kamera und Tagebuch auf Erlebnissuche. Der erste Eindruck sind mal wieder die Preise. Eine Banane kostet hier so viel wie bei uns das ganze Kilo, und für einen Zipfel Wurst muß ich umgerechnet 14 DM berappen. Da lohnt sich das bedächtige Kauen. Den Nachkauf tätige ich in »Kristensens Kolonial« – auch des Schauens wegen. Leider hat das Ladenfenster schon lange kein Wischtuch mehr gesehen, sonst würde sich eine Aufnahme lohnen. Da stehen eine leere Buttermilchtüte, zwei Angeln, ein paar Hausschuhe und Stoffusambaraveilchen, denen die Sonne längst die Farbe genommen hat. Dazwischen ist viel leerer Raum für viel Staub. Kristensen mochte das letzte Mal vor vielen Jahren umdekoriert haben. Selbstverständlich bekommt man bei ihm »alles«: von der Versicherungspolice bis zur Grillkohle, vom Leihstaubsauger bis zum Knäckebrot. Sogar zwei Fahrradreifen hat er im Angebot. Die Preise für meinen kleinen Höflichkeitseinkauf tippt er in eine Rechenmaschine Modell Antik. Laut rasselnd spuckt sie das Endergebnis aus. Ich bezahle, Herr Kristensen lächelt ein Dankeschön. Ich lächle zurück.

Man braucht nur die Augen offenzuhalten und findet auf Vaeröy noch mehr dieser Art »liebenswerter Rückständigkeit«: etwa die Tankstelle. Fremde, die ein bißchen zu schnell fahren, können die beiden Zapfsäulen mangels Reklameschild leicht übersehen. Und ob nun »bly fri« oder »super« – da muß man noch genauer hinschauen. Die Tankwartin wohnt gegenüber. Der Frau dient das Küchenfenster als Sichtkontrolle, ob Kundschaft vorgefahren ist. Bleibt zu hoffen, daß sie nicht gerade am Herd steht, wenn ein »V8« hält. Dessen Tank schluckt um die 100 Liter. Da wäre genug Zeit zum Essenanbrennen, während sie ihn bediente. So bummle ich noch einmal durch Vaeröy und nehme Bilder mit, die kein Reiseführer vermittelt.

Eine Begegnung vor dem Postamt setzt einen denkwürdigen Schlußpunkt unter meinen Inselbesuch. Neben dem Gebäude parkt ein alter »Edsel«, einer jener monströsen amerikanischen Straßenkreuzer, deren Kotflügel an Haifischflossen erinnern. Eine Plakette am Fenster verrät, daß der frühere Besitzer am »Big Lake Run« teilgenommen hatte. Das 4-Liter-Gefährt paßt auf die Lofoten ähnlich gut wie ein norwegischer Fischkutter auf den Colorado River. Während ich mir das viele Blech genauer anschaue, interessiert sich ein Mann ebensosehr für mein in der Nähe abgestelltes Rad. Neugierde schlägt Brücken.

Jetzt kommt er auf mich zu und spricht mich fast akzentfrei an: »Bist du Deutscher?« Das war nicht schwer zu erraten, denn an meinem Bike befindet sich eine Metallplakette mit meiner Anschrift. Ich antworte mit einem knappen: »Das kann man ja lesen!« Meine Reserviertheit hat einen Grund: Der Norweger scheint älter als ich zu sein und ist trotzdem wie ein Halbstarker gekleidet. Die Schäfte seiner Cowboystiefel verschwinden in ausgefransten Jeans. Das schräg sitzende Halstuch und die große Gürtelschnalle mit der Prägung: »TRUCK DRIVER MOVE THE NATION!« passen zum Outfit des Typen. Als ich die Gestalt sah, hielt ich sie gleich für den Fahrer des »Edsel«, und mein Urteil war fertig. Doch bei dem zweiten Satz, den der Mann sagt, beiße ich mir auf die Lippen: was für ein vorschnelles Urteil!

»Sie haben meinen Vater erschossen!« Er wiederholt die Worte: »Sie haben meinen Vater erschossen!« Obwohl er es recht leise sagt und es hier genug Nebengeräusche gibt, übertönen sie alles. Wie zur Bestätigung seiner »Anklage« hält er mir den linken Handrücken entgegen. Ich *kann* gar nicht wegschauen. Da sind ein Grabkreuz und Blumen eintätowiert: das Grab seines Vaters! »Sie lagen drüben im Leuchtfeuerhaus!« In dem Ton, wie der Mann es sagt, klingt jedes Wort wie ein Schuß aus einem deutschen Sturmgewehr. Die wenigen Sätze machen für mich aus dem »Halbstarken« ein Stück Tragik. Ich bin froh, daß mir eine Diskussion über Dinge, die bereits geschehen sind, als ich noch in den Windeln lag, erspart bleibt. Der Mann hat sich abrupt umgedreht und geht seines Weges. Ich blicke ihm nach. Er wird die Erinnerung an das schlimme Geschehen nie loswerden. Ins eigene Fleisch geritzt, ist sie eine bleibende Mahnung.

Es ist wieder die *Röst,* die anlegt. Im Hafen hat sich eine Menge Schaulustiger versammelt. Jedes einlaufende Fährschiff bedeutet für die Menschen auf Vaeröy eine Abwechslung. Ein Traktorfahrer hat sogar das Stapeln der Trockenfische unterbrochen. Während er über dem Lenkrad lümmelt und das Andocken der *Röst* beobachtet, schüttelt der Diesel seinen Körper im Takt.

Nur zwei Touristen gehen von Bord – Globetrottertypen mit dem Union Jack auf den Wanderrucksäcken. An Deck der *Röst* treffe ich ein paar »girls«. Der Altersunterschied zu mir macht diese Frauen so jung. Eine von ihnen ist Journalistin. Sie will einen Reiseführer über die Lofoten schreiben – natürlich reich bebildert –, aber nun streikt ihre Kamera, so ziemlich das schlimmste Handicap für ein solches Vorhaben. Die beiden anderen heißen Bettina und Ulrike. Während Bettina aus der Ex-DDR ihre noch recht junge Freiheit genießt, ist Ulrike bereits ein »alter Hase«. Wer als Frau ein Auto ins dunkle Afrika überführt hat, der wird vor einer Maus nicht mehr auf den Stuhl steigen. Die beiden sind mit ihrem alten Ford völlig autark – bis hin zum mitgebrachten Mehrplatten-Gasherd. Nach der Ankunft auf Röst spendet Ulrike eine Flasche »Bornheimer Adelsberg«, Heimatware, versteht sich. Hätte ich die Zutaten, ich revanchierte mich bei ihr mit einer »fiskesuppe à la Lofot« – gegart auf einem Lagerfeuer aus Treibholz.

Im »Havly Hospiz« treffe ich den Leiter, Andrias Skagan, wieder – eine alte Bekanntschaft von meiner ersten Lofotentour. Damals hatte er mich mit seinem Boot zum Vogelfelsen Vedöya hinausgebracht, seinerzeit eine heikle Geschichte. Das Boot war winzig, und es gab keine Anlegestelle. Andrias Skagan hatte einen Felsen mit einem roten Punkt markiert; diesen steuerte er an. Den Bug mit langsamdrehender Schraube gegen die Felsnase drückend, befahl er: »Spring!« Ein falsches Abschätzen der Wellenbewegung, und man lag im Nordmeer. Gelang aber der Sprung, so war man noch lange nicht in Sicherheit. Denn nun begann das Balancehalten. Die mit Tang bewachsenen Felsen waren glitschiger als nasse Seifenstücke. Am Abend, zur vereinbarten Zeit, der gewagte Sprung zurück. So tief lag das Boot, daß ich beim Aufprall das Gefühl hatte, mit den Beinen den Boden zu durchschlagen.

Andrias Skagan ist mächtig alt geworden. Auch sein Hüftleiden hat sich verstärkt. Jetzt geht er am Krückstock. Inzwischen hatte er so viele Naturfans hinaus zu den Vogelfelsen gebracht, daß er mich nicht wiedererkennt. In der Masse wird man zwangsläufig einer von vielen.

Natürlich steht auch jetzt Vedöya wieder auf meiner Wunschliste; und schon am nächsten Morgen geht es los. Bettina, Ulrike und ein Pärchen sind mit von der Partie. Andrias Skagan ist stolz auf sein neues Boot, die *Röstcruise*. Ihr Motor hat nicht nur etliche Pferdestärken mehr als sein alter Kahn, sie ist auch mit Radar ausgerüstet – eigentlich etwas Unverzichtbares in diesen Gewässern. Man sagt, Röstland bestünde aus ebenso vielen Inseln wie das Jahr Tage habe, aber nur bei Ebbe bekommt man alle zu Gesicht. Dann tauchen die gerundeten Felsenkuppen gleich Walrücken auf – besonders im Nebel genug Risiko für Bug und Schiffsschraube.

Auch heute mischt der Meergott mit. So dicht liegt der Seenebel über Röst, daß ich die Tour kaum unternommen hätte, hätte es da nicht die Zuversicht Andrias Skagans gegeben. Mit »Es wird aufklaren!« hatte er uns Mut gemacht. Lofotenfischer sind nun einmal die besseren Meteorologen.

Der Vogelfelsen taucht plötzlich auf. Das nasse Grau reißt auf, als hätte man einen Bühnenvorhang geöffnet. Im gleichen Augenblick

»hören« wir den Felsen. Der dichte Nebel hatte auch das Möwengeschrei geschluckt. Wenn bereits zwei streitende Vögel Lärm machen, wie soll man dann das Neidgeschrei einer Millionenschar bezeichnen! Irgendwann hatte man die Anzahl der auf Vedöya nistenden Möwen ermittelt: Es sollen drei Millionen sein!

Natürlich hatte sich der Vogelfelsen nicht verändert. Was sind schon 20 Jahre auf der Uhr der Erdgeschichte? Die Erosion mag ein wenig an ihm genagt haben. Auch die Seevogelwelt ist die gleiche geblieben: Außer Möwenarten brüten hier Kormorane, Trottellummen, Tordalke und Papageientaucher. Fast amüsant: Selbst Andrias Skagans Anlegestelle ähnelt der vor 20 Jahren. Zwar müssen wir jetzt in ein mitgeführtes Beiboot umsteigen und zur Klippe rudern, doch das restliche Stück ist wieder Steinespringen. Prompt fällt dabei einer von uns ins Wasser. Nasse Seife ist wirklich Sandpapier im Vergleich zu diesen Felsen.

Röstland mit seinen Vogelklippen bei Nebel, das ergibt traumhafte Bilder. Von einem kaum wahrnehmbaren Wind wird das nasse Grau gegen die Felsen gedrückt. Dort gleitet es ab – umschwimmt sie oder steigt auf, wird zur Wolke. Gelingt es dem Nebel, eine Insel ganz zu überfluten, so wölbt er sich wie eine Bettdecke über sie. Die Bilder wechseln. Es entstehen Schleppen und Vorhänge; alles ist im Fluß. Siegt in dem lautlosen Ringen der Fels, so entschwebt er scheinbar der See und wird zu einer Insel im Nebelmeer.

Auch Vedöya gehört zu den »Siegern«. Ich habe die Klippe erklettert und fühle mich wie ein Pilot im Cockpit. Auf wenige Meter Entfernung kann ich Zwiegespräche mit Papageientauchern halten. Später überliste ich Kormorane für ein Gruppenfoto. Etwas nicht Alltägliches: Ein Möwenjunges pickt sich gerade durch die Schale des Eis. Es heißt aufpassen, wo man hintritt. Vogelfelsen sind im Frühling voller Leben.

Von der Spitze Vedöyas genießt man einen weiten Blick über die südlichen Lofoteninseln. Doch welche Unterschiede! Vaeröy ragt wie eine Bastion aus dem Meer – zerklüftet und wildgezackt. Röstland bildet eine Flotte flacher Schären. Jede Sturmsee, so läßt ihr Anblick vermuten, geht über sie hinweg. Es folgen die steil aufragenden Vogelfelsen. Das so unterschiedliche Bild wirkt, als hätte sich

Auf den Felsen und Klippen der Lofoteninseln herrscht permanent Platzmangel

hier vor Urzeiten ein riesiger Eisstrom seinen Weg gebahnt. Ich blicke aus luftiger Höhe über die Inselwelt und spule in Gedanken wieder einmal die Zeit zurück.

Andrias Skagan hatte uns nur ein paar Stunden gegeben. Ein zweites Seenebelfeld folgte; da ging Sicherheit vor. Zur verabredeten Zeit beendet er unser Nordmeer-Inseldasein.

Kaum sind wir wieder an Bord der *Röstcruise,* legt sich der Nebel auch schon schützend über die Vogelklippen. Der Vorhang fällt. Das Schauspiel ist beendet.

Man braucht kein Fotofan zu sein, um auf Röst in Filmnot zu kommen. Die Motive liegen hier nur so herum. Hier ein Haifischkopf in einer Kiste, dort Stockfische vor einer Satellitenantenne. Alte, zu Türmen aufgestapelte Netzgewichte ergeben »Ratebilder«. Ein Krähenpaar schleppt in Ermangelung anderen Nistmaterials Fischgräten zum Nestbau heran. Wie man sich auch dreht und wendet, der Finger kann schußbereit auf dem Auslöser verbleiben.

Wieder einmal ist es soweit. Es gilt Hände zu schütteln: die von

Zwiegespräch mit Papageientauchern

Andrias Skagan, von Ulrike, von Bettina, aber auch die eines Mannes, den ich bisher noch nicht erwähnt habe. Sein Name ist ohne Belang, seine Lebensgeschichte jedoch buchfüllend. Zu seinem 83. Geburtstag hatte der Holländer seine Bekannten mit dem Plan überrascht, ans nördliche Ende Europas zu fahren – und ihn auch wahr gemacht: mit dem Auto, das neben allem, was man fürs Autarksein benötigte, auch noch eine »Bibliothek« enthielt. Unser letztes Gespräch hatte fast 5 Stunden gedauert, und auf einmal saß mir ein Deserteur der deutschen Wehrmacht gegenüber. Zunächst von Holländern versteckt, später mit neuen Papieren, einer neuen

Nationalität versehen, war er den Häschern entgangen. Wir hatten uns über die Natur unterhalten, über sie als »Sender« und den Menschen als »Empfänger«. Mein Gesprächspartner, der die Natur wie ich empfand, nannte mir ein Beispiel für eine (seine) geradezu hypersensible »Seelenanlage«: Leningrad 1944. Als junger Soldat liegt er mit seiner Einheit im Belagerungsring. Eines Nachts plagt ihn ein fürchterlicher Traum. Er sieht die Russen mit ihren Panzern in der Dunkelheit über das Eis des Ladogasees heranrollen; dem Überraschungsangriff fällt seine Kompanie zum Opfer. Tags zuvor noch völlig gesund, wacht er nach diesem Traum an Hepatitis erkrankt auf. So plastisch hatte er die Vernichtung seiner Einheit gesehen, daß er seinem Vorgesetzten Meldung macht. Man lacht ihn aus: Mit Panzern über einen gefrorenen See? Solch dickes Eis schafft selbst nicht der russische Winter! Wegen seiner Hepatitis und der damit verbundenen Ansteckungsgefahr für die anderen Soldaten wird er sofort von der Front abgelöst. Doch auch nach seiner Gesundung kehrte er nicht zurück. Später erreichte ihn eine Nachricht: Der Russe war bereits in der folgenden Nacht gekommen – nicht über den See, sondern über die inzwischen bis auf den Grund durchgefrorenen Sümpfe. Seine Kompanie existierte nicht mehr!

Wenn ein Traum zum lebensrettenden Ausbruch einer Krankheit führt, das frage ich mich beim Abschied von dem 83jährigen, wie tief würde ein solcher Mensch dann die Stille, die Weite und die Einsamkeit Lapplands empfinden? Nicht oft im Leben schüttelt man solche Hände.

Auf Röst herrscht »Erlkönig-Stimmung«. Der Ton eines Nebelhorns kündet das Einlaufen der Fähre vom Festland an. Noch eine Stunde, und die Lofoten liegen in ihrem Kielwasser; aber diese Inseln verläßt man nicht ohne den Gedanken, wiederzukommen.

Zurück zum Polarkreis

Als das Schiff im Hafen von Bodö anlegt, ist es noch Nacht. Es regnet. Der Blick auf Öltanks, auf die grauen Türme eines Zementwerkes und auf die roststreifigen Leiber der hier vor Anker liegenden Frachter: Das ist Norwegen zum Abgewöhnen. Am liebsten möchte ich auf den Absätzen kehrtmachen, gäbe es da nicht meine Ziellinie, die etwa 200 Kilometer südlich von hier verläuft.

Unter dem vorspringenden Dach einer Lagerhalle ziehe ich die Regenbekleidung über: Anzug; Südwester, Gummistiefel – Handschuhe aus Zeltstoff. Ein schöner Start ist das! Zu allem Übel fällt mein Blick auch noch auf den Namenszug am Schienenstrang. Der schräge Lichteinfall der Straßenlaterne läßt die Buchstaben förmlich hervortreten: »Krupp 1942«. Ich gerate doch immer wieder in die Spuren der Geschichte! Mißmutig wie selten radle ich los.

Die Stadt liegt erst wenige Kilometer hinter mir, als ich umkehre. Es ist sinnlos. Der Regen kommt als Sturzflut vom Himmel. Auf der Straße staut sich das Wasser. Schwimmflossen wären gefragt. Wieder in Bodö, mache ich mich auf die Suche nach einem warmen, trockenen Plätzchen. Ich will abwarten. Doch es ist erst 4 Uhr morgens; und so finde ich nur eine einzige Lokalität geöffnet: die »Seaside Hamburger Bar«.

Ein Übel, sagt man, kommt selten allein. Diese Imbißbude wirbt nicht gerade um Gäste. Kein Tisch ohne Speisereste, die Aschenbecher quellen über. Jemand hatte mit der Ketchup-Flasche auf die Deckenbeleuchtung gezielt. Aus einem Lautsprecher hämmert Musik. Beim Essen müßte man Schluckauf bekommen. Drei Männer sind anwesend. Die Wagen vor der Tür zeigen es: Taxifahrer. Sie handhaben ihre Gabeln wie Forken und die Messer wie Beile. Die Bedienung macht durch ihr nettes Wesen diesen ersten, negativen Eindruck wieder wett. Sie entschuldigt sich für die Unsauberkeit des Tisches, säubert ihn für mich peinlichst und denkt sogar an eine Serviette. »Vielen Dank!« Die junge Frau lächelt das Dankeschön zurück. Später erfahre ich von ihr, daß dieser »Burger-Pommes-Nachtdienst« bis fünf Uhr morgens geht. Der Tag sei dann zum Schlafen da. Ein Scheißjob! Ich habe das Gefühl, daß diese Frau hier genauso fehl am Platz ist wie die drei Kunstdrucke, die zwischen den Burger-Angeboten an der Wand hängen: Monets *Argenteuil, Femmes dans les Fleurs* und *Le Train dans la Campagne* hatten sich regelrecht hierher verirrt.

Meine Hoffnung auf Wetterbesserung erfüllt sich nicht. Da hilft anscheinend kein Warten. Es gilt, so schnell wie möglich die Berge hinter sich zu bringen. Im Seemanns-Look mache ich einen zweiten Versuch. »Farwel Bodö! Eigentlich möchte ich dich nicht wiedersehen!«

Die Straße folgt den Rundungen des Saltfjordes: die übliche Schleifenfahrt. Unter den Rädern zerspritzt das Wasser. Wenigstens ein kleiner Vorteil: Zu so früher Stunde gibt es noch keinen Verkehr. Von jedem vorbeifahrenden Auto eine zusätzliche Dusche, das fehlte mir noch. Ich kürze ab, wähle die Nebenstrecke über den Saltstraumen. Das bringt mir zwar eine elende Steigung, aber der Weg aus der Regenfront verkürzt sich. Vor einem Lebensmittelgeschäft, es öffnet gerade, treffe ich zwei Radler. Die Belgier sind die ersten Pedalisten überhaupt, die mir auf meiner Polarkreistour begegnen. Der Frust steht den beiden im Gesicht geschrieben. Wie sie ihre Norwegenfahrt schildern, hat sie etwas von einer »Strafexpedition« an sich. Regen, nichts als Regen! Von Fjord zu Fjord über hohe Bergpässe; und gestern waren sie nun in einem Tunnel steckengeblieben. In Erwartung der hellen Nächte hatten die beiden auf die Beleuchtung an den Rädern verzichtet. Die dunkle Felsröhre aber war acht Kilometer lang. Um so etwas auszuleuchten, dafür reichte der Gasinhalt zweier Feuerzeuge nicht. In der Nachtschwärze des Tunnels hatten sie die Orientierung verloren und sich schließlich an den Felswänden weitergetastet – bis sie ein Autofahrer auflas. »Wir haben dieses Land unterschätzt!« bringt es der ältere der beiden auf den Punkt. Was soll ich ihnen raten? Weg von der Küste – oder gleich hinaus auf die Lofoten? Für den Rest ihrer Tour wünsche ich ihnen »Bon voyage!«.

Nicht jeder rote Strich in der Karte markiert eine richtige Straße. Die Nummer 812 wartet wohl noch darauf, eine zu werden. Da habe ich mir eine unangenehme Alternative ausgesucht! Durch den Regen ist der Grusbelag aufgeweicht. Teils teigig-klebrig, teils schmierig-schlüpfrig, bedarf es eines gewissen Stumpfsinns, um darauf ein bepacktes Rad voranzubringen. Ich hadere mit mir selbst.

Inzwischen stecke ich in den Wolken. Schmutzigweiße Flecke schimmern durch das Grau: Schnee. Ich höre das Rauschen von Wasserfällen, sehe aber nichts. Wolkenfahrt ist wie Blindflug. Einmal wechselt unmittelbar vor mir ein junger Elchbulle über die Straße. Ob sich seine Spieße jemals zu richtigen Schaufeln auswachsen, ist fraglich. Trophäenjäger gibt es überall.

Die 812 kippt ab. Wenige Minuten später finde ich mich unten am Misvaerfjord. Aller Höhengewinn ist wieder vergeben. Doch hinter mir liegt jetzt das Snöfjellet, ein erstes Bollwerk gegen die von Westen hereindrückenden Regenwolken – und kaum bin ich auf der Leeseite, zeigt sich auch schon die Wirkung: Am Himmel werden helle Konturen sichtbar, bald folgt das erste Blau, dann die Sonne. Föhn! Meine Rechnung ist aufgegangen. Zwar kann ich nur auf eine magere Tagesleistung zurückblicken, aber das Nordmeertief bin ich los.

Dieses Fjordgebiet ist ein abgelegener Winkel. Orte wie *Bu, Sand* oder *Hoset* besucht man nicht, man verirrt sich in sie. Die Menschen werden es begrüßen, daß die neue Verbindungsstraße fertiggestellt ist und alle Gehöfte auf normalem Weg zu erreichen sind. Ich beobachte ein Mädchen, welches auf den Schulbus wartet und sich die Zeit mit Seilhüpfen vertreibt. Noch ein paar Jahre, dann tragen hier die Schüler Walkman-Stöpsel in den Ohren. Schnellen Straßen folgt schnell der Fortschritt.

Heute habe ich die nächste Bergstrecke vor mir, den *Dugnatsveien*. Sie wird mir einen zweiten Schutzwall gegen die Regenfront bringen. Jenseits davon ist mir »Kaiserwetter« sicher.

Schon bei Narvik hatte ich den Winter zurückgelassen. So ist mir inzwischen ganz entfallen, auf welcher nördlichen Breite ich mich noch immer befinde. Auf gleicher Höhe liegen der Nordural oder die Beringstraße. Jetzt, wo ich erneut auf Schnee blicke, wird mir meine Position wieder bewußt. Ich radle noch immer jenseits des Polarkreises.

Die Hochebene der Nydalsheja wirkt trist. Obwohl die Leute jetzt bereits das Junikalenderblatt abreißen, läßt das Maigrün hier noch auf sich warten. Ziegen haben mich als Opfer entdeckt. Ist es Neugierde oder Hunger? Den Tieren schmeckt alles: mein Jackensaum, die Schnürsenkel der Schuhe, die Lederscheide des Messers. Wie sie so drängelnd zupfen, erinnern sie mich an bettelnde Kinder.

Die Etappe vom Vortag wiederholt sich: Dem Asphalt folgt bald

Schotter und Lehm. Es gibt Schöneres! Endlich »verstummt« das Rad, ich bin auf einer alten Bekannten, der Reichsstraße 6. Zwei Schilder, zwei Richtungen: »Narvik« und »Trondheim«. Es geht auf die Zielgerade.

Welcher Siedler des Saltdalen hätte es sich träumen lassen, daß aus dem hier früher verlaufenden Fuhrweg einmal eine richtige Straße, zum Schluß gar ein »Highway« würde? Mancher von ihnen hat dagegen protestiert – und »mit den Füßen« abgestimmt. Vernagelte Fenster und Häuser, durch die nun der Wind pfeift, zeigen es. Zu denen, die aufgegeben haben, gehört auch »Alex Kolonial«. Mit den Supermärkten unten in Rognan konnte er wohl nicht mehr konkurrieren. Ein Blumengeschäft: Als sei der Sommer bereits zu Ende, bietet es die Ware mit 25 Prozent Rabatt an. Trotzdem fehlt es an Käufern. Wer nimmt, wenn er eine schnelle Straße befährt, schon gerne den Fuß vom Gaspedal? Mir zerstört der Verkehr das Naturerlebnis. Ich werde mich wohl sehr schwer an ihn gewöhnen können.

Im Vorblick werden verschneite Berge sichtbar. Verräterisch sanft steigt die Straße an. Doch bald melden meine Muskeln: »Das ist die Anfahrt zu einem Paß!« Die Steigung wird unangenehm! Eine Höhenlinie nach der anderen gilt es niederzutreten. Der Fluß, dem die Straße folgt, ist längst zu einem Wildwasser geworden. Er stürzt zu Tal. Nun gibt der Wald auf. Nur vereinzelt harren noch ein paar Bäume aus. Es sind Hungerkünstler auf hartem Fels. Im Westen, am Hang des Saltfjellet, dröhnen die Diesel zweier Loks. Wie ich mit meinem Rad, so hat auch der mit Containern beladene Zug Mühe, die Bergstrecke hinter sich zu bringen. Autofahrer, die mich überholen, machen das Siegeszeichen. Es spornt mich so wenig an, als lockten sie mich mit einer Zigarette.

Vierzig Kilometer Berganfahrt und noch immer kein Ende. Es kann nicht mehr weit bis zu meiner Ziellinie sein, aber hier hat sie sich eine wahrhaft eisige Höhenlage ausgesucht. Ich bin erneut im Winter! Fast als scheute ich mich, den Polarkreis südwärts zu überrollen, schiebe ich das Rad abseits und baue auf einem bereits schneefreien Hügel mein Zelt auf. Nach 1000 Autos am Tag ist diese einsame Hochebene der richtige Kontrast.

Tiefhängende Wolken jagen von West nach Ost. Man »sieht« den Sturm förmlich und riecht die Kälte, die er mitbringt. Der hinter dem Horizont liegende Svartisengletscher wirkt wie ein offener Kühlschrank. Mein kleines Thermometer zeigt drei Grad plus: ein Frühsommertag auf der Höhe des Polarkreises. Beim Teewasserschöpfen entdecke ich ein Rentiergeweih, später – wie weggeworfen – ein ganzes Dutzend. Weiter im Westen ist eine einsam gelegene Hütte auszumachen; sicher die Behausung einer Samenfamilie. Die vielen Geweihe hier sind ein Indiz dafür. Neugierig geworden, mache ich mich auf den Weg zu ihr. Doch was für Hindernisse! Die Schneebrücken über die Bäche sind trügerisch. Verwehungen und ein bereits mit Schmelzwasser vollgesogenes Hochmoor bedingen Umwege.

Doch dann stehe ich vor dem kleinen Holzhaus. Kein Hundegebell, kein Feuerrauch aus dem Abzug, kein Motorschlitten an der Wand. Die Samen müssen bei Wintereinbruch ins Tal gezogen sein. Sie waren wohl einfach ihrer Herde gefolgt. Plötzlich öffnet sich – wie von Geisterhand aufgedrückt – die Tür. Ein Kopf wird sichtbar – dann der ganze Kerl. Der Mann muß meine Annäherung durchs Fenster beobachtet haben. Schon seine Statur verrät: Es ist kein Same. Da er eine Plakette auf der Brust trägt, halte ich ihn zunächst für einen Naturschutzwart; denn ein Stück weiter östlich liegt das Semska-Stödi-Reservat. Nach ein paar Worten ist das Mißverständnis aufgeklärt. Vor mir steht Steen Petersen, ein Däne. Das Abzeichen, das er trägt, belegt seine Teilnahme an einem Friedensmarsch. Mit »Komm rein!« erhalte ich nun die Einladung zu einem Erlebnis, wie es nur der Zufall bescheren kann.

In der Hütte zeigt ein Blick in die Runde, daß meine erste Vermutung richtig war. Hier hatten Samen gewohnt. Das Inventar besteht aus einfachen Holzmöbeln. Die Pritschen sind mit Rentierfellen belegt. Ein eiserner Ofen; heizte man ihn, sorgte er sicherlich für angenehme Wärme. Ohne daß ich ihn ausfrage, beginnt der Däne zu erzählen. Man muß kein Psychologe sein, um zu erkennen, daß hier jemand einen Zuhörer braucht. Steen wird zum Faß, aus dem man den Spund herausgezogen hat. Wie es so aus ihm heraussprudelt, unterbreche ich ihn: »Hast du etwas dagegen, wenn ich mit-

Windig-kaltes Camp auf Höhe des Polarkreises

schreibe?« Mit einer Handbewegung gibt er mir die Erlaubnis: »Ist mir egal! Mach mal!« In Kurzform kritzele ich alles nieder. An was für ein Individuum war ich da geraten!

Steen ist Aussteiger. Als ehemaliger Heilpraktiker ernährt er sich von dem, was in seiner Praxis unverkäuflich geblieben war: von »Präparaten«, ferner von Sauermilch und von Wasabrot. Er macht mir ein Angebot: »Iß, du hast doch bestimmt Hunger!« Ich bedanke mich dafür, gehe nicht darauf ein und schreibe weiter mit. Seit Jahren reist er per Anhalter umher. »Hier mußt du raus! Hier mußt du bleiben!« Das waren seine Gedanken, als er in irgendeinem Wagen sitzend diese Hochebene passierte. »Du bist ja auch nicht weitergefahren!« spricht er mich nun direkt an. »Du hast ja auch das Fjell gesehen und diese Einsamkeit! Als ich das hier sah, habe ich ›Anhalten!‹ gerufen, ›Anhalten! Ich will raus!‹ Schreib ruhig alles auf!« unterbricht er sich selbst. Bald kann die Zunge seinem Kopf nicht mehr folgen. Ich habe Mühe, die Gedankensprünge zu sinnvollen Passagen zusammenzufügen: »In Israel verhaftet! Rauschgift! Ein ganzes Paket voll! Vom Priester freigekauft! Die Labor-

Der exzentrische Eremit Steen Petersen

analyse? Ascorbin! Esse ich doch jeden Tag!« Während es nur so aus ihm heraussprudelt, geht Steen mit kleinen, schnellen Schritten in der Hütte auf und ab. Die Unruhe im Kopf überträgt sich auf seine Bewegungen. Ich komme mit den Notizen kaum nach, und es scheint ihn wirklich nicht zu stören, daß da ein Fremder sein Leben skizzierte. »Ärger mit Grenzern«, sprudelt es weiter, »wegen Tabletten! Verhaftet! Gefilzt! Glaubt keiner, daß ich das alles esse!«

Steen macht das Gesicht eines verblüfften Grenzbeamten und springt mit seinen Gedanken wieder an den Polarkreis: »Hier mußt du bleiben, sagte es in mir. Das kommt daher, weil man im Alter ›speziell‹ wird. Aber das ist gut so! Auch du bist speziell!« Steen beginnt zu philosophieren. Vom kurzen Blick auf mich findet er zurück zur Selbstbetrachtung. Mir schwirrt schon der Kopf. Jetzt sind die Umweltprobleme, die »Verderblichkeit des Fernsehens« und der »nicht mehr vorhandene« Humanismus dran. Dieser Däne birst vor Wissen und vor Intelligenz – und er befindet sich bereits auf einer »Gratwanderung«.

Ich verlasse die Lappenhütte, in der Steen bis auf weiteres wohnen möchte, mit undefinierbaren Gefühlen. Wo unter all meinen Begegnungen mit Menschen sollte ich diese einordnen? Wieder am Zelt, trage ich noch ein paar Notizen nach.

Der letzte Tag nördlich des Polarkreises. Das ist Abschied von Lappland, Abschied von einer stillen, großen Natur.

Noch radle ich den Schmelzwassern entgegen; aber dann krümmt sich die Straße wieder fjordwärts. Ein kleines Schild zeigt an: »Arctic Circle 2 km!« Wenige Minuten später habe ich meine Ziellinie erreicht.

Vor der Station, die eine gewisse Ähnlichkeit mit dem Touristentempel am Nordkap hat, parken ein halbes Hundert Fahrzeuge. Zehn Busladungen, das macht allein 600 Besucher. Die Polarkreissäule ist von Fotointeressenten umlagert. Es gibt Probleme. Zwei Rauhhaardackel wollen partout nicht mit ins Bild. Da hilft auch nicht der Trick: »Wo ist Herrchen? Such! Such!« Auch ich muß – ungefragt – als Motiv herhalten. Der »Bärtige im Outdoor-Look« wird abgelichtet wie ein seltenes Tier. Gründe zum Lästern brauche ich auf meinen Reisen nicht zu suchen. So ist es auch hier. Der Ständer meines Rades hat sich in den noch frischen Asphalt eingearbeitet, polternd stürzt es um. Alles, was unter den Spanngurt geklemmt war, hat sich verselbständigt. Auf dem Weg verstreut liegen die große Glimmerschieferplatte, der alte Seemannsstiefel (ein Museumsstück von den Lofoten), das Rentiergeweih aus Nordschweden... Ich warte, was nun passiert. Nichts tut sich! Die Leute umgehen die Hindernisse, oder steigen über sie hinweg. Niemand kommt auf den Gedanken, die Teile auch nur mit dem Fuß etwas zusammenzuschieben. Ihr Nordlandfahrer!

Fünfundzwanzig Kronen Eintritt für die größte Eisbärenausstellung der Erde, »Polarpreise« für die Tortenstücke, Schlangestehen für das »Polar-Circle-Certificate«. Auch ich reihe mich ein. Hinter mir tönt es schmerzhaft laut: »Jetzt kommt wieder ein langer Leerlauf!« Es ist die Enttäuschung einer Bustouristin über das viele »Nichts« zwischen den Pflichtstopps. Mir liegt eine passende Antwort auf der Zunge, aber sie wäre ungezogen. Langsames Vorrükken. »Yes, please!« Dieses »Bitte der nächste!« gilt mir. Ich schiebe mein Tagebuch durch die Fensterluke: »Kein Zertifikat, bitte nur einen Stempel in mein Tagebuch!« Die junge Frau, die die Zertifikate ausstellt, stutzt: »Nur einen Stempel!« – »Ja!« Säuerlich lächelnd akzeptiert sie diesen Sonderwunsch. Ich verlasse die Station, ohne auch nur ein einziges Öre dem Tempelgott »Mammon« gespendet zu haben.

Die Straße macht wieder gut, was sie mir tags zuvor angetan hat. Den 40 Kilometern bergauf folgt eine ebensolange Abfahrt. Die erste Kriechweide, die erste Birke, die erste Kiefer – dann Blumen, Wollgras, sogar Orchideen. Unten im Dunderlandsdalen empfängt mich eine Natur, die die erst wenige Stunden zurückliegende Schneelandschaft wie ein Trugbild erscheinen läßt.

Kurz vor der Stadt Mo i Rana biegt eine kleine Straße nach Westen ab. Sie hat nicht einmal eine Kennung. Aber die Landschaft verrät, wohin sie führt. Eben hatte ich noch für wenige Meter den Berggang genutzt, und schon geht es wieder abwärts. Solche Wälle konnten nur Gletscher zuammenschieben. Ich hatte eine Endmoräne passiert. Noch ein paar Kilometer, dann wird das Wasser des Flusses, dem die Straße bergwärts folgt, milchig trüb. Die Färbung verrät seine »eisige« Quelle. Ein kalter Fallwind packt mich. Der Svartisen kann nicht mehr weit sein!

Die Kälte hat mir Nebel beschert. Als wärmende Morgengymnastik ist wieder einmal Hüpfen auf der Stelle angesagt. Wenn nicht ein so lohnendes Ziel lockte, würde ich in den Daunen bleiben. Nun magert das Sträßchen noch mehr ab. Es wird zur Schlaglochpiste. Bald überfordert die Steigung die Gangschaltung. Am Ende des Fußmarsches stehe ich vor einem alten Berghof. Da sich trotz Klopfens und lauten Rufens nichts rührt, wird wohl auch niemand etwas dagegen haben, wenn ich mein Zelt vor der Tür aufbaue.

Noch sieht man nichts von dem Gletscher. Aber hinter dem nächsten Bergrücken liegen 500 Quadratkilometer Eis. Dort will ich den Schlußpunkt der zweiten Nordlandetappe setzen.

Gut, daß mir zwei Norweger begegnen. Sie waren bei dem Versuch, den Gletscher zu Fuß zu erreichen, gescheitert. Wasserfälle und Sturzbäche hatten ihnen das Weiterkommen unmöglich gemacht. Der überlange Winter beschert dem Land erst jetzt die Schmelzwasserflut. So nutze ich eine touristische Einrichtung, das Boot über den Svartisvatnet. Für nur 50 Kronen erspart man sich das Durchnäßtwerden: Da entfällt jedes Abwägen.

Es soll mehr als der übliche Stundenbesuch am Gletscher werden; so reserviere ich mir schon jetzt einen Platz für die letzte Rückfahrt. Wer mich beobachtet, der muß glauben, ich will gar nicht zum Svartisen. Statt dem ausgetretenen Wanderweg zu folgen, arbeite ich mich in Zickzacklinien den Berghang hinauf. Immer steiler wird der Fels, immer nackter, immer jungfräulicher. Aus erdgeschichtlicher Sicht hatte er erst vor wenigen Minuten das Licht wiedererblickt. Nach jahrtausendelangem Verharren gibt der Gletscher nun langsam Terrain frei – Millimeter um Millimeter. Dort, wo sich in einer Vertiefung etwas Wasser und Gesteinsschliff angesammelt hat, konnte bereits ein Pionier Fuß fassen, ein Wollgras. Noch wirkt sonst alles tot; aber die Natur hat ihren Eroberungszug bereits begonnen! Erst als jeder weitere Schritt zum gefährlichen Wagnis wird, beende ich die Kletterpartie. Doch was will ich mehr? Hier irgendwo im ewigen Eis verläuft der Polarkreis: kein »Tempel«, keine Touristen, keine auf Spitzbergen geschossenen – und der »polaren Stimmung« wegen ein paar 1 000 Kilometer weiter südlich aufgestellte Eisbären. Dafür stehe ich blauschimmernden Türmen, Bögen und Fabeltieren gegenüber. Diesen Tempel hat die Natur gebaut!

Es knackt und bröckelt. Der Gletscher lebt. Man sieht es. Man kann es hören. Ich lausche den Geräuschen im Innern des Eises. Es gluckst und gurgelt. Wie von Geisterhand angestoßen, kippt eine bisher senkrecht stehende Eisplatte um. Ein paar Brocken poltern mir vor die Füße. Zur Vorsicht gemahnt, trete ich einige Schritte zurück. Die folgenden Stunden tue ich weiter nichts, als dem Monolog des Eises zuzuhören.

Die Zeit erzwingt den Abstieg. Ich folge der Spalte zwischen Fels und Eis. Als eine Öffnung den Blick ins Innere des Gletschers freigibt, werde ich leichtsinnig. Auf dem Bauch liegend rutsche ich so nahe heran, daß mir das Schmelzwasser in den Nacken tropft. In was für eine Welt blicke ich da! Von der Decke der blauen Grotte hängen gefrorene Stalaktiten. Verschlungene Gänge verlieren sich in der Schwärze tiefer Eisschluchten; und so als wollte mich die Natur für meinen Leichtsinn auch noch belohnen, läßt sie jetzt ein Schauspiel ablaufen, für das nur das Glück die Eintrittskarten verteilen kann.

Tief im Eis wird ein Licht sichtbar – zunächst so klein wie die Flamme einer Kerze. Heller und größer werdend, erleuchtet es bald das ganze Gewölbe. Der Gletscher erstrahlt in allen Blautönen. Diese Erscheinung muß auf Film! Ich krieche zurück und hole meine Kamera. Vor Aufregung vergesse ich den Objektivschutz abzunehmen; dann klickt der Verschluß – einmal, ein halbes Dutzendmal. So geisterhaft wie das Licht aufgeleuchtet war, erlischt es wieder. Was war geschehen?

Bei der Suche nach einer Erklärung dafür muß man die Physik bemühen. Die Sonne hatte einen Stand erreicht, daß ihr Licht durch einen feinen Riß im Eis bis ins Innere des Gletschers fallen konnte. Dort zerstob der Strahl wie auf einem Prisma. Durch die Bewegung der Sonne und der damit verbundenen Änderung des Einfallswinkels des Lichtes erlosch die »Lampe« dann wieder.

Noch einmal eine Bootstour; der Rest ist Routine. Es geht zurück zur Hauptstraße. Dann die Etappe hinüber zur Küste, in die kleine Hafenstadt Nesna. Da mir bis zur Abfahrt der Fähre noch etwas Zeit bleibt, radle ich aus purem Übermut ein Stück die Küste entlang. Meine Tagebuchnotizen geben Auskunft darüber, warum ich so aufgekratzt bin. Ich hatte das Land im Herbstfeuer gesehen, den nahenden Winter, den Frühling auf dem Fjell. Ich war zur Unzeit unterwegs gewesen und wurde von der Natur dafür überreich belohnt. Die kleinen Härten sind längst vergessen.

Am Kai in Nesna liegt inzwischen die *Polarlys*. Sie scheint auf mich zu warten. Gleich nach dem »Leinen los« frage ich mich zum Kapitän durch. Ich hatte eine Ansichtskarte vom Schiff gekauft und bin auf Autogrammjagd. Man muß nur ein bißchen höflich-aufdringlich sein. Der alte Herr mit den Goldstreifen an den Ärmeln lächelt, als er meinen Wunsch hört. Dann zückt er den Kugelschreiber und signiert die Karte: »Per Hove, Captain.« Als er sie mir zurückreicht, meint einer der neben ihm stehenden Offiziere: »Diese Karte wird wertvoll werden!« Worauf Kapitän Hove ihm antwortet: »Sie ist es schon!«

Später erfahre ich, daß die *Polarlys* – ebenso wie die *Finnmarken* – ausgemustert wird. Mit 40 Dienstjahren auf den Planken ist sie sogar noch älter als das Schwesterschiff. Auch Kapitän Hove wird bald in den Ruhestand treten. So ist meine Karte schon jetzt ein Stück Hurtigrutengeschichte.

Während wir rollend und stampfend südwärts fahren, verfolgen meine Gedanken eine Linie, den Polarkreis. Ein Stückchen westlich des Svartisengletschers verläßt er das europäische Festland. Von dort läuft er hinaus in den Atlantik, um erst wieder nördlich von Island, auf der Insel Grimsey, festen Boden zu »berühren«. Ein paar 100 Kilometer weiter westlich durcheilt er das ewige Eis Grönlands. Der Polarkreis, er ist zu meiner »Abenteuerlinie« geworden. Ich werde ihm weiter folgen, auch wenn die Bedingungen härter werden.

Auf dem Weg der Wikinger

Während meiner Etappen entlang der nordnorwegischen Küste war ich eher unbewußt in die Spuren der Wikinger geraten. Sie hatten mit ihren Booten das Nordkap umfahren, in den Fjorden und später auf den Lofoten gesiedelt. Unser Bild von den Wikingern als »Krieger zur See« ist zu heroisch gefärbt. Sie waren eher Bauern, Fischer und Händler. Als sich, durch die reichen Fischgründe begünstigt, die Siedlungen der Nordmänner bis an die Küsten Lapplands vorschoben, trafen sie dort auf die Samen. Diese lehrten sie den Bau spezieller Boote. Es gab also auch andere »Meister«. Ich würde nun den Langschiffen folgen, die vor 1000 Jahren auf der Suche nach neuem Land westwärts fuhren. Für mich heißt das, die Ausrüstung ergänzen und wieder an Bord einer Fähre gehen. Diese ist 140 Meter lang, und in ihrem Bauch hämmert eine Batterie Dieselmotoren mit zusammen 15 000 Pferdestärken. Das ist etwas anderes als zwei Dutzend Ruderblätter. Unser Kapitän heißt Erik Toftehoj Nielson. Erik, dieser Name paßt irgendwie zur Reise. Nicht wenige Wikinger gleichen Namens waren Bootsführer. Einer von ihnen, Erik der Rote, hatte von Island aus Grönland, das Endziel meiner Tour, entdeckt. So klangen schon aus dem Namen des Kapitäns die weiteren Etappen dieses Abenteuers.

Erst eine Stunde befinden wir uns auf See, als über die Bordlautsprecher die kostenlose Ausgabe von »Magenmitteln« bekanntgegeben wird. Nein, richtige Wikinger haben wir nicht an Bord. Wohl keiner der Passagiere hätte sich in einem Langschiff über den Atlantik gewagt. Wie unsere große Fähre so pumpt und atmet, zolle ich den Nordmännern noch im nachhinein Respekt.

Es dunkelt. Über der See flackern Feuer. Auf einigen Bohrinseln wird Erdgas abgefackelt. Das Bild paßt so gar nicht in meine augenblickliche Gedankenwelt. Ich »sehe« ein Langschiff, von dem ein Wikinger gerade einen Raben aufsteigen läßt. Der Vogel schraubt sich auf Höhe. Für ein paar Minuten kreist er unschlüssig über dem Boot, dann streicht er ab – zurück zur heimatlichen Küste. Später gibt man einem zweiten Raben die Freiheit. Auch dieser steigt hoch in den Himmel, kehrt aber nach langem Kreisen auf das Boot zurück. Beim ersten Morgenlicht läßt man einen dritten Vogel fliegen. Anders als seine beiden Vorgänger scheint dieser Rabe aus der Höhe neues Land entdeckt zu haben. Er fliegt westwärts, dem Schiff voraus. Die Wikinger brauchen ihm nur zu folgen. In Gedanken folge auch ich einem Raben.

Kapitän Nielson hat es bei der modernen nautischen Ausrüstung der Fähre einfacher. Er braucht nur den Bug des Schiffes nach der fixierten Kompaßnadel auszurichten, und wir »rammen« automatisch eine der Färöer-Inseln. Doch ab dem Morgengrauen könnte er ebensogut die alte Wikingernavigation nutzen; denn Baßtölpel begleiten jetzt das Schiff. Sie zeigen deutlich: Bald kommt Land.

Es ist vier Uhr morgens, als wir die Färöer erreichen. Aber was für

Die Küsten und Klippen der Färöer gehören zu den wildesten der Erde

ein Empfang! Der Wind treibt wallende Regenvorhänge über die Inseln. An den höheren Klippen haben sich die Wolken verheddert. Die »dunkle Wand«, die eben steuerbords vorbeigeglitten war, das muß *Nölsöy* gewesen sein. Jetzt backbords der gleiche Anblick: grauer Fels und mattes Grün – nichts an Vegetation, das höher als ein Grashalm ist. So also sieht der Rest jener Landbrücke aus, die einst Schottland mit Island verband: eine kahle, zerklüftete Inselwelt – allseitig von Wellen benagt!

Wie ich die Färöer – jetzt auch noch von wasserschweren Wolken niedergedrückt – so sehe, ist mein erster Gedanke: »O je, wohin hast du dich nun verirrt?«

Kaum bin ich von Bord der Fähre gerollt, rette ich mich mit meinem Rad in eine Halle – und als die Zöllner diese schließen, weiter unter einen Dachüberstand. Es schüttet! Harte Windböen lassen den Regen nach dem Aufschlagen erneut »fliegen«. Mißmutig blicke ich auf das kleine Thermometer am Rad. Es zeigt 12 Grad. Doch was will ich mehr? Der Wert liegt noch immer ein Grad über der durchschnittlichen Sommertemperatur; und wenn es hier – so die Statistik – an drei von vier Tagen regnet, so ist mein Empfang völlig normal.

Während ich so auf der Stelle trete und mich noch in »positivem Denken« übe, hört es auf zu regnen. Binnen weniger Minuten zerreißt der Wind die Wolken. Die Sonne scheint: Wetterwechsel wie auf einer Drehbühne. Soviel Licht! Soviel Farben! Ich kenne die Inselwelt nicht wieder. Auch das eben noch graue Tórshavn leuchtet auf einmal bunt.

Ein erster Gang durch die noch schlafende Stadt. Im Fischerhafen drängeln sich die Boote wie Vieh in den Boxen. Die *Ingun*, die *Havgasin*, die *Klettur*... Man sieht der kleinen Flotte an, daß bei ihrem Bau die Schiffe der Wikinger Modell gestanden haben. Ein Haltetau reibt sich knarrend an altem Holz. Ein Steg, von ein paar kleinen Wellen gehoben, antwortet. Zwischen den Booten treiben »Federbälle«, Eiderenten, die ihre Köpfe unter die Flügel geschoben haben. Möwen sitzen stumm Spalier. Dieser Hafen erlebt wohl nie Hektik. Der erste Fischer kommt auf einem Moped angeknattert. Er möchte den Diesel seines Bootes warmlaufen lassen. Die Geräusche hallen von den Lagerhäusern wider.

In der Altstadt kämmt der Wind das Gras auf den Dächern. Ich zirkle durch Gassen, von denen manche so eng sind, daß selbst Fischerfrauen mit ihren Kinderwagen noch anecken können.

Ein Straßenkehrer beseitigt die Nachlässigkeiten seiner Mitbürger. Er schneuzt sich mit Daumen und Zeigefinger. Die Geste wirkt mißbilligend. Ein Trupp Postboten schwärmt aus. Der Besitzer des Schuhgeschäftes in der Tronsargota stellt einen Korb Turnschuhe vor die Ladentür, nicht nur linke wie bei uns. Zwei Straßen weiter ertönt Musik. Bei *Marstein* beschallen drei neue Radiomodelle den Bürgersteig. Natürlich sind sie *nicht* angekettet. Solche Beispiele zeigen mir, daß ich hier weder Sorge um mein Rad noch um mein Gepäck haben muß. Von der Werft klingen die ersten Hammerschläge herüber. So weckt man eine Stadt wie Tórshavn.

Wind und Regen sind wieder da! Eine Stunde lang klingt es an den Häuserecken, als jammerten Katzen. Doch schon ist das Wetterintermezzo vorbei. Ich mache mich auf die Suche nach dem anderen, dem modernen Tórshavn. Gestern und Gegenwart liegen auch hier nicht weit auseinander. Im Rio Bravo kann man das Steak mit Plastikgeld bezahlen, die Diskothek *Hollywood* wirbt mit heißer Musik, und überall in den Schaufenstern werben Plakate für ein Stück Unkultur: »SEE THE INTERNATIONAL THRILLSHOW – DIRECT FROM AMERICA – THE ORIGINAL MONSTER TRUCK – PLUS MORE AMERICAN MONSTERS – INCLUDING THE MONSTER TANK!« Das Ganze zum Monster-Eintrittspreis von 100 Kronen.

Ich mache meine erste Bekanntschaft. Ein alter Mann, in Pyjama und Hausmantel, wittert über den Gartenzaun. Er scheint meine Nationalität zu riechen: »Du deutsch?« Deutsch? Obwohl ich das bejahe, fällt er ins Englische: »From Hämbörg? From Börlin? Have a good trip!« Nach diesen guten Wünschen dreht er sich um und schlurft ins Haus zurück.

In der *Niels Finsens Göta* geht es weiter mit dem »Good luck«. Das schwer bepackte Rad und der Fremde im Outdoor-Look sind Anlaß für viele Fragen. Einige Burschen versäumen darüber fast den Beginn der ersten Kapitänsprüfung. Nun hetzen sie los. Später spricht mich ein hiesiger Radlerveteran an. Leider hapert es mit der Verständigung. Am Ende unserer »Unterhaltung« weiß ich nur, daß ich mich im »Land des Vielleicht« befinde. Dieses »Vielleicht« macht durchaus Sinn. Vielleicht werde ich heute noch öfter naß. Vielleicht fällt bei diesem Wetter die ganze Färöer-Tour ins Wasser. Vielleicht sollte ich gleich nach Island weiterreisen.

Trotzig entscheide ich mich zunächst für die Gegenrichtung und gehe an Bord der *Teistin*. Sie soll mich nach Suduroy, der südlichsten der Schafsinseln, bringen. Irgendwie ist mir, als verpaßte ich etwas, wenn ich die Färöer so einfach abhakte. Den Entschluß, zu bleiben, sollte ich dann auch nicht bereuen.

Als ich den Kassierer nach dem Fährpreis für das Rad frage, rümpft dieser die Nase: »Fahrräder kosten nichts, aber für Sie macht es achtzig!« Er wirft mir noch ein »Festbinden!« nach. Doch es hätte dieser Warnung nicht bedurft. Daß so kleine Fährschiffe auf offener See einen wahren Wellentanz aufführen, darüber bin ich mir im klaren.

Nun stehe ich wetterfest verpackt an der Reling – in den Knien federnd wie ein Matrose. Obwohl es im Innern des Schiffes viel gemütlicher ist, möchte ich mir den Panoramablick nicht entgehen lassen. Die *Teistin* passiert gerade die Insel Sandoy. Wie der Bug riesiger Schlachtschiffe schieben sich deren Kaps in die See. Es folgt *Stora Dimnun*. Dieses Eiland hat die Form eines gerade auftauchenden Flußpferdes. Nur ein Stückchen weiter liegt *Litla Dimnun*. Sie ist der »Turmbau zu Babel« im Nordatlantik. Als die Basaltschichten 400 Meter hoch aufgetürmt waren, müssen die Naturkräfte sich uneins geworden sein. Der Weiterbau unterblieb. Da steht er nun, dieser halbfertige Turm aus Fels.

Die Fähre legt in dem Fischerort Tvöroyri an. Der Empfang ist noch stiller als in Tórshavn. Kaum habe ich das Schiff verlassen, erlebe ich die abgeschiedene Welt einer Färöer-Insel. Der »Zaun« Suduroys ist das Meer, die Eingangspforte seine Hafenmole. Hier muß ich mir die Straße allenfalls mit einer Handvoll Autofahrer teilen. Wenig Menschen, viele Schafe, noch mehr Seevögel: Das ist die Formel für so eine Insel. Dazu die Natur: Über moorigen Wiesen wehen die Silberfähnchen des Wollgrases, leises Fiepen verrät die Anwesenheit der Goldregenpfeifer, und bereits am Straßenrand könnte ich dicke Sträuße Orchideen pflücken. Als ich ein Gehöft passiere, bekomme ich es mit den Hofhunden zu tun. Sie halten mich für ein verirrtes Schaf. Das Rad als »Schutzgatter« nutzend, versuche ich die Tiere zu beruhigen. Vergeblich! Ausreißer, das hatte man sie gelehrt, sind einzufangen. Schließlich kommt mir die Bäuerin zu Hilfe. Wie ungezogene Kinder weist sie die Hunde zurecht. Am nächsten Hof sollte ich wohl besser vorbeispurten. Während der Weiterfahrt entdecke ich den »Gemüsegarten« der Bäuerin: ein Steingeviert von wenigen Schritten Kantenlänge. Im Schutz der Mauer trotzen ein paar Rhabarberpflanzen den widrigen Wetterbedingungen. Die Abfahrt hinter der nächsten Kurve nehme ich etwas zu schnell. Prompt muß ich zurückgehen. Ich war an einer Felswand mit »Portalen« aus Basaltsäulen vorbeigerollt. Die Natur stellt keine Hinweisschilder auf; man sollte sich Zeit zum Bummeln nehmen! Das gilt auch für Radler.

Es ist die Zeit der langen Tage. So komme ich noch bis an das südliche Ende des Lopranfjordes. Nun steht mein Zelt etwas ver-

Jeder »Garten« braucht einen Schutzwall gegen Schafe

loren an einem Berghang. Mit seinem Grün gleicht es auf Distanz einem bemoosten Felsen. Vielleicht ist es mehr als Zufall, daß ich mir gerade diese Stelle für mein Lager ausgesucht habe. Den ersten Siedlern mag es ähnlich ergangen sein. Nach langer Fahrt auf rauher See wirkte der weite Fjord wie eine Einladung. Man nahm sie an – bewußt oder unbewußt.

Drüben in Vagur und in Porkeri flammen die ersten Lichter auf. Doch manche der Fenster bleiben dunkel. Das Gespenst, das auf Inseln wie dieser umgeht, heißt Landflucht. Die Stadt Tórshavn ist der »Magnet«, die Jugend seine »Eisenspäne«.

Schon lange ist das Geschrei der Seevögel verklungen; jetzt legt sich auch der Wind zur Ruhe. Er wird wohl nur Luft holen für den nächsten Sturm.

Welch ein Wechsel! Als ich am nächsten Morgen aus dem Zelt krieche, ist von der Insellandschaft nichts mehr zu sehen. Norddeutscher Novembernebel wäre im Vergleich zu dieser Suppe noch erträglich. Zum ersten Mal erlebe ich den *mjörki,* eine der speziellen färingischen Nebelarten, von denen es hier ähnlich viele gibt wie

Schneesorten in den Polargebieten. Eine nasse, graue Wolke hat sich auf Suduroy herabgesenkt und hüllt alles ein. Am besten, man kriecht wieder in den Schlafsack.

Später versuche ich es doch mit einem Ausflug. Vielleicht sieht es an der Südspitze der Insel besser aus. Während ich das Rad die Serpentinen zur Klippe Beinisvörd hinaufschiebe, begleiten mich »schallgedämpft« die Rufe der Regenpfeifer. Sie klingen so kläglich, als hätten die Vögel im dichten Nebel ihre Partner verloren. Auch ich komme mir bei einem Gang über die Bergkuppe etwas verirrt vor. Dabei sollte man hier verdammt aufpassen. Ein Schritt zu weit: Der freie Fall über die Klippe betrüge genau 476 Meter. Auf dem Bauch liegend robbe ich bis zur Abbruchkante vor – und sehe nichts. Mjörki reicht vom Himmel bis zur See.

Als ich wieder auf der Straße bin, werden das Geräusch einer Motorbremse und zwei kleine gelbe Punkte urplötzlich zu einem Lkw, der die ganze Trasse einnimmt. Respektvoll mache ich Platz – den Rücken zum »Nichts«. Was passiert, frage ich mich, wenn sich hier zwei Wagen begegnen? Der Höflichere wird wohl den Rückwärtsgang zu einer der Ausweichbuchten wählen. Der Fahrer hat mich bemerkt und bremst. Er kurbelt das Seitenfenster auf und scherzt zu mir herunter: »Droben ist's etwas neblig!« Etwas neblig – aber nur oben auf der Bergspitze: Das Understatement des Fahrers würde jeden Briten blamieren. Die letzte Serpentine, dann eine hochgewölbte Gerade, und ich habe das Hindernis hinter mir. Auf der anderen Seite des Berges gibt mich der Nebel frei. Von meinem Regenanzug tropft es, als käme ich gerade aus der Dusche. Das also war *mjörki*! Mein Ziel ist das alte Seeräuberversteck Akraberg. Heidnische Friesen sollen es gewesen sein, die hier einst ihr Unwesen trieben. Aber auf Inseln mit häufiger Erlkönigstimmung entstehen wohl auch schnell Geschichten. Heute wohnen jedenfalls zwei freundliche Menschen am Kap Akraberg: Pauli und Mimmy. Die neugierigen Touristen kennen die beiden bereits. »Dort geht es lang zum Leuchtturm! Aber bitte das Gatter wieder schließen! Der Bock darf nicht zu den anderen!« Ich bedanke mich, frage noch nach den Wetteraussichten, denn wer so abgelegen wohnt, der ist auch sein eigener Meteorologe. »Solen? Nej!« bekomme ich kopfschüttelnd zur Antwort. Doch schon widerlegt die Sonne die Vorhersage. Plötzlich scheint sie. Ich bin eben im »Land des Vielleicht«!

Auf der Rückfahrt wähle ich den Umweg über das Fischerdorf Sumba. Boote selbst in den Vorgärten, Schaffelle auf Wäscheleinen, neuer Teer für alte Schuppen: Mit wenigen Sätzen kann man Sumba skizzieren. Ich werde beobachtet! Sonst hält die Frau mit dem Fernglas sicher Ausschau nach ihrem Mann, ob er vom Fang zurückkehrt. Jetzt nimmt sie den Fremden ins Fadenkreuz. Als ich ihr zuwinke, fühlt sie sich ertappt und tritt vom Fenster ins Dunkel des Raumes zurück.

Eigentlich wollte ich mich bei einer Tasse Kaffee aufwärmen, aber als ich nach einem »café eller kiosk« frage, bekomme ich wieder ein »Nej!« zu hören. In Sumba kocht sich jeder seinen Kaffee selbst. Allenfalls trinkt man noch den des Nachbarn.

Zum Abschied werfe ich einen Blick über die Friedhofsmauer. Zwischen den Gräbern wächst Seegras. Auf vielen der Grabsteine heißt es gleichlautend: »Takk fyri god minnir! Takk fyri alt!« (»Dank für die Liebe! Dank für alles!«) Der späte Dank der Lebenden. Zwei Kinder haben mich entdeckt; sie laufen ins Haus. Wahrscheinlich »melden« sie den Fremden.

Der Weg zurück wird erneut zum Gang durch die Nebeldusche. Und so kalt ist es inzwischen in der Wolke, daß ich Fingerübungen machen muß. Jenseits des Passes taste ich mich mit dem Rad hinab wie der Fahrer mit seinem Lkw. An einer Seite geht es immer in den Abgrund. Irgendwann ist mir, als hätte ich mein Zelt bereits verfehlt. Wo ein von Schafen angelegter Trampelpfad den Hang herunterführt und im Graben endet, muß ich die Straße verlassen. Aber solche Pfade gibt es hier viele. Das war mir noch nie passiert: mein Zelt im Nebel suchen! In langen Diagonalen schiebe ich das Rad über den Berghang, und wäre nicht das helle Windschutzblech des Kochers gewesen, ich hätte noch lange herumtappen können.

Am nächsten Tag ziehe ich um, an den Nonfjall, einen Berg über dem Trongisvagsfjord. Wind hat den Nebel zerrissen. Suduroy zeigt wieder sein grünes Gesicht. Heute versuche ich es mit einer Fahrt hinüber nach Fámjin. Dabei wird der kleine Paß *Öraskard* zu einem echten Hindernis. Was auf der Leeseite über die Berge weht, entpuppt sich in Luv als Sturm. Von Westen her konnte man jetzt über den Paß »fliegen«, in der Gegenrichtung muß man ihn eher kriechend überwinden. Die neben der Straße aufragenden Felswände machen den Öraskard zu einem klassischen Windkanal. Drüben erwartet mich eine blaugrüne Brandung. Wütend rollt die See gegen die Küste an. Die Luft riecht und schmeckt nach Salz. Es gibt günstigere Flecken zum Siedeln als die Sturmseite einer Insel!

Fámjin erscheint mir noch verlorener als Sumba. Vergeblich suche ich auch hier ein »café«. Selbst der Hauptzweck dieses Abstechers erfüllt sich nicht. In den Spuren der Wikinger reisend, wollte ich solche wenigstens ab und zu »sehen«. Doch den Runenstein, den es in der Nähe des Dorfes geben soll, entdecke ich trotz langem Suchen nicht. Vielleicht war inzwischen – im Sinne des Wortes – Gras über die Geschichte gewachsen.

Der Sturm bläst mich zurück. Vom Paß herab halte ich zunächst vergeblich Ausschau nach meinem Zelt. Die Heringe hatten dem Zug der Leinen nachgegeben. Torfböden bieten keine gute Verankerung. Und umgeweht ist meine tarnfarbene Hütte noch schlechter auszumachen. Beim Aufrichten ist die Stoffplane kaum zu bändigen. Von der Straße schaut mir ein Autofahrer bei diesem Kampf zu. Er wartet wohl darauf, daß ich mit dem Zelt wie mit einem Gleitschirm abhebe. Der Sturm schlägt jetzt über die Berge. Es wird eine unruhige Nacht werden!

Im Norden Suduroys liegen nicht nur Vogelfelsen, die einen Besuch lohnen. Auch die tote Natur bietet sich als Studienobjekt an. Wo heute nur schütteres Gras, Moose und Flechten wachsen, gediehen einmal üppige Wälder. Kohleflöze zeugen von dieser Wärmeperiode auf den Färöern. Ein Stück »versteinertes Holz«, das wäre das richtige Souvenir von einer Insel ohne Bäume! Leider vermiest mir das Wetter die Tour. Über Nacht ist der Nebel wieder da. Dieses Mal ist es wohl der *skadda*. Er packt Klippen und Berge in eine graue Watte. Vogelbeobachtung wie durch Milchglas – und dazu frieren; so weit geht meine Gier nach Natur nun doch nicht. Und da es jetzt nach stabiler Nebellage aussieht, streiche ich Nordsuduroy mit seinen Alken und Kohlengruben. Gibt es hier doch noch ein weiteres Dutzend Inseln zu erradeln.

Als ich wieder in Tvöroyri eintreffe, wird gerade die Fähre entladen. Am Anleger stapeln sich ein Berg neuer Fischernetze, Kartons mit Lebensmitteln und große, in Plastik verpackte Fleischstücke. Das Hauptkontingent stellen Getränke. Zum Schluß wird ein Kinderwagen herausgereicht – ein gebrauchtes Exemplar für Zwillinge. Ein großer Zettel daran verrät, für wen er bestimmt ist. Oluva Willumsen aus Hvalba war wohl auf das »doppelte Glück« nicht vorbereitet gewesen; nun hilft ihr eine Frau von einer anderen Insel aus der Klemme.

Auf der Fähre mache ich die Bekanntschaft eines Isländers. Er und seine Frau sind Mitglieder der »Green Families«, eines losen Zusammenschlusses skandinavischer Familien, die besonders im häuslichen Bereich für den Umweltschutz eintreten. Prompt endet unser Gespräch mit einer Einladung. Wenn ich auf Island bin, dann sollte ich doch unbedingt in Keflavik, in der Alfaheidi, vorbeischauen.

Die See trägt mal wieder Schaumkronen, denn *skadda* bedeutet auch kräftigen Wind. Das kleine Schiff rollt und stampft. Aus seinem Bauch kommen Geräusche, daß man unwillkürlich denkt: »Hoffentlich hält der Kahn!« Er tut es, und er wird wohl noch lange Suduroy versorgen.

Um die nächste Insel, Sandoy, zu erreichen, muß ich zurück nach Tórshavn und dort die Fähre wechseln. Noch ahne ich nicht, daß dieses Eiland so manche Seite in meinem Tagebuch füllen wird.

Dieses Mal ist es die *Tröndur*, die mich weiterbringt. Westkurs: Das bedeutet, die Wellen im rechten Winkel zu schneiden. Die Passage ist dadurch viel angenehmer als die bisherigen »Breitseitenfahrten«. Mit *Skopun* empfängt mich ein Fischerdorf, das es in dieser Art wohl noch ein Dutzend mal auf den Färöern gibt. Fangboote bestimmen das Bild. Fisch diktiert das Leben. Sechshundert Menschen sollen hier wohnen (falls inzwischen nicht welche abgewandert sind).

Die Insel ist so klein, daß man sie bequem durchwandern könnte. Schon nach wenigen Kilometern Fahrt habe ich die Südküste erreicht. Im *Samekeyp* von Sandur, einem weiteren *Skopun*, versorge ich mich mit Lebensmitteln. Das ist typisch für die Färöer: Je kleiner die Geschäfte, desto sortenreicher das Angebot. Auch ein Paar Turnschuhe könnte ich hier kaufen oder Lötzinn, oder Mausefallen, oder Glückwunschkarten, oder ... Im nächsten Laden, beim Bäcker, scheitere ich mit meinem Englisch. Hier gibt es zwar ein Hotel für Inselgäste, aber mit international hat das noch lange nichts zu tun. So muß ich mein bescheidenes Dänisch hervorkramen: »Fem rundstykke! All! Tak!«

Orte wie Sandur machen neugierig. Ein Blick in die Fenster bestätigt mir, wie belesen die Färinger sind. Sie sollen inzwischen den Isländern Konkurrenz machen. Hinter Holz- und Wellblechfassaden verbergen sich ganze Bibliotheken. Hier sehe ich auch die erste typische Inselkirche: geteerte Holzwände, rasengedecktes Dach – innen Kerzenhalter an den Sitzbänken und am Gebälk Schiffsmodelle als Dekoration. Es fehlt jeder Prunk, und das ist es wohl, was solche Kirchen zu Stätten wirklicher Andacht macht.

Während ich so herumschnuppere, treffen mich viele neugierige Blicke. Ich grüße: »God dag!« Alle grüßen zurück. Als ich das letzte Haus passiere und das Rad in Richtung Schafstriften weiterschiebe, blickt mir eine Gruppe Frauen nach. Ich »höre« förmlich ihre Gedanken: »Wo will denn der Fremde hin? Dort gibt's doch nichts mehr!«

Dieses »Nichts« sieht für mich ganz anders aus. Es ist eine Weide, zu der ein felsiger Weg führt. Um diese Jahreszeit ist er dicht mit blühenden Grasnelken besetzt. Eine hohe Steinmauer über der Klippenkante bildet den Abschluß. Wie viele Schafe mögen hinter diesem Wall schon Schutz vor Stürmen gesucht haben? Warum sollte es ihnen ein Radler nicht gleichtun?

Leider gibt es Probleme mit der Trinkwasserversorgung. Alles stehende Wasser ist durch die Seevögel verunreinigt. Schließlich entdecke ich an einem Geländeabbruch ein kleines Rinnsal. Torf und Basalt haben das Wasser gefiltert. Das Problem ist gelöst. Da hause ich nun über den Klippen der Grotvik; mit Sicherheit bin ich der einzige Tourist auf Sandoy.

Am nächsten Morgen begegnet mir ein alter Mann auf einem wohl noch älteren Motorrad. Er kann nur aus *Söltuvik* kommen, denn kleine, schwarze Quadrate auf meiner Karte bezeichnen Häuser, und über der Bucht ist eines vermerkt – ein einziges! Wie wohnt es sich wohl dort als »Einsiedler«? Neugierig geworden, mache ich mich auf den Weg.

Felsen, Schafweiden, Hochmoore: eine einsame, graugrüne Welt. Hinter dem nächsten Bergrücken gerate ich in ein Nebelfeld. *Mjörki* oder *pollamjörki*: Was bedeutet schon die Nebelart! Die Wirkung bleibt die gleiche. Man wird naß, friert, und das wenige, das man von der Landschaft sieht, wirkt noch trister. Für einen Augenblick erkenne ich einen weißgrauen Fleck: das in der Karte markierte Haus. Dann hat es der Nebel wieder verschlungen. Nicht nur in England finden sich Kulissen für Gruselfilme; auch die Westküste Sandoys würde passende Staffagen liefern. Wer so entlegen wie dieser Mann wohnt – und in einer solchen Natur –, der muß das sanfte Gemüt eines Schafes haben oder ein verkappter Eremit sein. Jeder psychisch normal gelagerte Mensch bekäme hier sicherlich Depressionen.

Inzwischen gehen selbst die Brachvögel und Austernfischer zu Fuß – so scheußlich ist das Wetter geworden. Mein Regenanzug flattert am Körper wie eine Fahne am Mast. Nebel und Sturm, das paßt in kein Lehrbuch für Wetterkunde. Doch ich bin eben auf den Färöern! Welle um Welle schickt die See gegen die Küste. Jede wirkt wie ein Rammstoß. In den Nachmittagsstunden steigert sich das Unwetter noch. Gut 20 Meter hoch fliegt das Wasser an den Klippen. Wie konnte eine so kleine Landscholle in dem nun schon seit Jahrmillionen währenden Kampf bestehen? Der Sturm trägt die Gischt weit über die Insel. Wenn alles vorüber war, gehörte meine Ausrüstung in eine Entsalzungsanlage.

Naturgewalten mögen den einen faszinieren – anderen bringen sie Probleme. Die Fischer Sandoys können bei diesem Wetter nicht auslaufen. Kein Fang bedeutet aber auch keine Verarbeitung. So gehen die Frauen aus den Fischfabriken nach Hause; Sturm macht auch sie arbeitslos.

Über der Insel wölbt sich wieder ein unschuldig blauer Himmel. Nur die noch immer unruhige See verrät, daß gerade ein Sturmtief durchgezogen war. Die Steinmauer hinter meinem Zelt hat sich bestens bewährt. Ihrem Schutz verdanke ich es, daß meine Stoffhütte noch steht.

Der blanke Himmel ist wie eine Einladung, und so wage ich eine Fahrt hinüber an die Ostküste. Auf halber Strecke überholt mich einer der blauen Linienbusse. Er ist leer. Der Fahrer scheint nur dem Motor »Auslauf« zu geben. Später sehe ich den Bus vor einem Haus in Skálavik stehen. Früher Feierabend oder ein privater Kaffee?

Die Dorfstraße ist durch Möwen blockiert. Am Rand einer Weide füttert ein Mann junge Schafe mit Milch aus Bierflaschen. Er »säugt« gleichzeitig drei Tiere; denn außer in beiden Händen hält er eine weitere Flasche eingeklemmt zwischen den Beinen: mit dem nuckelnden Schaf daran ein verdammt komisches Bild. Sonst gibt es nichts zu sehen in Skálavik. Noch bevor mich der erste Hund entdeckt, bin ich schon wieder draußen aus dem Ort.

Neun Kilometer von Sandur bis Skálavik, sieben weitere bis Húsavik, dann noch fünf bis nach Dalur: alles zusammen eher ein langer Fußmarsch, aber keine Herausforderung für einen Radler. Da bleibt viel Zeit zum Schauen. Húsavik, heißt es, konkurriere mit Dalur um den Titel des schönsten Dorfes auf den Färöern. Ich finde beide »zum Malen«. Ihre Verschlafenheit unterstreicht das Bild noch. Da hängt am Schwarzen Brett eine Gemeindenachricht von 1982. Der Rost der Reißbrettstifte hat das Papier eingefärbt, Sonne und Regen haben ihm die Schrift genommen. Zehn Jahre Wettergeschehen sind ein bißchen viel. Im Fenster der Schule von Dalur entdecke ich einen Abakus. Die Computerzeit muß in dem Tal erst noch Einzug halten. Torfbriketts hinter einem Haus erinnern an irische Verhältnisse; und ein Schleifstein mit Handkurbel zeigt, daß man das Messerschärfen auf alte Art noch nicht verlernt hat.

Heute ist Sonntag. Gleich einer kleinen Prozession pilgern die Leute zur Kirche, und in einer Haltung, als beteten sie schon jetzt. Man kann viele Seiten Färöer-Reiseführer lesen, aber eine einzige Stunde vor Ort verschafft die besseren Eindrücke.

Als ich zum Zelt zurückkehre, warten dort zwei Überraschungen auf mich. Bei meiner Annäherung schleicht sich ein Hund davon. Sein Gang verrät das schlechte Gewissen. Er hatte wohl versucht, an die Lebensmittel unter der Apsis heranzukommen. Und bei dem Kontrollgang um das Zelt stolpere ich fast über ein »Geschenk«. Was da zu meinen Füßen liegt, verschlägt mir die Sprache. Ich blicke auf

Eine Färöer-Tour ist nicht selten eine »Balustradenfahrt«

einen Strauß Wiesenblumen, eine Serviette, ein Teelicht und eine Schachtel Streichhölzer. Am liebsten möchte ich den Hund, der mich aus einiger Entfernung beobachtet, fragen: »Wem verdanke ich diese mitfühlenden Gaben?« Kein Zweifel: Das ist die Geste eines Kindes. »Der Fremde, der so allein über den Klippen lebt, dem sollte man wenigstens etwas Licht und Gemütlichkeit ins Zelt bringen.« So muß es in dem Kopf des Kindes gearbeitet haben. Nur einem einsamen Radler kann dergleichen passieren.

Inzwischen ist der Hund wieder näher herangekommen. Wir taxieren uns gegenseitig. Dieses »Abschätzen« gewinne ich mit einer Scheibe Brot. Das Tier fängt sie in der Luft auf, trägt sie zu einem Felsen und schaut lange zu mir herüber, bevor es zu fressen beginnt. Es war also nicht hungrig – eher neugierig. Wenige Minuten später sind wir Freunde.

In den Abendstunden bekomme ich Besuch. Der Mann mußte mich schon längere Zeit beobachtet haben, denn er taucht mir zu plötzlich zwischen den Felsen auf. Natürlich weiß inzwischen jeder drüben in Sandur, daß an der Grótvik der »Fremde mit dem Fahrrad und dem

Zelt« wohnt. Da mögen dem einen oder anderen Bedenken gekommen sein. Ich warte gar nicht ab, bis der Mann meinen Lagerplatz erreicht hat, sondern gehe ihm entgegen. Ich will ihm gerne erklären, daß ich keine Lämmer schlachte und mir mein Essen auch nicht nachts von den Trockenleinen der Fischer hole. Das anfangs eher peinliche Gespräch gerät bald zu einem interessierten Ausfragen. Am Ende kennt der Mann meine gesamte Tour, und ich weiß sogar den Namen meines neuen »Freundes«. Der Hund heißt Bull. Er gehört einem Invaliden in Sandur.

Ich habe einen weiteren Inseltag hinter mir, selbst das Zehnseelendorf Skarvanes kenne ich nun. Bull leistet mir wieder Gesellschaft. Sicher nur aus Höflichkeit frißt er das ihm angebotene trockene Brot. Auch der Mann, der mich gestern ausgefragt hat, ist wieder hier. Er wickelt eine Flasche *Föroyar Pilsnar* aus dem Saum seines Pullovers, stellt sie vor mich ins Gras und deutet mit einer Handbewegung an: »Ich geh schon wieder, will dich gar nicht stören!« Mein »Manga tak!« trifft bereits seinen Rücken.

Am nächsten Morgen weckt mich Bull. Ich bin ihm dankbar, daß er schon zu so früher Stunde hier herumschnüffelt. Sonst hätte ich womöglich die Fähre nach Skuvoy verpaßt. Das Tier scheint mich zu verstehen, als ich ihm später sage: »Paß auf meine Sachen auf, ich komme wieder!« Bull legt sich nach Wachhundmanier vors Zelt.

Ein tuckernder Diesel im Hafen verrät, welches der Boote die Fähre ist; gibt es doch weder ein Hinweisschild noch einen Fahrplan. Man weiß es eben – oder man verpaßt das Schiff. Doch was heißt hier »Schiff«. Selbst die Fischkutter Sandurs sind größer als das Postboot *Silberin*. Und natürlich bin ich der einzige Interessent für einen Trip nach Skuvoy.

Ich hake das Rad hinter einer Eisenstange am Kai fest und springe an Bord. Die Überraschung des »Kapitäns« ist echt: »Tatsächlich ein Passagier!« Er macht einen Strich in die Beförderungsliste und holt die Kassiererutensilien hervor.

Ähnlich wie ein Straßenbahnschaffner »kurbelt« er das Ticket, doch dann fällt ihm ein, daß er vergessen hat, das Datum weiterzudrehen. Er wirft den »Fehldruck« in eine leere Milchtüte. Noch viel älter als das Datum in der Kurbelmaschine muß die Münzsammlung in seiner

Ledertasche sein. Ich habe den Eindruck, der Mann rechnet nur einmal im Jahr ab.

Die See ist so rauh, daß ich mich mit Händen und Füßen festhalten muß. In den Bullaugen »kreisen« die Wellen. Der Blick nach draußen zeigt den Schleudergang einer Waschmaschine. An Deck war mir eine weiße Tonne mit der Beschriftung »Automatic Safe Viking« aufgefallen. Das Wissen, daß man notfalls in ein Schlauchboot umsteigen könnte, macht die rauhe Überfahrt etwas erträglicher.

Die Färöer werden auch als »letzte Küste« bezeichnet. Es gibt noch eine allerletzte, die Insel Skuvoy. Hinter ihr endet das Erdenrund; die See stürzt in die Unendlichkeit. Als die *Silverin* anlegt, erfasse ich mit einem Blick diese letzte Schöpfung vor dem nassen Nichts. An der Mole warten ein Hund, ein Bauer mit Traktor (das richtige Gefährt für eine Insel, auf der es keine Straße gibt) und ein Mädchen mit Schubkarre. Als der Mann den Kapitän fragt, ob Fracht mitgekommen sei, schüttelt dieser den Kopf: »Nej!« Für das Mädchen hat er einen kleinen Postsack dabei. So hat sich wenigstens für sie das Kommen gelohnt. Über der Klippenkante am Hafen brüten Papageientaucher, ein richtiges Becken gibt es nicht. Zum Schutz vor der See ziehen die Fischer ihre Boote an Land. Vier »Nußschalen« zähle ich. Zur Not lassen sie sich auch rudern. Steile Steinstufen führen hinauf ins Dorf: Skuvoy auf Skuvoy.

Ich hatte das Postmädchen angesprochen: »Was für ein entlegener Ort!« und von ihm die Antwort erhalten: »Ja, aber es ist ganz in Ordnung!« Die Bescheidenheit muß einem Menschen mit in die Wiege gelegt worden sein, wenn er das Leben auf einer solchen Insel als »ganz in Ordnung« empfindet. Vielleicht hat auch der Bazillus »Landflucht« Skuvoy noch nicht erreicht.

Ich mache einen Rundgang zwischen den Häusern: Fisch an Wäscheleinen, ein in die Erde gebauter Hühnerstall, neben der Kirche der Windsack für den Rettungshubschrauber. Wie in Fámjin, so werde ich auch hier beobachtet. Eine Frau in rosafarbenem Nachthemd gießt ihre Fensterblumen. Ich bin wohl schuld daran, daß der Wasserstrahl jetzt danebengeht. Ein Fischer hakt die Daumen unter die Hosenträger und schaut mich an, als erwarte er von mir Neuigkeiten. »God morgen!«

Bei dem Versuch, in der Poststube einen Stempel in mein Tagebuch zu bekommen, scheitere ich an der Tür. Sie ist verschlossen und sollte es bis zu meiner Abfahrt bleiben. Die Öffnungszeiten kennen nur die Einheimischen. Inzwischen regnet es. Skuvoy wird noch trister.

Was will ein Radler – jetzt ohne sein Velo – eigentlich auf einer solchen Insel? Es gibt einen Grund für diesen Abstecher: Hier auf Skuvoy erinnert ein alter Grabstein an die Nordmannen. Den Friedhof finde ich weit außerhalb des Dorfes. Eine Steinmauer verrät ihn. Sie verwehrt Schafen den Zutritt. Lange stehe ich dann am Grab von Sigmundur Brestisson. Der Wikinger war der erste Christ auf den Färöern. Als er während einer Thingversammlung die anderen Bauern zu überreden versuchte, den »wahren Glauben« anzunehmen, drohte man ihn zu erschlagen. Doch was ihm mit der Zunge nicht gelang, schaffte er später mit Hilfe des Schwertes. Der fast 1000 Jahre alte Grabstein mit dem eingemeißelten Christenkreuz ist schon tief in die Erde eingesunken. Mit der Zeit wird sie ihn wohl ganz aufnehmen. Ich werfe einen Blick auf die Nachbargräber. Dem alten Wikinger waren inzwischen Generationen von Svennings, Henriksens und Skalgards gefolgt. Da liegen die tapferen Söhne Skuvoys! Doch auch die jetzt hier Lebenden sind für mich Helden. Ihr Dasein ist Kampf. Die winzigen Fischerboote am Hafen belegen es.

Der Kapitän der *Silberin* hatte mir in die Hand versprochen, daß er trotz der rauhen See noch heute zurückkäme. So selbstverständlich war das nicht. Es gibt Tage, da bleibt die Insel von der Außenwelt abgeschnitten. Ein paar Briefe lohnen nicht das Risiko einer Überfahrt. Als am nördlichen Horizont ein kleiner tanzender Punkt in den Wellen das Nahen des Postbootes verrät, wiederholt sich an der Mole die schon einmal erlebte Szene. Da warten ein Hund, ein Bauer mit Traktor, ein Mädchen mit Schubkarre. Als das Boot anlegt, höre ich das gleiche »Nej!« auf die gleiche Frage. Auch Passagiere steigen keine aus. Aber der Kapitän kann, als ich wieder an Bord gehe, wenigstens einen Strich in seine Liste machen, und die Ledertasche wird erneut um ein paar Münzen schwerer. »Farwel Skuvoy!« Wieder muß ich einen Schleudergang durchstehen – schlimmer noch als auf der

Herfahrt. Der Mann am Steuer meint, mir eine kleine Abwechslung bieten zu müssen. So schaltet er das Radio auf den Bordlautsprecher: »I give you love!« krächzt es von der Decke. Das Blechgehäuse ist von dem Hard-Rock völlig überfordert; der eigentliche Takt kommt vom Bootsdiesel.

In Sandur wartet mein Rad auf mich – und Bull. Er hat den ganzen Tag vor dem Zelt gewacht.

Abschiedsstimmung! Es ist mein letzter Tag auf Sandoy. Bull frißt den ihm angebotenen Zimtkuchen mit »langen Zähnen«. Sein Blick scheint mich zu tadeln: »Was hast du mir da gegeben? Warum kein Brot wie immer?« Dann schaut er mir beim Abbau des Zeltes zu. »Danke fürs Wachen, Bull!« Mit einer Handbewegung schicke ich ihn zu seinem Herrchen zurück. Er scheint mich zu verstehen – und geht. Doch bei den Felsen macht er halt und beobachtet mich auf Distanz weiter. Die Szene erinnert an *Wolfsblut*. Wer das Buch gelesen hat oder den Film kennt, wird sie verstehen.

Ich bin mit dem Packen noch nicht fertig, da ist Bull wieder da. Er hatte sich in meinem Rücken herangeschlichen und wenige Schritte hinter mir ins Gras gelegt. »Nun bleib mal hier! Ich kann dich doch nicht mitnehmen!« versuche ich ihn zu überzeugen. Bull schaut weg, hört weg. Als ich aufbreche, folgt er mir – erst in zwanzig Metern Entfernung, dann in zehn. Bald gehen wir Fuß bei Fuß. Herr und Hund! Unsere Freundschaft scheint zum Problem zu werden.

Ich erreiche Sandur, passiere den Ort, lasse das letzte Haus hinter mir: Bull folgt mir weiter. Er trottet neben dem Rad her, als hielte ich ihn an der Leine: Alle Überredungskünste, alles Tadeln helfen nicht. Mir bleibt nichts anderes übrig, als es dem jungen Goldgräber in *Wolfsblut* gleichzutun: Ich spiele auf »grob«. Bull ist völlig verdutzt. Täglich hatte er seine Streicheleinheit und seine Belohnung bekommen; nun wird er plötzlich angeschrien. Ich nutze seine Verblüffung und lege ein paar Gänge zu. Als ich mich noch einmal umdrehe, sehe ich ihn noch immer auf der Stelle verharren, wo ich ihn so rüde zusammengestaucht hatte. Wenn zwei Freunde sich trennen, ist das immer eine Sache!

Die Vögel gehen heute wieder zu Fuß. Regenschwaden überholen mich, der Wind bläst mich vor sich her. Ich hatte Bull vertrieben, jetzt jagt man mich von der Insel. In Skopun schlägt das Wasser im Hafenbecken Wellen. Wie störrisches Jungvieh zerren die Boote der Fischer an den Halteleinen. Eine Hundertschaft Möwen giert vergeblich nach Abfällen. Der Regen wird noch dichter. Wie ein graues Tuch deckt er Skopun zu. Die Abschiedsstimmung ist perfekt.

Erneut ist es die *Tröndur*, die mich zurückbringt. Der Name dieses Schiffes hat Tradition. Denn so hieß der heidnische Gegenspieler Sigmundurs. Manchmal braucht man die Geschichte nicht zu suchen.

Wegen des Zwanges, in Tórshavn die Fähren wechseln zu müssen, komme ich zu meinem dritten Stadtbesuch. Dieses Mal kommt er mir gelegen, denn ich habe das übliche Radlerproblem: Nicht nur das Zelt hatte ich tropfnaß einpacken müssen, sondern während meines bisherigen Färöeraufenthaltes hatte auch die Sonne nie zum Durchlüften der Ausrüstung gereicht. Gerade ein Daunenschlafsack rächt sich, wenn er immer nur Feuchtigkeit aufnehmen muß. Ein paar Trocknungsstunden täten ihm gut. Als ich in Tórshavn am Infobord die Wettervorhersage lese, »Schauer und steife Brise«, entscheide ich mich spontan für ein hierorts noch recht neues Angebot: Bed & Breakfast.

»Ich bin Christian, aus Deutschland!« – »Und ich bin Lilian!« Noch zwischen Tür und Angel schließe ich mit der alten Dame Freundschaft. Für so unkompliziert hatte ich die Färinger nicht gehalten! Meine Wahl war auch richtig gewesen. In der Garage des Hauses steht kein Auto – sondern ein Boot. Jenseits des Gartenzaunes blühen Wollgras und Sumpfdotterblumen. Auf Sichtweite brüten Möwen. Was wollte ich bei soviel Atmosphäre in einem Hotel? Ich bin der erste Radlergast bei Lilian. Als sie erfährt, daß ich bereits auf Skuvoy war, meint sie im Tonfall von »na schau mal einer an«: »So, auf Skuvoy warst du? Da liegt doch…« Ich vollende den Satz für sie: »…Sigmundur Brestisson begraben!« – »So, so! Das weißt du also!« nickt sie anerkennend. Wie leicht sich doch Sympathien ausbauen lassen.

»Steife Brise!« Das sollte man auf den Färöern nicht zu eng auffassen. Bei einer »Brise« hetzen hier die Wolken über den Himmel, da fliegt der Regen waagerecht. Ich vergrabe mich bei diesem Wetter in

Wörterbuch und Reiseführer. Kein Wunder, daß die Färinger so belesen sind!

Das Tief ist durchgezogen, sein Nachfolger noch nicht in Sicht. Zelt, Schlafsack und Wollsachen sind wieder trocken. »Manga tak, Lilian, manga tak!« Die nächste Insel wartet.

Teistin, Tröndur, Silberin, Ritan: Ich wechsle die Fähren wie die U- und S-Bahn bei einer Stadtfahrt in Hamburg. Der Bug dieses Schiffes zeigt nach Osten, auf die Insel Nólsöy. Es ist die erste ruhige Überfahrt, die ich erlebe. Das Loch in der Mitte jedes Tisches ist heute leer. Normalerweise stecken Spucktüten darin. »Was passiert«, frage ich mich, »wenn bei rauher See mehrere Passagiere gleichzeitig…?« Es gibt noch einen weiteren Grund zum Lächeln. Auf der *Ritan* mache ich die Bekanntschaft einer Gestalt aus dem Reiseführer. Nicht wenige Färinger, so heißt es, halten sich für Sprachgenies. Ein paar Wortkenntnisse reichen schon fürs »Dolmetscher-Diplom«.

Einen solch begnadeten Menschen treffe ich nun. Der Bursche mag Mitte zwanzig sein. Ganz sicher hat er mehr als nur eine Flasche *Pilsnar* zuviel getrunken. Sein Wellengang ist echt. »Woher kommst du?« Die Frage hastig herausstoßend, legt er sie geschickt in zwei »Wellentäler«. Beim Punkt steht er bereits wieder auf den Zehenspitzen. »Deutschland?« wiederholt er meine Antwort. Dann legt er los: »Ich spreche Isländisch, Norwegisch, Dänisch, Portugiesisch, nicht Italienisch, aber Latein, Englisch und Hebräisch!« Wie zum Beweis dafür folgt ein gerülpstes »Shalom!«.

Die *Ritan* wird zu einem Kahn auf dem See Genezareth. Ich grüße lächelnd zurück: »Shalom!« Zum Schluß muß ich den netten Kerl abschütteln. Er möchte mir die Insel zeigen. An seiner Seite würde mir schwindlig werden.

Nólsoy: eine Insel, ein Dorf, keine Straßen. Wieder ein Stück typische Färöer. Als die Fähre einläuft, wacht der kleine Hafen für kurze Zeit auf. Die Unruhe wird sich bald wieder legen. Den Eingang ins Dorf ziert der Kieferknochen eines Wales. Er stammt aus der Zeit, als man hier noch »große« Fänge machte. Schon in der ersten Gasse entdecke ich Ungewöhnliches: Vor den Türen der Fischerkaten liegen alte Ofenplatten – als Fußabtreter. Trotz des fortgeschrittenen Rostfraßes kann man die Motive darauf noch erkennen. Es handelt sich um »Königliches«. Keine der Platten dürfte jünger als 200 Jahre sein. So manchem Museumsdirektor würden beim Anblick des Zerfalls solcher Geschichtsstücke Tränen in die Augen steigen.

Da die Sonne inzwischen endgültig den Kampf gegen die Wolken gewonnen hat, nutze ich die Gunst für eine Wanderung entlang der Klippen: Vogelbeobachtung durchs 400-Millimeter-Tele. Erst später nehme ich mir wieder das Fischerdorf vor. Eher zufällig entdecke ich dabei die *Kaffistova*, das urbane Zentrum Nólsoys. Gut, daß Reiseführer so etwas übergehen. Das schützt vor allzu vielen Neugierigen. Kaum habe ich in der »Kaffeestube« Platz genommen, beginne ich mit den Notizen: »Wanddekoration: Zeichnungen mit Inselszenen, Fernseher von Nationalflagge flankiert, Tischblumen: Wiesenstorchschnabel, Strandkamille, Rote Lichtnelke, Preise auf Papptellern an der Wand...«

Außer mir sind noch ein paar Jugendliche anwesend. Man ißt einen *Indianer-Toast oder Doppeltdekker*, nuckelt an einer *Jolly Cola* und blickt dabei sehnsüchtig nach Westen. Drüben, am anderen Ufer des Nólsoyfjordes, liegt Tórshavn. Dort hätten sie eine Perspektive – aber hier? Die Besitzerin der Stube bringt mir nicht nur die bestellte Tasse Kaffee, sondern gleich die ganze Kanne – »for mere!«, wie sie betont. Dann legt sie mir das Gästebuch vor. Ich möchte mich doch bitte eintragen. Es ist halb Bilderbuch, halb Danksagungsdokument. Zeichnungen von Fischen, Walen und Booten geben den Inselalltag wieder. Ein Schaf macht in einer Sprechblase auf dänisch »Mäh!«. Strichmännchen verraten verhinderte Künstler. Dazwischen immer wieder das Kompliment: »Tak for god kaffe!« Ich bin mir bewußt, daß ich mit meiner Eintragung in dieses Gästebuch eine ganze Nation vertrete. So ergänze ich das Vorhandene mit einer kleinen Blumenskizze. Ich schenke sie *allen* Färingern.

Die *Ritan* ist wieder da. Ein Dutzend Leute gehen von Bord. Ihre Arbeitsplätze liegen drüben in Tórshavn. Es werden noch vier Milchkannen ausgeladen und ein Paket für einen gewissen Annfinn Poulsen. Schon heißt es wieder »Leinen los!«. Der kleine Hafen von Nólsoy kann weiterschlafen.

Eine Nacht in der Jugendherberge von Tórshavn, dann nehme ich mir Streymoy, die größte der Inseln, vor. Mein erstes Ziel ist Kirkjuböur. Was wären die Färöer ohne diesen Ort? Auf ein paar 1000 Quadratmetern Wiesengrund konzentriert sich ihre Geschichte.

Der erste Siedler an der geschützten Küste war ein Wikingerhäuptling. Einer seiner Nachfahren ließ hier eine Kirche errichten. Die heidnischen Götter muß diese Tat erzürnt haben; eine Sturmflut holte die Kirche ins Meer. Um 1100 residierte dann in Kirkjuböur der Klerus. Die katholische Kirche verstand das Kassieren. Als eine reiche Wikingertochter namens Gesa die Fastenvorschriften übertreten hatte, kostete sie das zur Buße ganze Teile ihres Hofes. Kein Wunder, daß der Klerus bald die Hälfte allen Grundbesitzes sein eigen nennen konnte. Ein gewisser Bischof Erlendur überspannte den Bogen. Für den Bau »seiner« Kathedrale ließen sich die Bauern nicht weiter ausquetschen. Beten konnte man schließlich auch in der freien Natur. Um von ihnen nicht erschlagen zu werden, rettete er sich auf die Kirchenmauern.

Es muß noch mehr »Unmoral« in Kirkjuböur gegeben haben. So wurde (angeblich) der spätere Norwegenkönig Sverri hier als unehelicher Sproß geboren. Doch Geschichten und Wahrheit mögen auf nebligen Inseln leicht ineinanderfließen.

Unweit der Kirchenruine liegt einer der alten, ehrwürdigen Königshöfe.[17] Da sitze ich nun in der »guten Stube« auf einem Hocker aus einem Walwirbel und lasse in Gedanken das Trinkhorn kreisen. Man kann Geschichte viel besser nachempfinden, wenn man sich inmitten ihres Nachlasses befindet.

Am nächsten Tag ist wieder die Natur an der Reihe: Wasserfälle, Fjordarme, Blumenwiesen. Als ich im Kaldbaksbotnur ein altes, rasengedecktes Gehöft fotografiere, kommt der Bauer heraus und spricht mich an. Sein tadelloses Englisch verblüfft mich. Der jetzige Hof, so erfahre ich, ist 400 Jahre alt, seine Grundmauern bereits 1000. Er bückt sich, pflückt ein paar Blätter Rainfarn und Engelwurz, zerreibt sie zwischen den Fingern und hält mir die jetzt streng riechenden Hände entgegen: »Das benützen wir als Medizin!« Der Mann sucht ganz offensichtlich das Gespräch. Was er mir erzählt, scheint ihm ganz unwillkürlich einzufallen. Zwei der Lachsfarmen unten im Fjord seien bereits pleite. In der Produktion koste das Kilogramm Fisch 15 Kronen; der Verkauf bringe nur 13. »Zuchtlachs«, so lästert er, sei kein »wirklicher Fisch«, sondern »wie Lemming«. Deshalb esse er lieber »kjöt«[18]. 1945–46, erinnert sich der Bauer, sei die letzte gute Heringssaison gewesen. Sein Vater sei bereits 90 Jahre alt und helfe noch bei der Heuernte. In der letzten Nacht habe das Thermometer ganze sieben Grad gezeigt. Was man nicht alles so nebenbei von einem Kaldbaksbotnur-Bauern erfährt!

Der Himmel ist inzwischen wieder ein grauer, nasser Sack. Dieser öffnet sich nun. In ein paar Stunden werden die Wasserfälle anschwellen. Mir bleibt erneut nur das Warten auf Sonne.

Der Statistik zuliebe scheint sie heute. Blauer Himmel, kaum Wind. In Wien würde man »Kaiserwetter« dazu sagen. Ich bin auf der Fahrt nach Norden. Die Straße zeigt, was sie kann. So steil führt sie bergauf, daß ich den Fußgang wähle. Am Sornfelli treffe ich einen alten Bekannten wieder. Ich habe ihn noch gar nicht erwähnt, den netten Jökup Andreas Arge. Wir waren uns in Tórshavn begegnet. Als Fotofanatiker schaute er nach »schwarzen Boxen« wie eine Möwe nach dem Fisch im Schnabel der anderen. Der Gesprächsanlaß war meine »FM 2«. Und wie ging die Sache aus? Natürlich mit einer Einladung. Als ich mich von Jökup wieder trennte, trug ich einen handsignierten Bildkalender unter dem Arm – von ihm, dem Inselfotografen.

Der Mann, der nun vor mir aus dem Auto steigt, ist jener Jökup Andreas Arge. Er schwenkt eine Flasche Bier in seiner Hand: »Malt bjór! Gibt dir Kraft für den nächsten Berg!« Was für eine nette Geste! Ich reiche ihm zum Umfüllen die Trinkflasche vom Rad und nutze den Augenblick für einen Schnappschuß. »Vielen Dank, Jökup!« Der Fotograf ahnt sicher nicht, daß ich etwas »Intimes« von ihm weiß. Im Kindergartenalter war er Lilians »Freund«. Später nannten die Mädchen den lieben Kerl Puzzy. Auf einer so kleinen Insel macht so etwas schnell die Runde.

Der Wagen ist kaum außer Sicht, als ein weiterer hält. Der Fahrer kurbelt das Fenster herunter und erkundigt sich, wohin ich möchte. Ich zeige nach Nordwesten: »Kvivik, Vestmanna – dann Mykines.«

Geteert, rasengedeckt und steinumlaufen: eine typische Inselkirche

Der Mann nickt: »Sei vorsichtig! Gerade war eine Warnmeldung im Radio. Ein schwerer Sturm ist im Anzug – von Südwest!« Ich bedanke mich für den Hinweis und mache den Färingern ein stilles Kompliment. Es geschieht nicht alle Tage, daß ein Autofahrer stoppt, um einen Radler vor einem nahenden Sturm zu warnen.

Nach der langen Steigung folgt die Belohnung, die berauschende Abfahrt hinunter ins Tal der Dalá. Noch eine jener »schwarzen Röhren« (kaum ein Tunnel auf den Färöern ist beleuchtet), und das Rad rollt weiter bis in die Siedlung Kvivik.

Man soll die Geschichte nicht überstrapazieren. Aber die Wikinger hatten auf den Inseln so wenige Siedlungsspuren hinterlassen, daß jede aufgefundene zur Sensation wird. In Kvivik, an der Mündung der Stóra, hatte man die Grundrisse zweier Langhäuser entdeckt. Dem Betrachter sagen die niedrigen, grasbewachsenen Wälle wenig. Weiß man aber um die Funde in den Mauern: die Spindelgewichte, die Fischerlote, die Seile aus Wacholderruten, die Tongefäße, Tranlampen und das Spielzeug in Pferde- und Bootsform, so füllt sich – mit etwas Phantasie – der steingesäumte Grund mit Leben.

Ein paar Gedanken – viele Jahrhunderte zurück, eine kurze Rast am Rande einer Orchideenwiese, und die Straße hat mich wieder. Erneut geht es bergauf. Die Färöer sind nicht leicht zu erradeln, man muß sie sich erobern.

Nach dem Auf und Ab stehe ich wieder einmal am Fähranleger. Auf der anderen Seite des Vestmannasundes liegt Oyrargjogv. Doch die Karte lügt. Hinter dem Namen verbirgt sich kein Ort, sondern nur eine Mole. Und schon schiebe ich wieder. »Vom Hoch ins Tief geht's schief!«[19] heißt es in der Fliegersprache. Das färingische Pendant dazu lautet: »Zwischen Bucht und Sund geht's rund (bergauf)!«

Während der letzten Stunden hatte ich schon mehrfach den Himmel befragt: »Wann kommt der Sturm?« Aber das reine Blau dort oben signalisiert eher gutes Wetter. Noch gibt es keinen Anlaß zur Unruhe. Der Höhenrücken ist erreicht, das Rad folgt der Schwerkraft. Ich kann mich genüßlich im Sattel zurücklehnen.

Unten in Sandavágur wird ein Versorgungskauf notwendig. Das Geschäft erkennt man an der Dekoration in den Sprossenfenstern. Der Mann an der Ladenkasse blickt mich beim Eintreten erwartungsvoll an. Doch ich enttäusche ihn; es wird kein Großeinkauf. Das Angebot entspricht der Nachfrage, und die muß hier bescheiden sein. Statt etwas zum Schwelgen, finde ich hier vielleicht eher Schiffszwieback.

Draußen vor der Tür begegnen mir zwei junge Studentinnen. Sie tragen stolz das Käppi mit dem »HF-Symbol« (es steht für das zweite Examen). Zum Anbandeln bin ich zwar zu alt, aber Nachschauen ist noch erlaubt. Die vielen Namen auf dem Rücken ihrer knapp sitzenden T-Shirts sind sicher die der Mitkommilitonen.

So sehr verwöhnen mich die Wettergötter heute, daß ich noch die

Westküste Vagárs erreiche. In dem Ort Sörvagur erkundige ich mich nach dem Dorfpolizisten. Ich möchte bei ihm mein Rad einstellen, denn auf die kleine Insel Mykines könnte ich es nicht mitnehmen. Aber nicht fehlende Wege und Straßen sind das Problem, sondern das Aussteigen aus der Fähre. Man muß dort auf schmale Steinstufen springen – und dabei möglichst – wie es heißt, von »rettenden Armen« aufgefangen werden.

So spreche ich den ersten besten an. Das Wort »Polizist« hat spontane Folgen. Der Mann ruft laut nach seiner Frau; und als deren Kopf im Fenster erscheint, gibt er ihr die Order: »Der Polizist soll kommen! Er wird gebraucht!« Dann entschuldigt er sich bei mir: »Wir haben hier keinen mehr! Meine Frau wird in Sandavágar anrufen! Es dauert nur ein paar Minuten!« Mir gelingt es gerade noch, den »Notfall« aufzuklären. Sofort macht man mir das Angebot, mein Rad doch einfach ins Haus zu schieben. »Danke! Morgen früh, bevor die Fähre ablegt, will ich gerne darauf zurückkommen.«

Hinter Sörvágur folgt Böur, eine Handvoll Häuser, die hier am Fuße eines Berges liegen, als seien sie von dessen Spitze herabgekullert. Die Straße wird zum Sträßlein, dieses bald zur Piste. Was dann folgt, ist Schaftrift. Über einen Bergpfad könnte ich noch die Fischersiedlung *Gásadalur* erreichen. Die Karte vermerkt dort sieben Häuser und ein »H«. Wo es keine Straßen gibt, da bleibt dem Arzt eben nur der Helikopter! Auf halbem Weg zwischen dem »heruntergerollten« Böur und dem entlegenen Gásadalur baue ich mein Zelt auf. Es ist wieder einmal ein Plätzchen wie aus dem Bilderbuch.

Am Himmel sind die ersten hochfliegenden Wolken aufgezogen. Sie verraten mir, aus welcher Richtung sich der Sturm nähert. Meine Position ist recht schutzlos; aber das wäre sie auch an anderer Stelle. Die Färöer sind eine Jagdbahn der Stürme. In der von Gletschern geformten Natur gibt es keine Schlupfwinkel. Sicher wäre ich nur in einer festen Unterkunft; aber Radler sind eben auch Dickschädel.

Inzwischen habe ich das Zelt umgesetzt. An dem neuen Platz bietet sich ein Fels von einem Bergsturz als Fundament für eine Schutzmauer an. Lange schleppe ich dann Steinbrocken heran. Am Ende ist das Bollwerk brusthoch, eine echte Sturmverbauung.

Der erste Windstoß fährt durchs Gras. Bald folgen harte Böen. Ich überprüfe noch einmal die Halteleinen des Zeltes und die Stabilität der Mauer. Wie ein Staudamm wölbt sie ihre Steinbrust dem Sturm entgegen. Ich kann ihr vertrauen.

Es ist Mitternacht, als das Unwetter in voller Stärke tobt. Draußen heult und winselt es. Donnernd bricht sich die See an den Klippen. So böse hatte sich der Wettergott Thor lange nicht gezeigt. Ich werde in meinem Zelt immer »kleiner«. Vierzehn Heringe halten die Stoffhütte am Boden fest, aber sie *will* fliegen. Wie lange kann ein Gewebe, wie lange können Nähte einer solchen Zerreißprobe standhalten?

Die Böe ist ein einziger schriller Pfiff. Es folgt ein dumpfes Poltern. Im gleichen Augenblick preßt sich mir die Deckenwölbung des Zeltes ins Gesicht. Eine Sekunde später richtet sie sich mit einem Knall wieder auf. Schon fliegt mir der Stoff erneut entgegen. Die Fiberstäbe scheinen auf einmal aus Gummi zu sein. Mit den Armen versuche ich dem Winddruck, der auf dem Zelt lastet, entgegenzuwirken. Das Poltern mußte von meiner Mauer hergerührt haben. Wahrscheinlich war sie eingestürzt; deshalb kann jetzt der Sturm so zuschlagen.

Stunden knie ich im Zelt und kämpfe um mein Camp. Es ist das erste Mal, daß der Regen als Wasserstaub bis durchs Innengewebe fliegt. Dabei hatte meine Hütte schon so vielen Unwettern getrotzt.

Gegen 7 Uhr morgens ist der Sturm vorbei; so abrupt wie er begonnen hat, flaut er ab. Nach der anstrengenden Nacht bin ich wie gerädert. Die Natur hat mir wieder einmal eine Lektion erteilt.

Zwei Drittel der Schutzmauer stehen noch. Sie hatte wohl das Schlimmste verhindert. Die Schäden am Zelt halten sich in Grenzen: ein paar Scheuerstellen, ein kleines Loch und eine gekappte Leine. In das kurze Reststück hat der Sturm 48 Knoten geschlagen. Als ich sie zähle, reicht mein Humor noch zum Lächeln.

In Sörvágur erfahre ich Neuigkeiten. Die Fähre nach Mykines fällt aus. Die See ist noch viel zu aufgewühlt. Bald danach verbreitet sich die Kunde, daß auf den Färöern alle Fährlinien eingestellt sind. Als hätten die Kapitäne den Sturm als Signal genommen, sind sie in den Streik getreten. Es geht mal wieder ums Geld. Was nun?

Ein Zufall, so hoffe ich, wird mich weiterbringen. Hier auf Vágar befindet sich der Inselflughafen; dort werden Helikopterdienste angeboten. Doch am Airport winkt man ab. Der Sturm holt nur Luft, jeden Augenblick kann es wieder losgehen. Aber man gibt mir einen Tip: Fischer aus Vestmanna halten einen Notdienst aufrecht. Das wäre für mich eine Chance – die einzige –, um von hier wegzukommen. Bereits auf der Fahrt zurück zur Mole Oyrargjogv brauche ich die ganze Straßenbreite. Der Sturm ist wieder da!

Beim Anblick des wartenden Bootes wird mir doch etwas mulmig. Die *Thor* ist die sprichwörtliche Nußschale. Schon das Anbordgehen wird zum Problem. Es ist Ebbe, und das Boot liegt mehrere Meter tiefer als die Mole. Auf dem Bauch liegend reiche ich dem Fischer das Rad hinunter. Für ihn, der bisher wohl nur Hering und Kabeljau an Bord hatte, ist das Mountain-Bike eine geradezu exotische Fracht. Für 40 Kronen komme ich dann in den Genuß einer Bootspartie, auf die ich zurückschauend gerne verzichtet hätte. Später erfahre ich, wie es einem Dänen in gleicher Lage ergangen war. Sein Kurztrip zwischen zwei Inseln wurde zu einer sechsstündigen Irrfahrt. Der Bootsführer wagte sich im Sturm nicht mehr in die Nähe der Klippen; er zog den Wellengang auf See vor. Ich hatte Glück gehabt. Schon am nächsten Tag verbot die Regierung diesen Notdienst. Auf den Fischerbooten mangelte es an Rettungsausrüstungen, zudem waren die Eigner bei Personenschäden nicht versichert.

Inzwischen stecke ich an der Steigung zum Egiisfjall. Man lernt nie aus! Hier sehe ich zum ersten Mal in meinem Leben Wasser »fliegen«. Der Sturm fängt es im Fall von den Felsen ab und treibt es in die Berge zurück. Die physikalischen Kräfte scheinen sich umzukehren. Ich stemme das Rad vorwärts, kämpfe wie Don Quijote gegen einen unsichtbaren Gegner. An der Tankstelle hinter dem Mjauvötn warnen mich zwei Norweger: »Jetzt nach Tórshavn? Das schaffst du nie!« Es ist nicht der erste gutgemeinte Rat, den mein Stolz in den Wind schlägt. Und die Strafe folgt auf dem Fuße.

Der Sturm schlägt in Wirbeln über die Berge. Mal befinde ich mich links, mal rechts am Straßenrand – dann zweimal im Graben. Die entfesselte Natur spielt mit mir. Am Neytaskard werde ich von meinem eigenen Rad umgeschlagen. Die Wucht einer Böe hatte es so versetzt, daß es mich in den Kniekehlen traf. Jetzt folgt Sturz auf Sturz. Mein Körper entzieht sich einfach der Kontrolle. Lange kauere ich dann im Schutz der Leitplanke, deren Blech wie eine Geigensaite klingt, sammle Kraft und hoffe darauf, daß der Sturm etwas nachläßt.

Der weitere Weg über die Hochebene *Lambafjell* wird für mich zu einem wahren Kreuzgang. Irgendwann hält ein entgegenkommender Autofahrer. Er erfaßt sofort die Situation, aber helfen kann er mir nicht. Der Sturm »nagelt« ihm die Tür zu. Durchs Fenster gibt er mir irgendwelche Handzeichen, dann fährt er im Schrittempo weiter. Der Mann hat Mühe, seinen Wagen zu bändigen.

Der Sydradalsskard liegt hinter mir! Damit scheint das Schlimmste geschafft. Als neben mir ein Lkw stoppt, denke ich unwillkürlich: »Schade, diese Hilfe kommt etwas zu spät!« Der Fahrer ist ausgestiegen, und während er mit einer Hand seine Jacke am Körper festhält, deutet er mir mit der anderen an: »Los, rauf auf die Ladefläche!« Ich winke ab: »Danke, ich glaube, ich schaffe es jetzt allein!« – »Alles in Ordnung?« erkundigt er sich. Wohl sehe ich etwas mitgenommen aus, aber bis zum physischen K. o. ist es noch ein Stückchen. Mein »Ganz in Ordnung!« will mir der Mann nicht glauben. Schließlich gelingt es mir doch, ihn zu überzeugen: »Es sind nur noch ein paar Kilometer, dann ist es vorbei!« Kaum ist er wieder eingestiegen, wendet er das Fahrzeug. Erst jetzt begreife ich: Der Fahrer des Pkw muß ihn alarmiert haben: »Am Lambafjell kniet ein Radler auf der Straße; er kommt im Sturm nicht weiter.« Wahrscheinlich war der Lastkraftwagen aus Kollafjördur heraufgekommen. Die Färinger verdienen viele Komplimente!

Es ist fast Mitternacht, als ich die Jugendherberge von Tórshavn erreiche. Ich hatte mich mächtig verschätzt. Die Hochebene zog sich, und der Kampf gegen den Sturm dauerte an. Für eine Distanz von 30 Kilometern hatte ich mehr als sieben Stunden gebraucht.

Später schrieb ich an die Wetterwarte des Flughafens. Mich interessierten die an jenem Tag gemessenen Windstärken. Der Meteorologe Peter Skeel Jacobsen beantwortete mir den Brief. Er bedauerte, daß es entlang meiner Route keine Meßstationen gibt, aber an einer Straßengabelung unterhalb des Passes hatte man eine Windgeschwindigkeit von 56 Knoten gemessen. Das entspricht 103 Stundenkilometern. So kann ich nur mutmaßen, mit welcher Wucht mich der Sturm auf der Hochebene traf. Mit »freundlichen Grüßen von den Färöern« meinte Skeel Jacobsen: »Hoffentlich haben Sie besseres Wetter, wenn Sie das nächste Mal auf die Färöer kommen!«

»Hoffentlich!« Aber dann müßten ja die Wetterstatistiken umgeschrieben werden.

Sechs Inseln hatte ich abgeradelt, abmarschiert – weitere sollten folgen. Aber der Streik der Fährschiffer bedeutet das Aus für meine Färöer-Tour. Sturmgetrieben hatte die Etappe begonnen, noch stürmischer sollte sie enden. Selten war ich von der Natur so gebeutelt worden!

Was noch funktioniert, sind die internationalen Fährverbindungen. Als ich im Kiosk am Hafen das übriggebliebene Münzgeld in einer Tasse Kaffee anlege, komme ich zu einem letzten Erlebnis. Der junge Mann muß anderes als »Kaffi« konsumiert haben. Das löst die Zunge. Er vertraut mir seinen Liebeskummer an. »Traue nie einem Purpurherzen! Traue nie einem Purpurherzen!« beschwört er mich am Ende seines Trauermonologs. Dann sucht er mit fahrigen Bewegungen nach etwas in seinen Jackentaschen: »Warte!« Was er mir schließlich reicht, ist ein Angelhaken: »Damit hast du immer etwas zu essen!« Nun gut! Ich werde nie einem »Purpurherzen« trauen, und für Zeiten der Not blieb mir dieser Angelhaken.

Die kleine Inselwelt hatte mich so gefangengenommen, daß mir meine Ziellinie fast entfallen war. Um dem Polarkreis näherzukommen, müßte ich nun weiter dem Weg der Wikinger folgen; und sicher gäbe es wieder einen »Raben«, der mir die neue Küste verriet.

Ein kühler Empfang

Fast 1200 Jahre ist es her, daß der Nordmann Naddothur von den Färöern aus Island entdeckt und die Kunde von »Schneeland«, wie er es nannte, nach Norwegen gebracht hat. Zu den Neugierigen, die die Insel nach ihm suchten, gehörte der Wikinger Floki. Ihm schreibt man den Trick mit der Rabennavigation zu. Als er das Land gefunden hatte und von einem Berg herab einen Blick über seinen neuen Besitz warf, sah er einen Fjord voller Eis. So wurde aus Schneeland »Eisland«.

Auch mir bereitet die Insel einen kühlen Empfang. Die Wetterstation Reykjavik hatte 9 Grad Celsius und das Nahen eines Sturmtiefs gemeldet. Bereits wenige Tage später sollte ein weiteres folgen. Hatte es mich auf den Färöern nicht genug gebeutelt?

Die »hochsommerlichen« Temperaturen und die Schneereste selbst auf den küstennahen Bergen sind wie ein fließender Übergang. Dem Jahrhundertwinter in Skandinavien folgt nun auf Island der kälteste Sommer seit 70 Jahren. Meine Polarkreisreise steht unter keinem guten Wetterstern. Ich bin ein Jahr zu spät aufgebrochen! Im letzten Sommer hatte man hier Temperaturrekorde gemeldet. Die Geschäftsleute orderten vom Kontinent T-Shirts und Sonnenschutzmittel. Sogar einige Cabriolets fanden Käufer. Doch der viele Sonnenschein hatte auch seine Schattenseiten! Das Gras auf den Weiden verdorrte, die Heuernte fiel aus, und die Winderosion nahm erschreckende Ausmaße an. Als sich im Laufe des Herbstes wieder Normalwetter einstellte, feierte die Presse den »Abschied von der Sonne«. Das *Morgundbladid* jubelte: »Island ist gerettet!«

Jetzt stehe ich am Fuße der Berge über dem Seydisfjördur, sehe den vielen Schnee, und ein kalter Windstoß, der mich packt, scheint meine Ahnung zu bestätigen: »Auf dich warten unangenehme Etappen!«

Für den Weg nach Westen hatte ich die »lange Gerade« hinter den Bergen gewählt. Ich möchte das Sandfell, Skúmhöttur und Tröllafjall als Schutzwand gegen das Wetter nutzen. Fast gelingt mir der Plan.

Es beginnt mit einem Gefühl, das viele kennen. Daß man Zähne besitzt, wird einem beim Kauen nur bewußt, wenn sich einer von ihnen »meldet«. Genau das ist nun der Fall! Das unangenehme Gefühl steigert sich schnell zum Schmerz. Zunächst leugne ich ihn: »Unmöglich! Du mißbrauchst deine Zähne nicht als Nußknacker, glaubst der Antikarieswerbung und unterstützt zweimal im Jahr deinen Dentisten!« Also radle ich weiter. Der Backenzahn *kann* gar nicht schmerzen!

Inzwischen umspiele ich ihn unablässig mit der Zunge, streichle ihn sozusagen. Vielleicht läßt sich der Zahn umstimmen. Aber der Trick mißlingt. Noch ein paar Stunden, und »Nr. 18« morst unmißverständlich: »Mir geht was an den Nerv!« Ich begreife: Hier helfen keine Schmerztabletten, keine Antibiotika. Die Sprache des Zahnes ist überdeutlich.

Mißmutig gebe ich die mühsam erradelten Höhenmeter wieder her. Auf der Fahrt hinunter in dem Ort Eglisstadir reduziert sich mein Kontakt zur Natur aufs Vermeiden der Schlaglöcher. So sehr bin ich mit meinem Zahn beschäftigt, daß ich am Ortseingang fast eine Frau anfahre. »Entschuldigung!« Auf meine Frage, wo ich den Zahnarzt fände (ich setze einfach voraus, daß es hier einen gibt), antwortet sie etwas von: »Pjeturs...« und deutet mir mit einer Handbewegung die Richtung an. Zehn Minuten später stehe ich vor dem *tannaleaknir;* mit einer Handbewegung komplimentiert er mich auf den berüchtigten Stuhl: Vorrangbehandlung!

Zahnarzt Bjarni Pjetursson hat sich meine Geschichte angehört: »Trotz regelmäßiger Pflege... ganz plötzlich...!« Ob er mir wohl glaubt? Denn welcher »gut gepflegte« Zahn meldet sich so plötzlich! Eine Röntgenaufnahme schafft Klarheit: ein versteckter Kanal, von keinem Dentistenauge einsehbar. Als ich die Worte »Wurzelbehandlung« und »wiederkommen« höre, entscheide ich mich für die Alternative. Mit »raus mit ihm!« liefere ich den Zahn der Zange aus.

Der Rest ist für den Arzt Routine: drei Spritzen, ein Hebelgriff; mit einem Lachen legt mir Bjarni Pjetursson den Backenzahn in die Hand: »Jetzt haben Sie ein ganz besonderes Souvenir aus Island!« Auch ich möchte über das »Souvenir« lachen, aber daraus wird nur ein schiefes Grinsen; und mein »Vielen Dank für Ihre Hilfe!« klingt arg gequetscht.

Nicht nur in meinem Kiefer klafft ein Loch, sondern auch in meiner Urlaubskasse. Denn ich mußte die Behandlung bar bezahlen. Blutspuckend und mißmutig radle ich erneut gegen die Steigung am Tröllafjall an. Island hatte mir im doppelten Sinn einen »kühlen« Empfang bereitet.

Fahrt zwischen Wasser und Eis

Egal ob hier die Sommer sonnig, kühl oder verregnet sind, sie haben immer etwas gemeinsam: Ihre Dauer ist kurz. Schon jetzt ist die Touristenzeit wieder vorbei. Ganze neun Radler waren von Bord der *Norönna* gerollt, ein Bruchteil der üblichen Fracht. Mir kommt das durchaus gelegen. In Sachen Natur recht egoistisch, teile ich mir sie ungern mit anderen.

Sturmwarnung sollte man auf Island genauso ernst nehmen wie auf den Färöern. Am Fuße des Skúmhöttur igle ich mich ein. Während der Nacht kommt das vorhergesagte Unwetter. Obwohl mein Zelt im Schutz einer Geländekerbe steht, bläht es sich wie ein Windsack. Bei den Fallböen knickt es ein. Es ist, als bekäme es von einer Riesenfaust Prügel. Der Regen wird zur Sturzflut. Er macht den kleinen Bach unterhalb des Zeltes zum rauschenden Wildwasser. Im Bachbett transportiert das Wasser polternd Steine. Nächte wie diese sind nicht zum Schlafen geschaffen.

Solche Stürme leben nur kurz. Am Morgen ist der Spuk vorbei. Die ersten Sonnenstrahlen, aber auch der erste Schauer! Ich radle von Regenbogen zu Regenbogen, beginne mich an die Duschen zu gewöhnen. Es wäre sinnlos, gegen die Wettergötter anzustänkern. Man muß sich mit ihnen arrangieren, ihnen »Opfer« bringen.

Inzwischen ist Schieben angesagt. Die Steigungen am Kistufell sind nichts für einen bepackten Drahtesel. Ich tue es den Schafen gleich: ein einsamer Wanderer mehr in der Bergwelt Ostislands.

»Öxi!« Das Schild, das nach Westen zeigt, liest sich wie eine Versprechung. Wer dem Hinweis folgt, der spart bis zum Fjord fast 50 Kilometer. Doch Gelb, sagt der Volksmund, sei die Farbe der Falschheit; auch das Öxi-Schild leuchtet so »unschuldig«. Dabei beginnt hier eine der rauhesten Bergpisten des Landes. Vernünftige meiden sie. Aber anscheinend gehöre ich zu denen, die es immer wieder genau wissen möchten. Bereits nach 100 Metern muß ich zum ersten Mal in die Gummistiefel. Aus einer Laune heraus zähle ich mit. Mehr als 40 Schmelzwasser kreuzen den Weg. »Nummer 35«, stelle ich später fest, ist die unangenehmste Passage, die sich denken läßt. Dort pflüge ich mit den Radtaschen das Wasser.

Ein hochachsiger Bronco überholt mich. Der Fahrer beäugt den Radler von oben herab: »Verrückter Typ! Mit so etwas über den Öxi-Track!« Ich lächle zurück – und habe Grund dazu. Denn während sich Geländewagenfahrer hier ganz auf den Einsatz und das Bändigen ihrer Pferdestärken konzentrieren müssen, bleibt mir der Blick für die Natur. Die Schneereste auf den Berghängen gleichen zum Bleichen ausgelegten Wäschestücken. Das Fjell schimmert bereits bunt. Der Herbst kündigt sich an. Da wirken einige Blumen, als hätten sie sich in der Jahreszeit geirrt. Ein Regenguß löscht die Farben. Er macht die silbernen Samenstände des Wollgrases zu »verklebten Pinseln«. Doch schon mit dem nächsten Sonnenstrahl kehrt die stille Freundlichkeit der Landschaft zurück. Sie scheint sich nun in den tropfnassen Blättern der Zwergbirken zu spiegeln. Ein Goldregenpfeifer fühlt sich durch meine Anwesenheit gestört. Er streicht ab und klagt aus sicherer Distanz weiter.

Aber der Friede des Berglandes täuscht. Leben und Tod wohnen auch hier dicht beieinander. Zu spät erkenne ich den »braunen Pfeil«, der vom Himmel stürzt. Obwohl ich losspurte, kann ich den Goldregenpfeifer nicht mehr retten. Der Falke läßt ihn zwar fallen, doch mit seinem Hakenschnabel hat er dem »Loa« bereits den Kopf abgetrennt. Auf dem Kistufell gibt es ein Fiepen weniger.

Ich stecke in den Wolken. Die feine Nässe bringt eine unangenehme Kälte. Meine Hände erstarren am Lenker. Stumm stapfe ich weiter. Der einzige Lichtblick in diesem Grau sind die hindurchschimmernden Schneefelder; und schon wieder heißt es furten!

Endlich beginnt der Abstieg. Begleitet vom Rauschen der Wasserfälle taste ich mich hinab. Mancher Geländewagenfahrer dürfte hier feuchte Handflächen bekommen. Während ich so Bergziege spiele, begegnen mir zwei Leidensgenossen, ebenfalls Deutsche: der eine in durchnäßten Wanderstiefeln, der andere barfuß in Turnschuhen. Die beiden klagen über die elende Steigung und über das viele Wasser. Ich kann ihnen nur wenig Mut machen. Der Öxi-Track ist hinterlistig!

Mein Abstieg endet am Beruffjordur, in der Nähe eines Gehöftes. Der Bauer hier wird häufiger Naturfans zu Gesicht bekommen. Ein Schild stellt mir eine Belohnung für die rauhe Bergetappe in Aussicht, und ich lasse mich verführen: »Eyjólsstadir Camping 9 Kilometer!« Doch die Enttäuschung beginnt schon bei der Anfahrt. Ein zweiter Wegweiser lotst mich zurück in die Berge. Auch lächerliche neun Kilometer können sich dehnen! Am Ende stehe ich auf einer Wiese mit Staunässe. Ein altes, verschlossenes Farmhaus, ein paar aufgegebene Stallungen: Das also nennt sich »Campingplatz«! Der »Service« besteht aus einem Klo und Waschwasser, das über einen Schlauch aus dem vorbeifließenden Bach abgeleitet wird. Jede Nische in der Natur wäre gleichwertig. Am nächsten Morgen, als ich beim Farmer die Gebühr entrichte (sein Hof liegt noch weiter bergwärts), ergibt sich ein Gespräch. Sein Großvater hatte vor 70 Jahren das hochgelegene Tal besiedelt. Steine, Torf, Treibholz und etwas Wellblech dienten zum Bau des ersten Hauses. Jetzt, so meint der Bauer, sehe es hier schon »viel besser« aus. Der moderne Bungalow, vor dem wir stehen, belegt es. Zum Abschied gibt er mir einen guten Rat: »Seien Sie bei den Flüssen vorsichtig!« Er hatte mich über mein Islandvorhaben ausgefragt und meint damit die mir bevorstehenden Flußdurchquerungen im Hochland. Aber bis dahin ist es noch ein weiter Weg – wenn überhaupt...

In den Vormittagsstunden passiere ich das Teigahorn. So mancher Mineraliensammler bekommt, wenn er diesen Namen hört, glänzende Augen. Der Berg ist Islands bekannteste Fundstätte. Wer genau hinschaut, der wird schon im Straßenschotter fündig. Als ich an einem Hof mit dem Schild »Geislasteinur! Zeolithes!« vorbeiradle, mache ich es ähnlich wie Odysseus beim Gesang der Sirenen. Ich »kette« mich fest – am Lenker des Rades.

Auf meinen Touren stand ich immer wieder vor dem gleichen Problem. Der erste Mensch war Sammler und Jäger. Von diesem frühen Homo sapiens mußte etwas in meinem Erbgut stecken. So manchen Speichenbruch hatte ich dem schon pathologisch zu nennenden Sammeltrieb zu verdanken. Also nichts wie weg von hier! Taub für alle Verlockungen, blind für alles, was in der Sonne blinkt, radle ich nonstop weiter bis Djúpivogur.

Nach Egilsstadir ist dies der erste Ort, den ich passiere. Das kleine Island beginnt sich zu strecken. Bis zur nächsten Siedlung sind es erneut 100 Kilometer, dann folgt gar 200 Kilometer »nichts«. Wie eng ist es doch dazu im Vergleich bei uns zu Hause! In Djúpivogur sitzen die Leute vor den Häusern. Kein Garten, in dem nicht der Wind Wäsche auf den Leinen bläht. Ein Sonnentag wie dieser – und sei es wie heute ein Sonntag – ist auf Island immer auch Waschtag. Zur Gaudi einer Gruppe Jugendlicher »tanke« ich einen Liter Benzin: Lebenssaft für meinen Allesbrenner. Er garantiert mir für eine Woche heißen Tee und ein paar bescheidene Mahlzeiten: Outdoor-Küche.

Hinter dem Ort wartet wieder »Wellblech« auf Rad und Fahrer. Die Erschütterungen übertragen sich auf den Körper. Die Kekse, ein kleiner Imbiß, krümeln wie von selbst im Mund. Voraus über den Bergen hängt ein bleigrauer Himmel. Dort sieht es nach schwerem Wetter aus. Wahrscheinlich werde ich schon am Ende des Fjordes in die Regenfront eintauchen.

Solche Wolken verheißen nichts Gutes. Ich treffe gerade Vorkehrungen gegen das Wasser von oben und den Dreck von unten, als ein Radler aus der Gegenrichtung auftaucht. Er »tropft« noch. Es ist ein »Schwob«, wie sich herausstellt. Alle Schwaben kommen aus »Sturgaat«! Der vor zwei Tagen durchgezogene Sturm hatte ihn, wie er berichtet, voll erwischt: Tagesleistung sieben Kilometer. Aber der junge Bursche strahlt jenes Selbstbewußtsein aus, das sich nicht antrainieren läßt. Nur wer es wirklich geschafft hat, gibt sich so. Für ihn beginnt nun die Zielgerade. Am Fähranleger von Seydisfjördur hätte er seine Inselumrundung komplett. Gratuliere! Doch das »Tschüßli« will mir nicht so recht über die Lippen: kein zwischenmenschliches Problem, eher ein rein linguistisches.

Meine Zeltplätze in der Natur nenne ich »Nischen« oder »Logen«. Die heutige ist besonders schön. Ich habe das Rad einen Hang hinaufgewuchtet; als es zu steil wurde, sattelte ich ab und holte das Gepäck nach. Nun liegt mir ein kleines Tal zu Füßen, dem ich sicher als erster einen Namen geben könnte, und bei den Bergen ringsum könnte ich mit dem »Taufen« fortfahren.

Dieser Tag endet still. Von der Küste klingt gedämpft der Wellenschlag herüber. Auf dem Kocher dampft »Erbswurst in Schmelzwasser«. Ein zufriedenes Gemüt braucht kein Menü.

Geweckt werde ich durch Rieseln von Steinen. Der Tritt eines Schafes hat sie gelöst. Gleich Dominosteinen stoßen sie einander an, werden zur kleinen Lawine. Es ist erst fünf Uhr, fast noch Nacht. Ein heißer Tee hilft mir die Knochenstarre zu vertreiben. Wer sich hart bettet, heißt es, bekommt »Rückgrat«. Dann Warten auf den ersten Sonnenstrahl. Weniger ich als das Zelt braucht ihn. Sein Stoff ist noch schwer vom Nachtregen. Eine Staffel Wildgänse zieht über mich hinweg. Ihre Nistplätze liegen weiter westlich. Der Wind trägt das Neidgeschrei einiger Möwen landeinwärts. Über der Kocherflamme klappert der Deckel des Teepotts: Banalitäten – und doch ein Stimmungsbild.

Die Straße hat mich wieder, oder sagen wir besser: die »Piste«. Ich fahre das Rad mit »Handballen und Hintern«; nicht Kraft, sondern Gefühl ist auf solch rauhem Untergrund gefragt. Endlich wieder ein Stück Asphalt. Als Radler freut man sich über ein solches Geschenk.

Für eine Islandtour gilt: Weniger ist mehr! Zudem begünstigt heute Sonnenschein das Bummeln; auch die Fotomotive liegen nur so herum: ein alter Traktor – auf Ewigkeit geparkt, Wellblechbauten, so rostig-runzelig, als seien die Riffelungen nicht gepreßt, sondern altersbedingt, Schafställe in allen Verfallsstadien ...

Die Sonne geht, der Regen kommt! Ein böiger Wind treibt mir die nassen Staffeln von See her entgegen. Islandwetter, wie es Herr Wesp im Deutschen Fernsehen ankündigt. Bald wird es so schlimm, daß man fürs Gesicht einen Scheibenwischer gebrauchen könnte. Aus gutem Grund benutze ich die falsche Straßenseite. Den entgegenkommenden Autofahrern gebe ich Handzeichen: »Achtung, bleibe links! Bitte ausweichen!« Diese winken zurück: »Verstanden! Akzeptiert!« Sie wissen natürlich, daß ich dadurch von ihren landeinwärtswehenden Dreckfahnen verschont bleibe.

Die Sonne hat ein kleines Loch in die Wolken gebrannt. Der durchbrechende Lichtstrahl wirkt geradezu hämisch; aber er ermuntert. Nicht mehr lange, und ich müßte den ersten Gletscher sehen. Der Fluß, den die Straße nun überquert, verrät bereits die Nähe des Eises. Sein Wasser hat die Farbe von Mörtel. Eis mahlt Stein zu mehlfeinem Staub. In erdgeschichtlichen Zeiten wandern so ganze Gebirge zurück ins Meer.

An kalter Küste

Vorbei ist es mit der Fahrt in der Ebene. Die Straße schwingt sich hinauf zum *Almannaskard*. Als Belohnung fürs Berganschieben genieße ich von dem Paß den weiten Blick über die Inselwelt im Skardsfjördur und über vier Talgletscher des Vatnajökull. Dem Geschwindigkeitsrausch bei der Abfahrt widerstehe ich. Schlacke und Schotter werden unter Rädern leicht zu Murmeln. Stürze muß man nicht provozieren!

Kurz vor der Stadt Höfn (nach unseren Maßstäben ist sie eher ein großes Dorf) treffe ich einen Backpacker. Sein »Hallo« klingt so freundlich, daß ich ihn anspreche: »Du siehst schwerbeladen aus!« Er lacht, schwingt die vier prallgefüllten Plastiktaschen, die er zusätzlich zu seinem Globetrotter-Rucksack trägt: »Kein Gewicht! Nur Crakkers!« Dann gestattet er mir einen Blick auf das »Kein Gewicht«. Tatsächlich! Der Bursche muß in Höfn ein ganzes Regal von diesen Leichtkeksen leergeräumt haben. Er liefert mir auch die Erklärung dafür: Per pedes rund um Island, da muß man bei der Verpflegung jedes Gramm kalkulieren. Bis zur Fähre, das weiß er genau, sind es noch 243 Kilometer; das macht zehn Tagesmärsche.

Die »graue Eminenz« Brian Edis – mit Marschverpflegung für die nächsten 100 Kilometer

Der nächste Nachkauf ist in Djúpivogur möglich (vorausgesetzt dort gibt es Crackers). Maximale Vorsorge bei minimalem Gewicht! Inzwischen haben wir uns gegenseitig vorgestellt. Das »graue Unikat« (ich nenne den Briten so, weil es von den Haaren bis zu den Hosen nur eine Farbe an ihm gibt – nämlich aschgrau) heißt Brian Edis. Wie er betont, kommt er »gerade noch« aus London. Denn würde er sein Haus durch den rückwärtigen Ausgang verlassen, stünde er bereits außerhalb des Stadtbezirks. Mit dem Versprechen, ihm ein Foto zu schicken, wie er so crackerbepackt seine letzten 243 Kilometer angeht, kriege ich Brian vor die Kamera. Eine solche Begegnung muß einfach auf Film!

Von der Stadt Höfn verspreche ich mir nichts. Um alle dichter besiedelten Flecken auf Island macht man am besten einen Bogen, auch wenn Reiseführer anderes empfehlen. Wer das richtige Island sucht, der findet es vor den Ortsschildern. So »anti« gestimmt, besuche ich den Imbiß unweit des Supermarktes. Mir ist nach ein wenig Lästern. Wie es drinnen aussieht, das weiß ich schon vor der Tür: von Fäusten und Füßen malträtierte Puckman-Polaris-Automaten, ein Mädchen hinter dem Tresen, das die ansonsten herzliche Freundlichkeit der Isländer auf ein Reklamelächeln reduziert, ein Warenangebot, das komplett aus New York eingeflogen scheint. Der einzige Unterschied zu ähnlichen Coca-Cola-Buden: Die »Hämbörger« heißen hier nicht »Hamborgari«, sondern »Hamborgaror«. Ich bin schon wieder draußen.

Mein Island finde ich nur wenige Kilometer weiter westlich. Dort kämpfen auf einer Weide zwei Hengste. Es geht um die Rangordnung. Dieses Einandermessen ist wie Rodeo ohne Reiter. Die beiden Schwarzen arbeiten mit allen Tricks; sogar Beinehakeln ist erlaubt. Am Ende des Kampfes steht der Unterlegene dem Sieger in Demutshaltung gegenüber. Den Kopf gesenkt, atmet er schwer. Sein Fell glänzt schweißnaß. Dann passiert etwas, an dem der Verhaltensforscher Konrad Lorenz seine Freude gehabt hätte. Aus der in einiger Entfernung grasenden Herde löst sich eine Stute. Ruhigen Schrittes geht sie auf den Verlierer zu und beginnt ihm vorsichtig Hals und Brust zu lecken. Er läßt sie still gewähren. Plötzlich macht die Stute eine Kehrtwendung und beißt den anderen Hengst in die Hinterhand. Und wie reagiert der Sieger? Er trollt sich! Die »Aggressionsbremse« verbietet es ihm, seine Kraftüberlegenheit zu nutzen. Anders als bei uns Menschen, wo der Stärkere oft den Schwächeren niedermacht, gibt es im Tierreich noch die Geste des Großmuts.

Schon wieder ein Fotomotiv, dieses Mal auf Rädern.

»Ann und Andy«, stellen sich die beiden vor. Sie ahnen wohl, warum ich sie um eine Minute Zeit bitte. Ihr Tandem ist nicht gerade das geeignetste Verkehrsmittel für die isländischen Straßenverhältnisse. Dazu kommt die Originalität des Gefährts. Nicht weniger als sechs Trinkwasserflaschen sind am Rahmen befestigt; es sieht aus, als befände sich das Paar auf einer Wüstenfahrt. Außerdem sprechen vier hinten aufgeschnallte Ersatzreifen für eine ordentliche Portion Pessimismus. Andy liefert mir eine plausible Erklärung für diese Vorsorge. Der erste Reifensatz, Made in Taiwan, hatte gerade einmal 100 Kilometer gehalten. Auf der Ladefläche eines Lkw erreichten sie schließlich Höfn. Von dort orderten

Beobachtung an einer Pferdekoppel: Hier geht es um die Rangordnung…

sie – per Luftfracht – aus Reykjavik Ersatz. Ich wünsche den beiden damit mehr Glück.

Es ist bereits wieder Zeit, Ausschau nach einer Nische für die Nacht zu halten. Ich finde sie unweit des Skalafellsjökull. Dort bietet mir eine steil aufragende Basaltwand Wind- und Wetterschutz. Solche Plätzchen neidet man anderen. Es wird eine unruhige Nacht. Draußen klingt es erneut nach Sturm. Es ist die Nachhut des bereits durchgezogenen.

Beim ersten Blick in den neuen Tag habe ich das ungute Gefühl, daß das Wetter mein beständiger Gegner würde. Von einem solchen Himmel kann man nichts Gutes erwarten. Eine kleine Beobachtung läßt mich trotzdem lächeln. Greife können ihre Beute nur von oben schlagen. Jetzt sehe ich, wie ein Singvogel einen Falken austrickst. Während dieser mehrere Anflüge versucht, schraubt sich der kleine Kerl in engen Spiralen immer höher. So kommt der Falke nicht zum Zug, schließlich gibt er auf.

Meine Vorahnung war richtig gewesen. Islands Wettergötter werden immer zorniger. Wasser von allen Seiten. Ich radle in der bekannten »Affe-auf-Schleifstein-Haltung«. Eigentlich Zufall, daß ich bei dem konstanten Nach-unten-Schauen die Wellblechhalle in einer Wiese nicht übersehe. Sofort erkenne ich sie wieder. Es ist die alte Heutrocknungsanlage, in der mir vor etwa 10 Jahren ein Arbeiter den gebrochenen Gepäckträger geschweißt hat. Die Worte, mit denen er damals die ihm angebotene Bezahlung ablehnte, sind mir noch gut in Erinnerung. Kaum hatte er meinen Griff zum Brustbeutel bemerkt, reagierte er mit einem harten: »Nej!« Und wie zur Bekräftigung meines »Gut, dann vielen Dank!« wiederholte der Mann dieses »Danke« mit der schönen Redewendung: »Yes, just tak fyrir[20]!« Vielleicht, so meine Hoffnung, treffe ich ihn wieder an. Sicherlich erinnert er sich an den »Radler mit dem gebrochenen Träger«.

In der Halle wird gerade ein Traktor repariert; aber es ist ein neues Gesicht. Sein Vorgänger, das erfahre ich von dem Mann, sei weggezogen, die Trocknungsanlage schon lange außer Betrieb. »Die Zeiten haben sich geändert!« meint er zu mir. »Das Heu steckt jetzt in Plastikhüllen, aber Sie können ein Pferd hier mieten!« Auf meine Frage, ob das Pferdevermieten an Touristen eine sichere Zukunft sei, antwortet er mir mit einem Schulterzucken. Ebenso beurteilt er das Wetter: »Viel Regen, etwas Sonne – aber nicht sicher!« Mit einem »Tak« gehe ich wieder auf Strecke.

Nun müßte eigentlich das Naturschauspiel beginnen; denn vor mir liegen Horizonte aus Eis. Leider ist davon nichts zu sehen. Die Wolken hängen tief herab. Wie der Vorhang einer Bühne verbergen sie die Kulisse.

Eben hatte ich ein Schild passiert: »Zur Gletscherkatze!« Es gibt Leute, die glauben, zum Naturerlebnis Island gehöre eine Gletschertour mit einem Panzerfahrzeug. Motordröhnen und Kettenrasseln in der erhabenen Eiswelt des Vatnajökull: ein schlimmer Auswuchs des boomenden Tourismus! An der Lagune *Jökulsarlón* erlebe ich die nächste Enttäuschung. Hier konnte man einst ungestört das »Leben« des großen Gletschers beobachten – wie er kalbte, wie er stöhnte, wie sich Spannungen in seinem Eiskörper lösten. Jetzt stehe ich auf einem vollen Parkplatz. Im See dümpeln zwei Motorboote; am Ufer wartet ein Amphibienfahrzeug auf Interessenten für eine Eisrundfahrt. Es verliert Öl, das ins Wasser sickert und dort als Newtonsches Farbenspiel dem Atlantik zutreibt. Für Touristen liegen orangerote Overalls bereit. Wer beim Close-up-photo über Bord fällt, der soll wenigstens nicht verlorengehen. Man hatte diesem besonders schönen Stück isländischer Natur noch mehr angetan. Nur einen Steinwurf weit von der eisgefüllten Lagune entfernt ist ein »Souvenir-Restaurant« errichtet worden. Das »Velkominn« dieses »Pizzalandes« lautet: »Bitte, essen Sie nicht Ihre eigenen Speisen drinnen!« Ein alter Herr, mit dem ich mich unterhalte, zieht Vergleiche: Er kennt die Insel seit Jahrzehnten. Island 1980, 1970, 1960. Ich kann nachfühlen, wie ihm beim Anblick von solchem »Fortschritt« zumute ist. Das Mädchen am Tresen hat unser Gespräch mitgehört. Ich spreche es an: »Wie denken *Sie* darüber?« Seine Antwort klingt erfrischend ehrlich: »Ohne den ganzen Rummel hier wäre die Natur schöner!« Schade, daß der isländische Umweltminister, Eidur Gudnason, es nicht hören kann!

Draußen geht eine Busladung Touristen im Gänsemarsch hinunter zu den Booten – alle in orangerotem »Gefieder«. Ich mache mein Pflichtfoto und fahre weiter zur Küste. Der Reiseführer übergeht, was dort passiert. Die See nimmt sich der über die Jökulsá herantreibenden Eisschollen an, beleckt sie von allen Seiten, bis aus den oft schmutziggrauen Eisbergresten strahlend helle »Glaskörper« werden. Dann scheint das Salzwasser wie mit Hammer und Meißel an ihnen zu arbeiten. Das Endergebnis ist ein Brocken »Kristallglas mit Facettenschliff«. Jetzt fehlen nur noch Wind und Wellen, die dieses Werk wieder an Land werfen.

Heute liegen nun ein gutes Dutzend davon im schwarzen Lavasand. Weil solch harte Farbkontraste Belichtungsprobleme schaffen, bin ich so sehr mit der Kamera beschäftigt, daß ich die heranrollende Welle nicht höre. Sie ist höher als die anderen. Das dumpfe Rauschen in meinem Rücken bedeutet Gefahr; aber da ist es schon zu spät. Gurgelnd umspült mich die See. Meine Beine stehen wie Buhnenpfähle im Wasser. Die Kiesel mitreißend, rauscht die Welle zurück. Nur mühsam kann ich die Balance halten. Da stehe ich nun, den vielleicht gerade acht Grad »warmen« Atlantik in den Hosenbeinen und Wanderstiefeln. Entgeistert »paddle« ich mit den Zehen in den quellenden Wollstrümpfen. Die Antwort, was jetzt zu tun ist, gibt mir der Himmel: Er platzt auf wie ein überdehnter, wassergefüllter Sack. Da gibt es nur eins: Rauf aufs Rad und los. Wenn schon naß, dann durch und durch!

Bis zum nächsten Campingplatz, nach Skaftafell, sind es etwa 50 Kilometer – eine Distanz, die unter diesen Bedingungen bis zum Einbruch der Nacht kaum zu schaffen ist. Aber ich will es wissen!

Der Südostwind ist mein Verbündeter. Ich feure mein Rad an: »Lauf, Hestur, lauf!« Gepäck und Fahrer ergeben zusammen eine »satte Masse«. Ist diese erst einmal in Bewegung, dann wird selbst der Drahtesel zum Vollblut. Ich fliege über die Schotterpiste. Unter dem Druck der Reifen zerspritzt das Wasser in den Pfützen. Zwischen Zahnkränzen und Kette knirscht die aufgeworfene Schlacke. Ein entgegenkommender Bus deckt mich mit einem Schwall Schlammwasser ein. Egal! Nässe und Dreck passen zusammen! Nur einmal benutze ich die Bremsen: Unweit des Straßenrandes wird ein Zelt sichtbar – ganz mit Wäsche behängt. Soll der Regen sie waschen? Vor dem Zelt liegt ein Tandem – mit demontiertem Hinterrad. »Mein Gott, das sind doch ...« Hatte es die beiden schon wieder erwischt? »Tut mir leid, Ann und Andy, ich kann euch nicht helfen!« Ich bringe mein »Pferd« wieder auf Schwung.

Inzwischen ist die Straße eine Wasserwüste. Fünfzig Kilometer an einem Restnachmittag, unter solchen Bedingungen: Aber ich habe keine andere Wahl. Will ich nicht morgen Fiebertabletten schlucken, so muß ich jetzt der kalten Nässe von außen dampfenden Schweiß von innen entgegensetzen. Doch was für ein Husarenritt!

Dieses Bike ist mein viertes. Es hat gut 30 000 Kilometer auf den Speichen. Jeder Bauer weiß, daß man ein altes Pferd nicht überfordern darf, sonst riskiert man, daß es an der Deichsel zusammenbricht. Das gilt auch für ein Rad. Wie ein Autofahrer, der am Straßenrand einen Unfallwagen stehen sieht und für ein paar Minuten den Fuß vom Gaspedal nimmt (um dann wieder draufzutreten), so verlangsame auch ich jetzt meine Fahrt, nachdem ich in einer bodenlosen Pfütze weggesackt bin. Das hätte Bruch geben können! Doch die Vernunft währt nicht lange. Schon »fliege« ich wieder.

Neben mir bremst ein Autofahrer ab. Für zwei, drei Minuten gibt er mir Geleit. Was mag er angesichts der Wasserratte vor seinem Fenster denken? Armes Schwein da draußen! Ich denke zurück: »Im Augenblick hast du recht!« Atlantikwasser in den Schuhen, Regen von oben, Dreck von unten, Schweiß von innen! Nein, gesellschaftsreif war ich im Augenblick nicht!

Eine lange Gerade. Die Telegrafenmasten werden zum Staketenzaun. Wie gegen ein Fließband trete ich gegen die Straße an. Gut, daß mir der Regen den Horizont verbirgt. Manchmal machen Blicke in die Ferne mutlos. Die Trasse krümmt sich. Die Endlosigkeit ist doch zu Ende!

Schon ist es aus mit dem »Flug« übers Naturpflaster. Erst packt mich der Wind von der Seite, dann von vorne: Verwirbelung durch einen Bergrücken. Mein Rad bockt, als sei es wirklich ein Tier. Kleinster Zahnkranz vorn, größter hinten – »Mahlgang«: fast Treten auf der Stelle. Langsam komme ich aus der Windverwirbelung heraus. Ich kann wieder Segel setzen.

Halbrechts voraus wird ein Gebäude sichtbar. Das kann unmöglich bereits Skaftafell sein. So schnell war ich nun doch nicht! Es entpuppt sich als ein Hotel – der Aussicht wegen in unberührte Natur gepflanzt. So naß und dreckig, wie ich bin, möchte ich diagonal durch den Speiseraum radeln: »Hören Sie, meine sehr verehrten Damen und Herren ...!«

Es ist bereits der siebte oder achte Talgletscher, den ich passiere. Doch das Wetter nimmt der Natur die Wirkung. Die Eisströme gleichen schmutzigen Zungen, die aus den Wolken lecken; und um ein Foto machen zu können, bräuchte ich eine Unterwasserkamera, so schüttet es.

»Skaftafell Tjaldsvaedi[21]!« Das Schild ist wie eine Erlösung. Nur noch zwei Kilometer, und ich habe es geschafft. Am Büro des »Warden«[22] sause ich vorbei. Formalitäten können warten. Zehn Minuten später steht mein Zelt, nach weiteren zehn liege ich trockengerubbelt in warme Daunen gehüllt. Vor dem Zelt füllen sich ein paar Wanderstiefel gänzlich mit Regenwasser, und ein »Gewölle« nasser, verschwitzter Bekleidung wartet auf die Heinzelmännchen. Gäbe es doch diese Märchengestalten wirklich!

Längst hatte ich das Ungewöhnliche der Wetterlage erkannt: beständiger Südost, oft in Sturmstärke. Dazu jagt eine Regenstaffel die andere. Das dürfte es auf Island gar nicht geben. Seine »Wetterküche« liegt im Westen, in Grönland. Der Warden liefert mir die Erklärung dafür: Vor Norwegen hat sich ein Hochdruckgebiet festgesetzt. Es rührt alle Tiefs um sich herum. »Sehr stabil! Keine Änderung!« Das ist eine Prognose, wie sie für einen Radler nicht schlechter ausfallen kann. Der winzige Trockenraum in Skaftafell ist völlig überlastet. Alle haben das gleiche Problem. Für meine Wanderstiefel bleibt nur die »Vergewaltigung«. Ich backe sie über der Kocherflamme trocken und hoffe, sie mit etwas Fahrradöl wieder gefügig zu machen.

Im Coffee-Shop sind bei diesem Wetter Stühle Mangelware. ich nutze den Raum als Studienplatz. Da wird an den Tischen gefachsimpelt, gedolmetscht, Tagebuch geschrieben. Ein Witzereißer hat die Lacher auf seiner Seite. Ein paar Tische weiter zerpflückt ein frustriertes Paar die Dekoration aus Plastikblumen. Den weiblichen Teilnehmern einer Reisegruppe ist wohl der Gesprächsstoff ausgegangen. Sie begutachten gegenseitig ihren Schmuck. In der hintersten Ecke sitzt einer, der wie ich nur beobachtet. Unsere Blicke treffen sich: »Amüsant, nicht wahr!«

Der zweite Regentag in Skaftafell, der dritte, der vierte. Auf dem Campingplatz staut sich das Wasser. Die Leute stehen vor den Zelten wie Graureiher am Bach. Der »Fisch«, auf den sie warten, heißt Sonne. Sie kommt in Form eines Zwischenhochs von zwei Stunden Dauer! Schon bin ich auf den Beinen.

Den Nationalpark Skaftafell kann man sich nur in Wanderstiefeln erschließen. Doch mein Versuch endet schon in wenigen hundert Metern Höhe. Die Wolken liegen bereits wieder auf. Aus ist es mit dem Blick auf Gletscher und Sander. Die paar Glockenblumen zu meinen Füßen vermögen mich auch nicht aufzuheitern. Das Reich der Flechten verweigert sich mir ganz. Am Skehóll blockt die Natur ab. Der Wind wird zum Sturm.

Auf dem Rückweg komme ich am Gehöft *Haedir* vorbei. Vor etwa 150 Jahren hatte man es aus der Ebene zu Füßen des Gletschers an den Berghang verlegt. Seine Vorgänger und die Nachbarhöfe waren Opfer eines Ausbruchs im Öraefajökull geworden. Unter dem Gletscher rumort es noch immer. Sein Eisschild gleicht einem Deckel auf einem heißen Kochtopf.

Wieder auf dem Campingplatz, sehe ich zum ersten Mal ein Zelt »fliegen«. Knallharte Böen spielen mit allem, was sie greifen können. Mein Teepott schafft einen 100-Meter-Sprint. Selbst nasse Wäsche wird flugtauglich. Es sind rauhe Bedingungen auch für Nichtradler.

Wetter und Preise können einem ein Paradies verderben. Das gilt im besonderen für den Nationalpark Skaftafell: 8 DM für eine Tasse Kakao und einen Minigebäckkringel, 15 DM für ein wäßriges Bier. Als ich für ein halbes Hähnchen mit Pommes frites umgerechnet 34 DM hinblättern muß, bin ich versucht zurückzufragen. »Hat es goldene Flügel?« Die Auskunft des Warden gibt mir den Rest: Er schätzt weitere sieben Regentage!

Die Tüte Kakaopulver auf zwei Tassen streckend, die Kekse hälfteweise kauend, rechne ich in Gedanken das so Ergeizte zusammen. Es summiert sich. Während ich mich in meinem Zelt einigele, finde ich zu einer nützlichen Beschäftigung: Ich lerne Vokabeln: »Ikiorpaá, ikiuinek, ikiorkuvok.[23] Vielleicht bräuchte ich das Inuit drüben in Grönland. Aber noch reicht mein »Eskimo« nicht einmal zum Interpretieren des Flugplans.

»Tikinnermi angalasutnioqqutissat tulliini taagorneqartutulli annertussuseqartut akitsuuteqanngitsimik nassatarisinnaavaat!« Das hat etwas mit Zollvorschriften zu tun. Mit dem Entwirren solcher linguistischer Knoten könnte ich noch so manchen Regentag ausfüllen.

Heute morgen macht mir der Warden Mut: »Wieder ein bißchen Hochdruck – aber dann Regen. Immerhin eine Chance!« Und diese

»Chance« nutze ich. Schade um das viele Eis, das ich unbesichtigt zurücklasse, und die nicht zustande gekommenen Fotos von Schneehuhn, Bekassine und der seltenen Großform des Zaunkönigs (die es nur hier gibt)! Schade auch um das Fehlen von Belegen über das Wachsen und Abschmelzen der Gletscher! Ein paar Kilometer zurück hatte das Eis um die Jahrhundertwende einen Hof unter sich begraben, nun wurden seine Reste langsam wieder sichtbar. Einer der Talgletscher reichte damals fast bis an die See. Heute muß man fast fünf Kilometer marschieren, um ihn zu erreichen. Klimaveränderung im Zeitraffer! Diese und andere »Zeugen« hätte ich gerne auf Film gehabt; die Wettergötter wollten es anders.

Jetzt baue ich fluchtartig mein Zelt ab. Angespornt kann man verdammt schnell sein. Die nächste Regenfront im Rücken, hetze ich los. Ein scharfer Ostwind jagt mich über den Sander. Trotz einiger Fotostopps spule ich die 100 Kilometer bis nach Kirkjubaejarklaustur in einer Rekordzeit ab. Das Rad schnurrt nur so auf dem neuen Asphalt. Leider sind solche Sternstunden selten.

An der Tankstelle von Kirkju ... fülle ich »bensini« für den Kocher nach. Die nächsten 200 Kilometer wird es keinen Brennstoff geben, wohl nicht einmal einen Zweig zum Feuermachen. Dann gönne ich mir noch eine *heitt súkkuladi*[24]. Sie kostet hier nur halb soviel wie in Skaftafell. Die Bedienung lächelt – und wer Kaffee bevorzugt, der kann sich kostenlos nachschenken lassen. Schön, daß es das alte Island auch noch gibt!

Tankstellen sind hierzulande Informationsbörsen. So erfahre ich jetzt von einem Motorradfahrer, daß Landmannalaugar, mein nächstes Ziel, unter Wasser steht. Im Gegensatz dazu sei die alte Askjaroute staubtrocken. Dort droht mir eher Trinkwassermangel. Erneut fällt auch der Name *Josef*. Von dieser modernen Sagagestalt hatte ich bereits gehört. Doch Dichtung und Wahrheit scheinen sich bei den Stories zu vermischen. Am Tisch in der Tankstelle nimmt die Gestalt *Josef* deutlichere Form an, denn dem Erzähler war sie persönlich begegnet.

Josef, einem Schwyzer, hatte offenbar das Schicksal ein Bein gestellt. Manche munkelten von »privaten Problemen«. Andere glaubten, er versuche durch ein »neues Leben« dem ihm sonst drohenden Herzinfarkt zu entgehen. Richtig scheint zumindest, daß Josef einen wohldotierten Posten innehatte und daß er diesen spontan aufgab. Seither sieht man ihn immer wieder auf Island. Sein Erkennungszeichen: ein altes, gelbes Schweizer Postrad. Die Tour in diesem Jahr soll seine 28. sein. Außer den Hochlandrouten kennt Josef inzwischen alle Straßen. Nach dem Einbau einer Gangschaltung will er sich nun auch der Mountain-tracks annehmen. Der Schweizer ist ein Einzelgänger unter den Individualisten. Seine Tagesetappen legt er auf zwölf Kilometer fest – damit er, wie man ihm nachsagt, abends beim Zurückblicken noch sehen kann, wo er morgens losgeradelt ist.

Soviel zu *Josef*. Wer also auf Island einem Mann mit einem gelben Postrad begegnet, der hat die Möglichkeit, dieses Porträt zu ergänzen.

Das Plauderstündchen in der Tankstelle könnte noch länger dauern, aber die Straße ruft. Außerdem ziehen die ersten Regentropfen an den Fensterscheiben nasse Striche. Das nächste Tief kommt! Vor ihm möchte ich gerne hinter den Bergen sein.

Ins Hochland

Mit dem liebgewonnenen Asphaltkomfort ist es wieder vorbei. Das Rad »schwimmt« in körniger Lavaschlacke. Erneut gebe ich den Autofahrern Zeichen: »Bleibe links! Bitte ausweichen!« Alle akzeptieren mein Falschfahren.

Die Straße durchläuft den Eldhraun, den größten nacheiszeitlichen Lavastrom der Erde. Mehr als 500 Quadratkilometer Land hat er unter sich begraben. Inzwischen mildert zwar ein dickes Moospolster den Anblick dieser »Wüste«, aber es dürfte noch lange dauern, bis normales Leben hierher zurückkehrt. Kein Baum, kein Strauch, kein Vogelgesang: Über dem Eldhraun liegt ein tiefes Schweigen.

Der Abschwung nach Norden ist für mich wie ein Aufatmen. Natur kann auch bedrücken. »Fallabaksleid!« Das Schild signalisiert: Nun beginnt das richtige Abenteuer! Noch ein letztes Gehöft, Buland, damit liegt das besiedelte Island hinter mir. Was jetzt folgt, ist eine Natur, mit der man sich auseinandersetzen muß.

Mein erster Zeltplatz wird von einem Zufall bestimmt. Am Rand der Piste entdecke ich einen Birkenpilz, bald einen zweiten, einen dritten. Später finde ich noch Täublinge. Da fällt die Entscheidung nicht schwer. Ich baue an Ort und Stelle mein Zelt auf; das Abendmenü jedenfalls ist gesichert. Es gibt Pilzpfanne »Radlertyp«. Das Rezept dafür? Pilze wie vorgefunden, in Schmelzwasser gedünstet, abgeschmeckt mit Mineralsalztabletten und mit arktischem Thymian vom Pistenrand. Ich weiß, der Chefkoch vom Bayerischen Hof würde sich mit Grausen abwenden. Aber er fährt ja auch nicht »midom Radl durrrchs saukoalte Island, noa!« Also: »Bon appetit!«

Am nächsten Morgen liege ich buchstäblich im Wasser, besser: ich »schwimme«. Während der Nacht hatte sich der Himmel entleert. Stundenlang war die Regenflut niedergegangen. Ein Glück, daß die Bodenwanne des Zeltes absolut wasserdicht ist. Die Natur gleicht einem vollgesogenen Schwamm. Wohin man tritt, patscht es. Jetzt jagt der Wind die letzten Wolkenstaffeln vor sich her. Mit ihnen huschen ein paar Sonnenflecken über die Landschaft. Licht und Schatten scheinen sich zu verfolgen. Im Westen, am Myrdalsgletscher, bleibt die nasse Fracht hängen. Ihr Grau macht das Eis zu einem schmutzigen Fleck.

Der Anstieg ins Hochland beginnt. Mit jedem Kilometer wird die Piste unangenehmer. Gerissene Haltegurte. Auspuffteile und Reifenfetzen an ihrem Rand sind beredte Zeugen. Dieser »Tribut« der Autofahrer kennzeichnet am besten den Zustand des Fallabaksleid.

Das erste heutige »Opfer« begegnet mir, ein kleiner Jeep mit Gifhorner Kennzeichen. Er hängt am Abschleppseil eines Nissan. Unwillkürlich muß ich lachen; denn der Wagen des Deutschen »läuft aus«. Wie ein Schaf, das einen gefüllten Wassergraben durchquert hat, hinterläßt der Jeep eine nasse Spur. Die *Ofaera* wird dem Fahrer zum Verhängnis geworden sein.

Das Lachen vergeht mir, als ich die nächste Steigung vor mir sehe. Der Berg ist eher ein Schuttkegel. Einen Schritt vor, einen halben zurück! Nur mühsam komme ich vorwärts. Ich schimpfe das Rad, weil es sich »sträubt«. Endlich oben, winkt mir nicht die erhoffte Abfahrt. Ein »Steinacker« macht weiteres Schieben notwendig.

Am ersten Flußarm treffe ich zwei Motorradfahrer. Sie trocknen die Zündkerzen ihrer Maschinen. »Die *Sydri Ofaera*«, frage ich die beiden. Einer der Fahrer nickt: »Viel tiefer als hier. Hatten uns verschätzt!« Da wartet ja auch auf mich ein »Kneipp-Bad«!

Als ich den Fluß erreiche, wird mir sofort klar, daß er bei diesem Wasserstand nicht zu nehmen ist. Ich deponiere das Rad an einem Berghang und erwandere mir die Schlucht, die er durchfließt. Es ist die Eldgjá, die »Feuerspalte«. Nahe ihrem östlichen Ende liegt einer der schönsten Wasserfälle Islands, der Ofaerufoss. In breitem Schwall stürzen seine Wasser in die Tiefe. Auf einer Felsterrasse zerstieben sie zum Schleier, um – erneut gebündelt – durch ein Tor aus Basalt zu springen. Die Natur als Architekt, die Erosion als Meister!

Leider muß ich mich mit diesem einen Highlight begnügen. Die Zeit drängt. Wegen der Regenperiode im Süden des Landes liege ich in meinem Plan zurück. Dabei würde sich ein Erkunden der gesamten »Feuerschlucht« lohnen. Lediglich in einen der kleinen Krater klettere ich. »Reise zum Mittelpunkt der Erde!« Mit Lavazöpfen in den Händen tauche ich wieder auf: Sammelstücke! Doch je näher ich meinem Rad komme, desto »leichter« werde ich. An den Felsen parkt ja kein Geländewagen, sondern ein Drahtesel! Zum Schluß begnüge ich mich mit einem kleinen Lavakringel: Spritzgebäck aus des Teufels Küche.

Während der letzten Kilometer hatten dichte Moosteppiche das Bild der Landschaft bestimmt. Berghänge und Täler schienen wie mit Velours ausgelegt. Jetzt mehren sich die »Brandlöcher« in diesem Belag, und bald dominiert die Farbe Schwarz. Ich habe das Vulkangebiet von Landmannalaugar erreicht.

Da die Piste nun auf einem längeren Stück in einem Flußbett »versickert« und es bereits dunkelt, suche ich mir vor dieser langen Furt meine Nachtnische. Es wird ein Kompromiß. Ich habe die Wahl zwischen Staunässe und Schräglage. Die Luft hat inzwischen die gleiche Temperatur wie die Schmelzwasser, so um 5 Grad Celsius. Mit Händen wie denen eines Arthrosekranken baue ich mein Zelt auf. Oft wird man von der Natur für Mühen großzügig belohnt; aber manchmal fordert sie ihren Tribut.

Am nächsten Morgen beginnt das Wassertreten. Mitten im Bach treffe ich einen Belgier. Er hat Island in 18 Tagen mit dem Fahrrad umrundet und möchte das Unternehmen mit der Passage des Fallabaksleid krönen. Selbst barfuß – und der Unterkühlung nahe – zeigt er auf meine Gummistiefel: »Die werden nicht reichen! Noch sechsmal bis ›hier‹!« Bei diesen Worten zeigt er an seine Knie. Zwar kann ich ihm nur zwei richtige Furten versprechen, dafür aber Steigungen, auf denen er mit seinem Rad ins Rutschen kommen würde. Wir wünschen uns gegenseitig »Bon voyage!« und stapfen weiter – der eine flußab-, der andere flußaufwärts.

Es sollten noch viele Furten werden. Vor einer von ihnen warnt ein Schild die Autofahrer: »Achtung! Prüfen Sie die beste Furtmöglichkeit mit einem Probewatgang! Eine sichtbare Reifenspur erzählt nicht die ganze Geschichte!« Gerne möchte ich zum anderen Ufer hinüberrufen: »Fährmann, hol über!« Doch es heißt: »Stiefel aus, Hosenbeine hoch!« Am Nachmittag habe ich es dann geschafft. Die Brücke über den Jökulgil signalisiert das Ende der Naßstrecke. Mir reicht es auch!

Die Berghütte von Landmannalaugar kann man leicht übersehen. Sie tarnt sich vor einem dunklen Lavafeld. Auch wenn ich im Zeitplan zurückliege, an diesem Stück Island darf ich ebensowenig vorbeifahren wie am Nationalpark Skaftafell.

Auf dem Zeltplatz hat sich die Regenflut noch nicht ganz verlaufen. Auch benötigt meine Ausrüstung einen Trockentag. So entscheide ich mich für einen Schlafsackplatz in der Hütte. Der »Saal« unterm Dach faßt gut 30 Personen. Daß hier öfters Zelte abtrocknen, das erkennt man an den Holzlatten zwischen dem Gebälk. Sie ersetzten die Wäscheleinen.

In Landmannalaugar trifft man meist auf eine internationale Schar Natursucher. Der ungewöhnliche Charakter der Landschaft hat sich herumgesprochen. Abends beginnt dann das Hüttenleben. Es wird gebrutzelt, gekocht, improvisiert. Vom großen Grill vor der Tür wehen verführerische Düfte. Gut, daß es hier keine Grizzlys gibt! Jetzt klingen aus einem der Zimmer spanische Volkslieder. Eine Gruppe

Deutscher hält mit »Was tun mit dem ertrunkenen Matrosen?« dagegen – leider siegreich. Die Franzosen bleiben stumm. Eigentlich müßten sie jetzt die »Marseillaise« anstimmen.

Den Vogel haben ein paar Australier abgeschossen – backpackers. In ihren Rucksäcken hatten sie wohl noch etwas Luft; so haben sie sich mit einem Weinvorrat abgeschleppt. »Willst du ein Glas?« Diese Frage gilt mir. »Sicher, kein schlechtes Angebot!« Schon kommt die Weinprobe auf dem langen Holztisch angerutscht. »Danke!« Wer hier nicht automatisch ins Hüttenleben integriert wird, der muß verdammt kontaktarm sein.

Wann hatte ich das letzte Mal pur-blauen Himmel gesehen? Als ich an diesem Morgen aufwache, durchfährt es mich wie ein elektrischer Schlag. Das Fensterkreuz teilt den Himmel über Landmannalaugar in vier reinblaue Quadrate. So schnell wie jetzt war ich selten auf den Beinen. Die ganze Gesellschaft schläft noch, da bin ich bereits auf dem Weg in die Natur.

Wie soll man einem Außenstehenden die Landschaft von Landmannalaugar beschreiben? Anders als im übrigen Island hatten Vulkane hier ungeheure Mengen Liparit gefördert. Jeder Berg hat seine eigene Farbnuance: Braun, Gelb, Rötlich, Weißstreifig, Violettfleckig. Manche tragen schwarze Aschekappen. Ein Hauch von Erdferne liegt über dem Gebiet.

Das Gestein ist noch so jungfräulich, daß es dem Leben erst jetzt gelingt, es langsam zu besiedeln. Moose gehören zu den ersten Pionieren. Wollgras und Hahnenfuß beginnen sich zu behaupten. Unendlich langsam erobert sich die Vegetation die Berghänge. Doch die Kuppen selbst dürfte sie nie erreichen. Ich zirkle durch ein schwarzglasiges Lavafeld. An manchen Stellen faucht es aus der Tiefe. Dort unten kocht der Teufel noch immer sein Süppchen. An einem der Berghänge verwehen schweflige Schwaden. Schlamm blubbert in unterirdischen Kesseln. Heiße Spritzer bekleckern ihre Ränder. Diesen »Atemlöchern« sollte man nicht zu nahe kommen.

Bei dem morgendlichen Gang durch die Liparitberge von Landmannalaugar fühle ich mich in die Schöpfungsphase der Erde zurückversetzt. Jetzt knurrt mich mein Magen an. Die mitgenommene Tafel

Schokolade war nur etwas für den »hohlen Zahn« gewesen. Beim Naturerlebnis vergesse ich mich manchmal selbst.

Meine gestrigen Tagebucheintragungen lassen sich auf den Satz verkürzen: »Seele voll, Film voll!« Als ich mit Westkurs weiterradle, bin ich noch immer in Hochstimmung. Das Thermometer erholt sich heute nur widerwillig. Ganze drei Grad hat es am Morgen gezeigt. Jetzt weht ein scharfer, eisiger Nordwind. Ich kann nicht umhin, mit Handschuhen und Wollmütze zu fahren. Noch bin ich ahnungslos, daß heute nacht in Island der Winter begonnen hat. Wir schreiben den 25. August!

Seit geraumer Zeit werde ich »verfolgt«. Der Rover ist so langsam, daß er Mühe hat, mich einzuholen. Jetzt stoppt er neben mir. Die Frau am Steuer und ihr Beifahrer machen lange Hälse. Sie mustern mich aufdringlich-forschend. Spontan kommt mir der Gedanke. »Die verwechseln dich mit Josef.« Das Mißverständnis ist schnell aufgeklärt. Das Paar kommt aus der Schweiz, da müßten die beiden doch ein eidgenössisches Postrad kennen. Ich zeige auf mein Velo. »Josefs ist doch gelb!« Während der weiteren Unterhaltung erfahre ich den Grund für ihre Schleichfahrt. Sie haben einige Blattfedern verloren, und nun hat es ihnen die Achse versetzt. Alle paar hundert Meter muß der Mann abspringen, um die Notverkeilung zu kontrollieren. Da werden sich die 70 Kilometer bis zur nächsten Werkstatt dehnen. Mein »Na dann gute Fahrt!« klingt ungewollt ironisch.

Mit Verlassen von Landmannalaugar hat die Landschaft erneut ihr Gesicht gewechselt. Die bunten Berge sind älteren, bemoosten Vulkankegeln gewichen. Zwischen ihnen leuchten – gleich großen, blauen Augen – Kraterseen. Es ist ein Bild der Ruhe. Doch jetzt betrete ich eine Drehbühne. Wieder breiten sich in der Natur Brandflecken aus. Sie werden größer, fließen ineinander, bis das Grün gänzlich einem schwarzen Ascheteppich weicht. Ich nähere mich dem Ausbruchsgebiet der Hekla.

»Auf Island gibt es einen Berg, der ewigen Brand durch ständiges Ausspeien von Flammen unterhält… Verglichen mit dem Vulkan Hekla ist der Ätna ein bescheidener Ofen… Sie ist eine der Pforten der Hölle… Aus der Tiefe klingt das Jammern und Wehklagen der Ver-

dammten… In ihrem Krater nisten kohlschwarze Raben, die sich in den Flammen tummeln; Krieg und Totschlag droht, wenn diese Vögel zu schreien beginnen!«

Das sind nur einige der düsteren Ehrbezeugungen für diesen Vulkan, wie man sie in alten Schriften nachlesen kann. Einfacher ausgedrückt, handelt es sich bei der Hekla um einen seit Jahrtausenden aktiven Spaltenvulkan. Seine vorhistorischen Ausbrüche mitgerechnet, kommt man auf etwa 100. Bereits die ersten Siedler versetzte er in Angst und Schrecken. Und erst im letzten Jahr hatte sich das »Tor zur Hölle« erneut geöffnet. Ein noch frisches Leichentuch aus Asche liegt über der Landschaft.

Ich schiebe das Rad mit »Vorhalte«. Der Wind, längst zum Sturm geworden, macht jedes Fahren unmöglich. Was wird wohl passieren, wenn ich den Nyjahraun erreiche? Dort bin ich dem Toben der Natur völlig schutzlos ausgeliefert. Die ersten braunschwarzen Staubfahnen lösen sich aus der Asche. Schlackekrümel beginnen zu rollen. Ich habe die Regenmontur übergezogen, Kamera und Ausrüstung zusätzlich verpackt. Das Rad mit kleinen Schritten vorwärtsstemmend, versuche ich den seitlichen Winddruck auszubalancieren. Bald schmerzt mich, wegen dem Verdrehen von Armen und Oberkörper, die Muskulatur. Zwischen Bjallar und Valafell wird es unerträglich. Ich atme Sand, ich kaue Sand, ich spucke Sand. Die Landschaft ist nur noch schemenhaft zu erkennen. Das »große, dunkle Etwas« im Westen muß das Burfell sein. Dort hätte ich es geschafft; aber der Berg will und will nicht näher kommen. Ja, es scheint, als wiche er vor mir zurück. Die Durchquerung des Heklagebietes im Sturm: Für einen Radler ist es die Hölle.

Ganze 50 Kilometer sind es von Landmannalaugar bis zur Straße Nummer 26 – eine Vierstundendistanz. Ich benötige fast den ganzen Tag. Die Sonne ist bereits untergegangen, als ich völlig versandet wieder auf festerem Boden stehe. Noch ein letzter Spurt mit Hilfe des Sturmes, und ich erreiche die Herberge von Leirubakki.

Es war das erste Mal, daß mich ein Sandsturm voll erwischt hatte; eine Erfahrung, die man nicht einmal seinen Feinden wünschen würde. Aber nicht nur dieses Erlebnis, sondern die »fremde« Landschaft macht meiner Psyche zu schaffen. Hier irgendwo über dem

Steilufer der Ytri-Ranga hatte ich einmal Wildgänse beobachtet. Damals bildete der Fluß die Grenze zwischen »Leben und Tod«. Im Osten lag das Ausbruchsgebiet der Hekla – bis zur Schwärze verbranntes Land –, am Westufer breitete sich sattes Grün aus. Dort blühten Blumen, weideten Schafe. Jetzt ist hier alles anders. So weit ich blicken kann, sehe ich eine Aschewüste. Als es dunkelt, ist mir, als durchradelte ich ein schwarzes Meer. Nur die harten Schläge der Straße, die sich auf meinen Körper übertragen, erinnern mich daran, daß ich über festen Grund rolle. So depressiv wirkt diese Natur, daß mir – da nirgendwo ein Licht auszumachen ist – der Gedanke kommt, auch Leirubakki könnte ein Opfer des Ausbruches geworden sein.

Die Straße muß etwas angestiegen sein. Plötzlich flammen voraus Lichter auf. Es ist das Gehöft *Galtalaekur*. Ich bin beruhigt. Nur noch wenige Kilometer, und ich werde vor dem »abgebrannten« Leirubakki stehen.

Ein großes, hotelartiges Gebäude, die Umrisse einer Tankstelle: Gäbe es nicht das Hinweisschild, ich würde schwören, nicht vor meiner Herberge zu stehen. Wer das alte Leirubakki gekannt hat, wird meine Verblüffung begreifen. Was für ein Wechsel! Ich blicke auf ein völlig neues Stück Island.

Dem alten Hof hatte man zwar angesehen, daß hier nicht der Reichtum lebte. Dafür wohnte hinter der Wellblechfassade die Gemütlichkeit und echte isländische Gastfreundschaft. »Brauchst du Brot oder Milch?« Mit diesen Worten hatte mich der alte Bjarni Jónsson damals empfangen. Daß ich diesen Mann nun hier nicht mehr antreffen würde, das wird mir beim Anblick der neuen Herberge von Leirubakki klar. Ein Bjarni Jónsson leitet kein »Hotel«!

Obwohl das Gebäude hell erleuchtet ist, finde ich die Tür verschlossen. Dafür öffnet man mir drüben im Wohnhaus. Am Gesicht der jungen Frau sehe ich, wie sehr sie bei meinem Anblick erschrickt. Vulkansand und -staub sind braunschwarz. Ich muß einem Schornsteinfeger gleichen. Mit ein paar Worten erkläre ich ihr den Grund für mein »furchtbares Aussehen«. »Mit dem Fahrrad?« fragt sie ungläubig zurück. Ich nicke: »Já reidhjól!« Meine Bitte, erst einmal duschen zu dürfen, ist eigentlich überflüssig. Die junge Frau sieht ja, was mir am dringlichsten fehlt. Wenig später rekele ich mich unter dem Warmwasserstrahl. Das Waschen wird zur Orgie.

Als »neuer Mensch« finde ich mich später wieder im Wohnhaus ein. Dort revidiere ich sehr schnell mein voreiliges Urteil über Neu-Leirubakki. Eine andere Fassade, ein neues Gesicht, aber die Gastfreundschaft ist die alte geblieben. Die junge Frau heißt Asta Begga. Sie bedient mich, als sei ich ihr privater Gast. Von Alt-Leirubakki weiß sie wenig. Bjarni Jónsson hatte den Hof verkauft und war nach Westen gezogen. Die Gebäude wurden abgerissen. Nur ein paar der »Bjarni-Kreuze«, berichtet sie, seien noch vorhanden. Auch sein »Glaubensbekenntnis«, das er in großen Buchstaben an die Stallwand geschrieben hatte (jedem, der nicht wie er den »richtigen Weg« ging, sagte Bjarni den Untergang voraus), war den Umbaumaßnahmen zum Opfer gefallen.

Obwohl ich todmüde bin, mache ich später noch mit der Taschenlampe einen Rundgang. Dabei entdecke ich eines der Kreuzzeichen. Es sind eher mystische Markierungen. Aber nicht die Religion zählt, sondern der Mensch. »Brauchst du Brot oder Milch ...?«

Der Himmel vor dem Fenster ist so schwarz wie die Aschewüste, die ich heute durchradelt habe. Trotz der Strapazen bin ich noch immer aufgekratzt. Tage wie diesen steckt man nicht einfach weg. Draußen klingt der Sturm wie Katzenjammer. Ich will ehrlich sein: Mir graust vor morgen.

Es »weht« noch immer: das richtige Wetter für die notwendige Einkaufsfahrt. Für etwa zwei Wochen muß ich mich mit Verpflegung eindecken; denn schon morgen beginnt der lange Weg nach Norden, und erst nach Durchquerung des Hochlandes würde ich wieder an einem Geschäft vorbeikommen.

Vierzig Kilometer sind es bis hinunter nach Hella. Den Sturm im Rücken, dürfte die Hinfahrt fast ein Vergnügen sein. Aber an den Rückweg wage ich nicht zu denken. Er würde bitter werden. Während der windgetriebenen Fahrt nach Süden sammle ich Eindrücke und ein paar Fotomotive. Nur wenige Höfe, die ich passiere, zeigen noch das alte Island. Wellblech und Holz sind »out«, der Sprung in die Neuzeit ist geschafft. Selbst im historischen Skard hat wenig Altes überlebt. Hinter der Kirche, bei deren Bau man vielleicht noch Treibholz verwendet hatte, rosten Generationen von ausrangierten landwirtschaftlichen Geräten: ein Freilichtmuseum. Ein paar vergessene Schafställe erinnern an früher. Dafür zeigt die neue Rinderhalle den Trend: Massentierhaltung. Ich werde Zeuge, wie sich Baggerzähne in ein altes, rasengedecktes Gebäude fressen. Seine Mauern bestehen noch aus behauener Lava. Wieder stirbt ein Stück Island, wie es viele lieben. Dabei ist Skard nur *ein* Beispiel.

Zum Entsetzen der Bäuerin balge ich mich mit den Hofhunden. Am Schluß lasse ich mich besiegen, spiele tot. So ein Spiel schafft Freunde. Der »Weiße« begleitet mich bis zur Straße zurück und bietet mir dort noch einmal seine Kehle zum Kraulen. Später stehe ich an einer Koppel, auf der ein gutes Dutzend Pferde grast. Für mich sind diese Tiere echte Individualisten. Es beginnt schon bei den Farbvarianten. Wo in der Pferdewelt findet man noch den »Dunkelbraunen mit Kupfernase«, den »Windfarbenen«, den »Gelbfahlen mit Aalstrich«? Ich kann mich nicht sattsehen. Jetzt »unterhalten« sich zwei. Ein Grauer stört einen Erdbraunen beim Fressen. Er möchte mit ihm spielen. Dieser lehnt ab – mit Kopfschütteln. Das Anstupsen des Grauen wird drängender: »Komm, laß uns eine Runde tölten[25]!« Nun zeigt ihm der Erdbraune sein Hinterteil: »Laß mich in Ruhe!« Als der andere trotzdem nicht nachläßt und ihn sogar ins Ohr zwickt, reicht es dem Erdbraunen. Er wirft den Kopf hoch und stampft wütend mit einem Huf auf: »Hau ab!« Jetzt hat der Graue verstanden. Er trollt sich, findet einen anderen Spielgefährten und jagt mit diesem über die Koppel. Die beiden Pferde wechseln dabei die Gangart wie in einer Reitschule. Wo sonst lassen sich solche Beobachtungen machen? Gäbe es nicht den Pflichteinkauf, über Stunden würde ich an den Weiden zwischen Skard und Arbaer stehen.

Seit Kirkjubaejarklaustur hatte ich keine weitere Siedlung passiert. So kommt mir das Städtchen Hella riesig vor. Im Supermarkt muß ich mich erst wieder an die exorbitanten Lebensmittelpreise gewöhnen. Der nicht einmal üppige Einkauf summiert sich schnell auf über 3 000 Kronen. Kein Wunder, wenn umgerechnet bereits 100 Gramm Wurst 3 DM und ein Camembert 8 DM kosten.

Ich nutze die Gelegenheit für einen Besuch im Informationsbüro.

Was ich gebrauchen könnte, wäre eine fundierte Wettervorhersage. Die Frau hört sich meine Begründung an und schüttelt den Kopf: »Mit dem Fahrrad durchs Hochland? Es ist ein schlechtes Jahr! Sie werden Probleme haben!« Dann ruft sie für mich bei der Wetterwarte in Reykjavik an. Wenige Minuten später tickert der Fernschreiber. Mit einer Miene, die bereits den Inhalt des »forecast« verrät, überreicht sie mir das Papier. Die Vorhersage liest sich wirklich wie eine Warnung: »Grönland Hochdruckgebiet! Starker Wind! Wahrscheinlich Frost! Graupeln!« Das also ist der Grund für den eisigen, sturmartigen Nordwind: Grönland läßt grüßen!

Die 40 Kilometer zurück nach Leirubakki werden noch viel unangenehmer als erwartet. Der scharfe Gegenwind macht die Ebene zum »Berg«. Und so kalt ist es geworden, daß ich den dicken Isländer überziehen muß.

Wieder ist es Nacht, als ich die Herberge erreiche. Asta Begga empfängt mich kopfschüttelnd: »Du warst wirklich unten in Hella – mit dem Rad? Wie war der Weg zurück?« Ich staple tief: »Es ging!« Viel ehrlicher ist dann meine Antwort auf ihre Frage, ob ich Hunger hätte. Mit einem kurzen »Sicher« setze ich mich an den Küchentisch.

Ich profitiere vom überreichlich gekochten Abendessen: Lamm mit Pellkartoffeln. Dazu gibt es einen Krug Wasser. Das ist wieder richtiges Island für mich. Später folgt der obligatorische »Kaffi«. Asta Begga gibt mir eine ganze Kanne voll mit aufs Zimmer (würde ich sie austrinken, stünde ich im Bett), und als ich sie nach dem Preis dafür frage, nennt sie mir lächelnd den für eine Tasse. Als Gutenachtgruß mache ich ihr ein dickes Kompliment.

Draußen jammern wieder die Windkatzen. Während der nächsten Tage werden sie mir ins Gesicht fauchen.

Gestern, vor der Abfahrt nach Hella, hatte ich die Reste Alt-Leirubakkis entdeckt – einen Haufen Bretter. Das Wellblech der früheren Herberge deckte jetzt wohl irgendwo im Land Schafställe. Da war es wie ein Stück Ironie, daß ich neben diesem »Scheiterhaufen« einen von Bjarnis Kreuzsteinen fand. Nun wirkte er fast wie ein Grabstein.

Rad und Ausrüstung sind durchgecheckt. Ich bin abfahrtbereit.

Noch ein gedankenschwerer Blick auf die Trümmer von Alt-Leirubakki. Gründe zum Trauern gäbe es bei jedem weiteren Islandbesuch.

Asta Begga hat extra für mich die Tankstelle geöffnet. Knapp 300 Kubikzentimeter Benzin passen noch in die Sicherheitsflasche. Sie lacht: So »viel« hatte bei ihr noch niemand getankt. Mit einem herzlichen »Tak fyrir« gehe ich auf Nordkurs. Eine neue Abenteueretappe beginnt.

Der Sturm

Nun liegt der Polarkreis ziemlich genau vor mir. Ich nähere mich ihm in direkter Linie. Nur noch wenige hundert Kilometer – dann noch eine kleine Fährpassage und ich stünde wieder an meiner »Ziellinie«. Drei Routen hatte ich abgesteckt: den alten Askja-Track, die neue, weiter nördlich verlaufende Piste und die direkte Strecke über den Sprengisandur. Die endgültige Entscheidung sollte erst im Hochland fallen. Vielleicht würde sie mir die Natur auch diktieren.

Doch vorerst gilt es ein viel kleineres Problem zu lösen: Ich war »schwach« geworden. Auf der Fahrt von Landmannalaugar nach Leirubakki hatte mich der Lichtreflex auf einem Obsidian angeblinzelt: »Nimm mich mit! Ich fehle dir noch in deiner Sammlung!« Später wollte ich den Brocken immer wieder wegwerfen. Einmal gelang es mir, mich zu überwinden – aber nur für fünf Minuten. Dann kehrte ich um, holte den Stein und klemmte ihn wieder unter den Spanngurt. Heute morgen hatte ich mir nun eine Frist gesetzt: Entweder du triffst bis mittags einen Wagen mit deutschem Kennzeichen, dessen Fahrer du den Obsidian mitgeben kannst (gegen Portoerstattung wird er ihn dir wohl zuschicken), oder du deponierst ihn gut sichtbar am Straßenrand. Dort könnte er einen anderen Sammler anblinken.

Kaum bin ich unterwegs, begegnet mir die Lösung. Ich stoppe den Kübelwagen mit Handzeichen. Eine kurze Erklärung: Im Auto Verblüffung, dann Lächeln: »Selbstverständlich …!« Barbara und Roland aus Obergünzburg haben Wort gehalten. Wieder zu Hause, bekomme ich ein Päckchen – der Inhalt: mein Obsidian. Wie bei Steen Petersen, den ich in der einsamen Lappenhütte getroffen hatte, waren mir auch hier »positive Menschen« begegnet.

Ich habe sehr zurückhaltend geplant, und die Tagesetappen mit maximal 50 Kilometern festgesetzt. Später wollte ich im Hochland einige Tage campieren. Menschenleere Natur, keine Tiere – nicht einmal Vegetation: Sich in dieser »Arena des Windes« mit der Einsamkeit zu arrangieren, das mußte eine besondere Erfahrung werden.

Doch bald stecke ich das Ziel zurück. Unmöglich, unter diesen Bedingungen 50 Kilometer zu schaffen! Der vorhergesagte »starke Wind« zwingt mich zu Fußmärschen. Nördlich des Burfells ist die Landschaft wieder in Bewegung. In dichten Staffeln treiben die Sandvorhänge südwärts. Ich wechsle die Wanderstiefel gegen die Turnschuhe, weil diese sich leichter entleeren lassen. Leider fehlt mir ein wichtiges Ausrüstungsstück: eine Brille mit staubdichtem Augenabschluß. Diese Nachlässigkeit sollte sich bald bitter rächen. Um die Augen vor dem Flugsand zu schützen, schließe ich sie bis auf schmale Sehschlitze. Hilft auch das nicht mehr, schiebe ich das Rad mit nach hinten gedrehtem Kopf. Doch dieses Rückwärtsschauen führt zu Stolperstürzen; aus der Straße ragen Lavabrocken im Ziegelsteinformat.

Mein Rad liegt am Rand der Piste. Ich hocke daneben und hadere mit mir selbst. Wie heftiger Regen prasselt der Flugsand auf meinen Allwetteranzug. In diesen Minuten gerät der Plan, den Polarkreis auf dem Weg durchs Hochland zu erreichen, zum ersten Mal ins Wanken. Mit solch harten Bedingungen habe ich nicht gerechnet!

Ich raffe mich auf, werde wieder zum Tippelbruder. Die Schritte addieren sich zu Kilometern, die Kilometer zu kleinen Etappen. Manchmal trotze ich dem Wind sogar eine kurze Fahrtstrecke ab. Jetzt »flötet« er in den Verstrebungen eines Strommastes; den Drähten entlockt er Baßtöne: ein schauerliches Konzert. Überall Flugsand und Staubwirbel. Bis hinunter zur Hekla ist die Luft dunkel gefärbt: Island, wie man es im Reiseführer *nicht* zeigt. Abends stelle ich mit Erstaunen fest, daß ich trotz der Erschwernisse fast 40 Kilometer geschafft habe. Vielleicht läßt sich der Plan doch einhalten.

Das Spiel des Windes kenne ich bereits. Nachts heult er mit Sturmstärke. In den Morgenstunden gibt er sich zahmer; doch bereits am frühen Nachmittag entwickelt er sich wieder zur Furie. Dann bricht man die Fahrt am besten ab. »Früh starten, früh stoppen!« Das wird zu meiner Formel gegen diesen Sturm aus dem Grönlandhoch.

Hinter mir liegt ein schwerer Tag. Als ich das Zelt aufbaue, weiß ich auch ohne den Blick auf den Radcomputer, daß ich weit hinter dem Soll zurückgeblieben bin. Ganze 27 Kilometer habe ich geschafft!

Heute war mir kein einziges Auto begegnet, dafür ein Radler. Längst bemitleidete ich mich selbst, aber als ich diesen Gleichgesinnten sah, ging es mir spontan besser. Jens aus der Ex-DDR war mit veralteter Militärausrüstung unterwegs. Es hatte Bruch gegeben! Seine Low bags hingen an Stricken; der Lenker diente als Haltestange. Fürs erbetene Foto mühte er sich ein Lächeln ab. Daß es ihm wirklich schwergefallen sein muß, belegt seine Story. Fünf Tage war er gegen den Sturm anmarschiert; dann hatte ihn dieser zur Aufgabe gezwungen. Jetzt war er mit wunden Fersen auf dem Rückweg. Ich sehe ihn noch vor mir stehen, wie er mit dem Daumen und Zeigefinger einen Kreis formt: »So groß sind die Blasen! Habe bereits draufgepißt! Hat wenig geholfen!« Genau das waren seine Worte. Dabei hatte er mein Angebot, ihn zu verarzten, abgelehnt. »Wenn schon das alte Soldatenmittel ›Pisse‹ nicht hilft, was will ich dann mit Betaisodonalösung und mit Pflaster?« Stolz hat seinen Preis! Ich kenne das. Wir verabschiedeten uns mit Handschlag: zwei Starrköpfige.

Für mich endet dieser Tag mit einem kleinen Glücksfall. In der ansonsten wüstenhaften Landschaft habe ich ein geschütztes Plätzchen entdeckt, eine Formation zu Stein gewordener Vulkansand. Diese »Wand« würde mich während der Nacht vor dem Schlimmsten bewahren. Im letzten Licht sehe ich im Rückblick die Berge von Landmannalaugar. Sie sind bereits eingeschneit. Nach dem Kalender haben wir Hochsommer; aber der Winter legt sich bereits übers Land.

Draußen vor dem Zelt toben jetzt die Trolle. Der Schutz hinter der

»Fünf Tagesmärsche gegen den Sturm«, Jens aus der Ex-DDR

Sandwand ist relativ. Mein Tunnel bläht sich. Wie wild zerrt er an den Leinen. Im Schein der Kerze sehe ich, daß der mehlfeine Staub durchs Gewebe dringt. Morgen früh liege ich sicher unter einer schwarzbraunen Schicht begraben.

Ein scheußlicher Tagesbeginn! Der Staub rieselt mir aus den Haaren. Meine gesamte Ausrüstung ist überpudert. Der Sturm tobt schlimmer als je zuvor. Dabei ist es noch kälter geworden; ganze zwei Grad zeigt das Thermometer.

An diesem Morgen begehe ich einen unentschuldbaren Fehler. Ich verlasse meine recht geschützte Position und marschiere weiter.

Obwohl der Regenanzug eng geschlossen ist und die Beine zusätzlich durch Klettverschlußbänder gesichert sind, bläst der Sturm meine Bekleidung auf, als hinge ich an einem Preßluftschlauch. Sand und Staub finden ihre Ritzen! Besondere Schwachstellen sind wiederum die Augen.

Vielleicht zwei Kilometer dürfte ich geschafft haben, als ich nicht mehr weiterkomme. Der Winddruck ist enorm. Ich verliere die Kontrolle über meinen Körper. Solche Situationen kenne ich schon. Ab 100 Stundenkilometer Windgeschwindigkeit wird es kritisch. Zum fast unlösbaren Problem ist dabei mein Rad geworden: ein paar Schritte »drücken«, ein paar Schritte »ziehen«, so läßt sich Island nicht durchqueren! Auch die Kälte macht mir immer mehr zu schaffen. Unter dem Regenanzug – als Schutzanzug – trage ich drei Lagen Wolle, ferner Mütze und dicke Norwegerfäustlinge. All das reicht nicht mehr, um mich vor dem Erstarren zu bewahren. Der Windchill-Faktor[26] muß in Bereichen liegen, für die ich nicht gerüstet bin. Bei dem Versuch, wieder auf dic Beine zu kommen, kann ich das Rad nicht mehr halten; ich stürze mit ihm. Mir ist nach Verkriechen. Jede Mulde wäre mir recht. Aber die Natur des Hochlandes ist erbarmungslos. Schutz fände ich in dieser Steinwüste nur unter der Erde.

Den Kopf in die Armbeuge vergraben, hocke ich auf der Piste. Kein Geländewagenfahrer könnte mich im Flugsand erkennen. Er würde mich samt Rad überrollen. Ich warte: warte auf was? Auf das Ende des Sturmes! Auf ein Wunder! Mein Gesicht muß inzwischen wie nach einem Dutzend Wespenstichen aussehen, so verquollen kommt es mir vor. Die Augen taugen nur noch zum Blinzeln. In einer mühsamen Aktion krame ich den Knieschutz und die Reparaturhandschuhe hervor. Meine Bewegungen sind die eines Makis. Die Handschuhe sollen – als zweites Paar – die Norweger verstärken. In den Knieschutz schneide ich ein Loch als Atemöffnung. Ich brauche ihn als Gesichtsschutz. Nur im Zeitlupentempo gelingt mir diese Arbeit.

Nun zähle ich wieder die Schritte. Manchmal forme ich aus den Händen einen Schutzschild mit einem kleinen Sehschlitz und halte Ausschau nach einem Versteck – doch vergeblich: keine Mulde, kein

Felsen, kein Geländeabbruch. Doch dann nehme ich einen dunklen Fleck wahr. Es ist Zufall, daß ich ihn in dem Sandtreiben überhaupt bemerke. Was ich zunächst für einen Felsblock halte, entpuppt sich beim Daraufzugehen als eine Hütte. Sie ist winzig, und man wird sie in keiner Karte verzeichnet finden. Aber für mich ist sie in diesem Augenblick die Rettung.

Ich muß wie ein Schlafwandler gehandelt haben – und doch mit der Disziplin eines Soldaten. Das Rad lehnt abgesattelt an der Hüttenwand. Innen, auf dem Fußboden, ist die Zeltschutzfolie ausgebreitet. Darauf liegen Isomatte und Schlafsack. Sogar die Schuhe sind »ausgerichtet«. Aber nach diesem »Einräumen« war ich wohl umgefallen.

Zu meinem Schrecken sehe ich noch immer alles verschwommen. Eine Augenärztin würde wohl diagnostizieren: »Beidseitige Konjunktivits[27]!« Beim Blick in den Signalspiegel schaut mir ein fremdes Gesicht entgegen, Kälte und Sandsturm haben mich gezeichnet.

Draußen hat das Toben nicht nachgelassen. Unter den harten Böen erzittert die Hütte. Trotzdem weiß ich, in welcher Art von »Herberge« ich mich befinde. Ein Hugrun-Meßfühler zeigt es mir. Dies ist ein Schutzbau für geophysikalische Instrumente. Lediglich dem Umstand, daß bisher nur ein recht unbedeutendes installiert war, verdanke ich es, daß sich an den schweren Eisenlaschen der Tür noch keine Vorhängeschlösser befinden. So gesichert, hätte mir die Hütte wenig genützt.

Realistisch betrachtet, könnte ich es hier ein paar Tage aushalten – so lange, bis der Sturm vielleicht abflaut. Mit Verpflegung bin ich eingedeckt; nur das Trinkwasser wird bereits jetzt knapp. Aber irgendwo weiter östlich müßte ich den Thorisvatn finden – mit Millionen Kubikmetern Schmelzwasser. Es bedürfte nur eines Fußmarsches.

Nach einer Augenspülung und einer Gesichtswäsche mit Alkoholtupfern versuche ich mit Hilfe der Karte meinen Standort zu bestimmen. Dafür brauche ich den angezeigten Wert des Radcomputers. Kaum habe ich den Sicherheitshaken der Tür gelöst, will sie mir der Sturm aus der Hand reißen und mich hinausfliegen lassen. Als ich dann das Sichtfenster des Zählwerkes abwische, wird ein

Vom Sandsturm gezeichnet

Tageswert lesbar, der mehr als viele Worte sagt. In dem Sandsturm hatte ich ganze 3,9 Kilometer geschafft!

Es ist der zweite Tag meines Robinson-Crusoe-Daseins. Häufchenweise liegt schwarzer Sand auf dem Fußboden. Er rieselt noch immer aus meiner Bekleidung. Ich selbst starre vor Schmutz. Aber die wenigen Schluck Trinkwasser, die mir noch geblieben sind, kann ich unmöglich fürs Waschen verschwenden.

Am Nachmittag versuche ich Wasser zu finden. Doch was für ein Unternehmen! Dem See kann man sich gar nicht nähern. Der Sturm treibt die Gischt weit übers Land. Mit der Tasse, die ich mir erst von der Hütte holen muß, kratze ich mühsam aus einer Lache ein Wasser-Sand-Gemisch. Um es auch nur zum Waschen verwenden zu können, müßten sich erst die Schwebstoffe absetzen. Mit einem Gefühl, als habe man mir die Hände amputiert, kehre ich zur Hütte zurück. Die »Starre« ist der Preis für zwei Liter schmutziges Wasser.

In meiner Behausung ist es mit sieben Grad fast angenehm warm. Wenn ich eine Tasse Tee koche, dann steigt die Temperatur vorübergehend auf zehn Grad. Draußen herrscht dagegen Frost. Dem Sturm aus dem Grönlandhoch scheint die kalte Luft nicht ausgehen zu wollen.

Inzwischen habe ich einen Mitbewohner entdeckt: einen Weberknecht. Wie – und wovon lebt das Tier hier, wie überhaupt ist es ins Hochland gelangt? Aber sein Sterben hat bereits begonnen. Ein Bein nach dem anderen knickt ein. Aus dem Gleichgewicht gebracht, fällt es auf die Seite. Auch etwas Wasser und Anhauchen in der hohlen Hand können den Tod des Weberknechtes nicht mehr verhindern. Er stirbt still. Es ist ein ganz unbedeutender Vorgang, den ich da beobachte. Aber hier in der Hütte, in dieser konkreten Situation, erhält so etwas eine ganz andere Wertung.

Der dritte Hüttentag. Nach wie vor heult der Sturm. Die Luft ist voller Sand und Staub. Einzelne Schneeflocken ziehen weiße Striche in das Grau. Da das Rad vor der Hütte wie ein »Signal« wirkt, habe ich zwei Zettel vorbereitet. Den mit der Aufschrift: »Alles in Ordnung – ich schlafe!« hefte ich, wenn ich mich hinlege, ans Fenster. Der zweite ist für den Fall des Wasserholens gedacht: »Bin am See zum Wasserholen!« Würde nämlich ein Autofahrer das Rad entdecken, mich aber nicht vorfinden, so startete er womöglich über Funk eine Suchaktion.

Das Leben in einem Raum von nur 1,70 mal 1,20 Meter ist Streß! Irgendwann sind alle Ablenkungsmanöver erschöpft: das Tagebuchschreiben, das Vokabellernen, das Klamottenordnen. Ich habe alles ausprobiert: Selbstgespräche, Singen, selbst das Schlafen im Stehen. Nun rücken die Wände dieses Gefängnisses immer näher zusammen: 170 Zentimeter, sie reichen nicht einmal zum Ausstrecken! Dieser Käfig ist zu klein für den Körper, zu klein für die Psyche. Meine

Schritte gleichen immer mehr denen der Hauptfigur in Stefan Zweigs Schachnovelle.

Am vierten Tag halte ich es nicht mehr aus. Der Sturm hat etwas nachgelassen. Inzwischen weiß ich, daß ich mich ungefähr 25 Kilometer südlich der Hütte *Versalir* befinde; und nach einem Probegang fällt die Entscheidung: Aufbruch!

Ein paar Stunden bin ich unterwegs, als mir ein Konvoi Geländewagen entgegenkommt. Der Anführer hält. Er kurbelt das Fenster herunter und fragt ungläubig, wo ich denn hin möchte. Auf mein: »Nach Norden!« schüttelt er den Kopf: »Unmöglich! Da liegt ein Meter Schnee. Die Autos sind steckengeblieben. Sie müssen zurück!« Was höre ich da: ein Meter Schnee? Das also ist die Erklärung dafür, daß während all der Tage kein Fahrzeug vorbeigekommen war. Im Süden fährt niemand mehr los, von Norden her kommt keiner mehr durch. Der Winter hat das Hochland bereits im Griff!

Auf Nachfrage erfahre ich, daß die Schneefront etwa 15 Kilometer nördlich von Versalir liegt. Ich beruhige den Fahrer: »Ich will nur noch bis zur nächsten Hütte!« Ich gäbe etwas darum, die Gedanken der Männer zu kennen, als ich nach Norden weitermarschiere.

In meinem Kopf arbeitet es. Mir ist jetzt klar, daß ich mit dem Plan einer Hochlanddurchquerung gescheitert bin. Die Natur hatte sich als der Stärkere erwiesen. Den frühen Wintereinbruch konnte niemand vorhersehen; selbst die Isländer wurden von ihm überrascht. Versalir wäre der Endpunkt dieser Etappe. Wie Jens, so müßte auch ich umkehren, umplanen.

Aus sechs oder sieben Marschstunden – wie geschätzt – werden elf. Selbst zum Gehen und Radschieben sind die Bedingungen noch zu hart. Als ich Versalir erreiche, erschrecke ich die junge Hüttenwirtin ebenso sehr wie Asta Begga. Ich muß fürchterlich aussehen: das noch immer verquollene Gesicht, dazu den Sandsturm als Maskenbildner – ein Versprengter aus der Wüste.

Versalir entpuppt sich als »Oase«. Ein Generator liefert Strom für Licht, Heizung und Warmwasser. Wieder einmal werde ich »neu geboren«. Die junge Isländerin, Ingibjórg Sveinsdóttir, versorgt mich mit Kaffee und Selbstgebackenem. Sie nennt mich den »letzten Gast des Jahres«; ihr Service grenzt an Verwöhnen. Jetzt strickt sie – die Beine in eine Wolldecke geschlagen – an den Strümpfen weiter, die ihr bei meinem Eintreten fast aus den Händen gefallen wären. Aus dem kleinen Radio klingen Melodien der *Westside Story*. Ich schlucke an den Klängen. Tagelang hatte ich nur das Heulen des Sturmes gehört, Selbstgespräche geführt oder mich angeschwiegen. Kein Wunder, daß mir diese Musik jetzt unter die Haut geht.

Mein Schlaf muß einer Ohnmacht geglichen haben. Als ich endlich aufwache, hat sich in Versalir bereits viel getan. Ingibjórg macht auch Wetteraufzeichnungen für die Meteorologen in Reykjavik. Sie hatte mir die Bitte erfüllt und per Funk eine Vorhersage eingeholt. Die Auskünfte waren so niederschmetternd, daß sie nun am Packen ist. Der Sturm wird bleiben, die Schneegrenze weiter sinken! Ihre Eltern sind bereits mit einem kleinen Allradbus auf dem Weg hierher. Versalir wird geräumt! Später soll ein Lkw folgen, der die Treibstofftanks auflädt und sie hinunter nach Hella bringt. Was dann noch bleibt, ist das Vernageln der Fenster. Die Winterstürme, so Ingibjórg, seien noch viel fürchterlicher.

Sie hat inzwischen die letzten Meßdaten eingetragen: Temperatur minus 1,6 Grad, Windgeschwindigkeit 20 Meter/Sekunde. So hatte ich mit meiner Schätzung wohl richtig gelegen. Als der Sturm mit voller Wucht tobte, mußten die Werte weit über 100 Stundenkilometer betragen haben.

Ingibjórg hat mir eine liebenswert-schlimme Aufgabe übertragen: das Leeressen des Kühlschrankes. Aber selbst mit Völlerei wäre das nicht zu schaffen. Als der Bus hält und das Lagergut verfrachtet ist, bleibt mir weiter nichts, als mich wieder einmal mit einem »Tak fyrir« zu bedanken. Immer tiefer gerate ich in die Schuld hilfsbereiter Isländer.

Ich hatte Ingibjórg und ihrem Vater versprochen, möglichst schnell dem Bus zu folgen. Nach ihrer Abfahrt wäre ich der letzte Mensch im Hochland. Ein kleines Mißgeschick, nur das Verstauchen eines Fußes – es hätte fatale Folgen. Aber ich möchte einen letzten Blick nach Norden werfen – über den nächsten Berg. Auf

Frost hat einen Felsblock zum »Trollbrot« zerlegt

den ersten Kilometern kann ich das Rad noch mitführen, dann lasse ich es einfach liegen. Mit jedem Meter Höhengewinn werden die Bedingungen rauher. Ein letztes Mal biete ich dem Sturm die Stirn. Die ersten Schneeflecken! Dann der Blick auf den weißen Hofsjökull. Der Winter hat ihm eine Schneebrücke zum Nachbargletscher Vatnajökull gebaut. Ich habe den Endpunkt meiner Hochlandreise erreicht! Eher instinktiv bücke ich mich nach einem Stein. Die Frostspaltung hat ihn in dünne Scheiben zerspringen lassen. Seine Oberfläche zeigt ein bizarres Flechtenmuster. Fast neun Monate im Jahr war er unter Schnee und Eis begraben, trotzdem sproßt Leben auf ihm: Flechten. Nur daß sie der rauhen Natur angepaßt sind – nicht aber der Radler, der aus einer ihn behütenden Zivilisation kommt.

Es erweist sich als unendlicher Vorteil, die zürnenden Wettergötter nicht mehr als frontale Gegenspieler im Gesicht, sondern im Rücken zu haben. Wie mit einem kleinen Schiff treibe ich vor dem Sturm her. Die Sandkessel und Steinmeere sehe ich nun aus einem anderen Blickwinkel. Was für eine Landschaft! Felsen, von Frostkeilen zu »Trollbroten«[28] aufgespalten, die Natur ein einziges ausgeblasens Steinpflaster – in den Fugen dazwischen ein Paar Pio-

Blendendes Weiß über schwarzen Vulkansanden: Der Winter versperrt mir den Weg

niere: stengelloses Leinkraut, arktischer Thymian – jedes Pflänzchen ein Extremist! Für den direkten Weg zum Polarkreis hatte ich mir eine menschenfeindliche Wüste ausgesucht.

Zwei Tage später stehe ich wieder vor Asta Begga. Man begrüßt mich wie den verlorenen Sohn. Aus dem Radio wußten die Leute bereits von den Vorgängen im Hochland. Per Funk mußte ein Spezialfahrzeug geordert werden, um Geländewagen freizuziehen. Als Asta Begga von meiner Hütte erfährt, sagt sie etwas auf isländisch, das ich nicht verstehe, und das sie mir auch nicht übersetzt.

Noch einmal warm duschen, in einem weichen Bett schlafen und ein weiteres »typisches« Essen. Als ich bezahlen möchte, winkt die junge Herbergsmutter ab: »Nehmen Sie es als Gastfreundschaft!« So steigt mein Schuldenkonto weiter an.

Der zweite Abschied von Leirubakki gleicht dem ersten. Radcheck (außer einer Schraube hatte es keinen Bruch gegeben), Benzin für den Kocher tanken, ein herzliches »Tak fyrir« an Asta Begga, dann hat mich die Straße wieder.

Ganze 130 Kilometer hatten mir noch bis nach Myri, dem ersten

Hof in Nordisland, gefehlt; aber es sollte nicht sein. Nun zum Umplanen gezwungen, möchte ich über Reykjavik und die Straße Nummer 1 weiterfahren. Nie hätte ich es mir träumen lassen, daß ich auf dieser Tour noch einmal Skard und Gehöfte wie Heysholt oder Hjallanes passieren würde. Aber schon zwei Tage später gerät auch der neue Plan ins Wanken. Schnee liegt jetzt bereits auf dem nur 480 Meter hohen Grimannsfell, östlich von Reykjavik. Wie wollte ich da mit dem Fahrrad über den Paß am Snjofjöll kommen? In einem Anflug von Vernunft fahre ich direkt zum Stadtflugplatz und erkundige mich nach einer Flugverbindung in den Norden. Ich kann sofort buchen. Die Frau am Schalter nimmt meine Gepäcktaschen mit »spitzen Fingern« entgegen. Ich entschuldige mich: »Tut mir leid, das ist Sand vom Hochland!« Als sie das Rad sieht, folgt ein trockenes »Aber das ist Extragepäck!« Nun ja, die Gesellschaft *Flugleidir* will auch leben.

Eine Stunde später sehe ich Island aus der Vogelperspektive. Unter mir dehnt sich eine weiße Wüste. Ich hätte Schneeketten gebraucht, um weiterzukommen.

Grimsey, Eiland im Abseits

Als der weiß-blaue Vogel auf dem Flugplatz von Akureyri einschwebt, unterbrechen die Wildgänse am Rande des Rollfeldes nicht einmal das Graszupfen. Sie haben sich an die »großen Brüder« schon gewöhnt. Die Stadt empfängt mich mit einem Regenbogen und mit wenig angenehmen fünf Grad Celsius. Die Berge ringsum tragen Schneekappen. Die Frostgrenze dürfte bei etwa 300 Metern liegen. Lediglich der Nähe der See war es wohl zu verdanken, daß der Winter in dieser Höhe hängengeblieben war.

Bevor ich weiter Kurs auf den Polarkreis nehme, möchte ich an einen alten Plan anknüpfen und den »Gegenspieler des Eises«, das »Feuer«, besuchen – genauer gesagt, die Krafla. Der Vulkan hatte erst in jüngster Zeit wieder von sich reden gemacht. Seit dem »Krafla-Feuer«[29] weiß man, daß hier die Erdkruste besonders dünn ist. Der Maschinist im Kraftwerk muß nicht schlecht gestaunt haben, als eines Tages in einem Heißwasserrohr Lava aufstieg. Leider zwingen mich heftige Schneeregenschauer dazu, diesen Abstecher zu verschieben. Schon wieder habe ich die Wettergötter als Gegenspieler!

Ich bin ein später Gast in der alten Jugendherberge. »Alt« ist für viele gleichbedeutend mit »rückständig«. Ich werte etwas anders: Das Gestern hat Atmosphäre! Und die beginnt hier schon an der Tür. »Allanta«, »Exeunt«, »Sortita«, »Vychod«, »Dúl amach«, »Elirejo«... In gut 50 verschiedenen Sprachen ist das Wort »Ausgang« angeschrieben. Man findet es auf Amrumer Friesisch, in Tok Pisin, in Esperanto, auf russisch, in Hebräisch, Gälisch, in Runenzeichen, in... Seit ich die lange Auflistung gelesen habe, weiß ich sogar, wie es auf Kodiak-Alaskaisch heißt: »Eddie 13«.

Was macht man nun bei einem solchen Schmuddelwetter in einer Stadt wie Akureyri? Die Prospekte geben Auskunft: *Sigurhaedir, Davidhus, Museum of Natural History, District Museum...* So komme ich von der Hafnarstraeti in die Adalstraete, und am Ende verlaufe ich mich sogar in die Kirche.

Inzwischen habe ich eine reizende Bekanntschaft gemacht, ein altes Paar aus England. Es war mir in der Touristeninformation begegnet. Die Frau hatte mich so entwaffnend angelächelt, daß ich mir die Frage nicht verkneifen konnte: »Warum lächeln Sie mir zu?« Ihr Lächeln wurde daraufhin zum Lachen: »Ich weiß es nicht!« Dann hatte sie auf ihren Mann gedeutet: »Er sagt immer, ich lächle!« Mit diesem kurzen Dialog hatte vorerst unsere Bekanntschaft geendet.

Am Nachmittag, über Nordisland blinzelt die Sonne eines »Stunden-Zwischenhochs«, treffe ich die beiden außerhalb der Stadt wieder. Bepackt wie Globetrotter, trippeln sie die Straße entlang. In Gedanken verbeuge ich mich vor den beiden. In diesem hohen Alter mit Rucksack und Schlafsackrolle unterwegs: Da muß man nach einer Parallele suchen! Ich hatte auf einem Hügel ein paar Heidelbeeren gepflückt, und damit – so mein Gedanke – könnte ich der alten Dame eine Freude machen. A handfull blue-berries for an old British lady! (Eine Handvoll Heidelbeeren für eine bejahrte britische Lady.)

Fast nach Journalistenmanier schneide ich den beiden Weg ab: »Hello! Nice to see you again. May I…?« Die Bestechung glückt. »Look, Edward! Blue-berries!« Dieses Lächeln kenne ich bereits. Nun stelle ich mich erst einmal artig vor. Worauf sich Edward revanchiert: »I am Edward Godrich!« und mit einer Geste in Richtung seiner Begleitung: »And this is Mary, my partner!« Jetzt werde ich wirklich zum Journalisten; in Gedanken schreibe ich die Antworten gleich mit.

Vor mir steht ein Guinnessbuch-verdächtiges Paar. Mister Edward Godrich ist 76 Jahre alt, seine »Partnerin« Mary (die beiden sind in der Tat nicht miteinander verheiratet) 72.

Ihre letzte Reisestation: der Wilde Westen. Jetzt ist Island an der Reihe. Ich stehe diesen »148 Jahren« wie ein Schuljunge gegenüber. Verlegen geworden, bitte ich darum, ein Foto machen zu dürfen. Mary »lächelt« ihre Zustimmung, Mister Godrich »nickt« sie. Fürs Zusenden eines Abzuges gibt mir der alte Herr dann noch seine Anschrift in Wales. Ich bedanke mich bei den beiden mit einem Kompliment.

Solche Begegnungen im Leben sind selten. Was sie für mich aus vielen anderen heraushebt, ist das »betagte Glück«, dem ich da

Diesen »148 Jahren« stand ich wie ein Schuljunge gegenüber: die Begegnung mit Edward und »Partner Mary«

gegenüberstehe. Die freundliche Gelassenheit Edward Godrichs und das Lächeln Marys können nur das Ergebnis einer langen, erfüllten Partnerschaft sein.

Die Sonne läßt mir noch Zeit für eine Fotopirsch im Hafen. Dort wird gerade die *Svalbakur* entladen; in den Fischhallen herrscht Hochbetrieb. Es sind dies die üblichen Szenen – für mich wenig interessant. Meine Motive liegen jenseits der Fiskatangi. Dort stehen die Schuppen der Fischer – Schulter an Schulter. Eine scheint die andere zu stürzen. Blickt man durch die verstaubten Fenster mit den Gardinen aus Spinngeweben, so erkennt man im Halbdunkel Netze, Seilrollen, Kutten, Stiefel… kurz alles, was die *Fiski* zum Fang brauchen. So manches Heimatmuseum ließe sich damit ausstaffieren. Vor den Fischerschuppen liegt der kleine Schiffsfriedhof. Dort warten die *Ran*, die *Sele* und die *Hugrun* auf ihren endgültigen Zerfall. Schafgarbe und Strandkamille haben die »Sterbenden« bereits umkränzt. Auch die Werft lohnt einen Besuch. Dort bringt gerade neue Farbe altes Holz wieder zum Glänzen. Manchmal läßt sich so der Tod eines Schiffes verzögern. Manchmal! Denn nur wenige Meter von dem Ort der Rettung liegt ein Stück Seefahrtsgeschichte auf der »Schlachtbank«: die *Sefaxi*. Motorsägen fressen sich in die Planken des alten Schiffes. Es wird in handliche Stücke zerlegt. Man braucht die Motive nicht zu suchen – nur zu sehen!

Es schüttet. Dauerregen ist angesagt. Notgedrungen verschiebe ich den Kraflabesuch ein weiteres Mal, jetzt bis zu meiner Rückkehr vom Polarkreis. Statt dessen kaufe ich mir ein Ticket für die Insel Grimsey und schiffe mich ein. Die Männer an der Pier schauen mich schräg an, als ich ihnen mein Rad übergebe: »Es gehört mir, bitte, seien Sie sorgfältig!« An allerhand Fracht gewohnt, sind sie hier wohl doch vor eine schwierige Aufgabe gestellt. Zu dritt tragen sie dann das Rad an Bord. Als einer von ihnen das daran angeschraubte »Heimatschild« entdeckt, sagt er zu den anderen etwas von »tyskaland«. Die Bemerkungen, die sie machen, klingen irgendwie nach »verrückter Kerl«.

Nun befinde ich mich wieder in den Spuren der Wikinger – aber auch in denen des kleinen Abenteurers »Nonni«[30]. Der Eyjafjord, durch den wir mit Nordkurs fahren, hat schon immer zu den »Toren Islands« gehört, doch die Bedingungen müssen einmal anders gewesen sein. Nonni berichtet von schwerem Eisgang im Fjord und von Eisbergen vor der Küste. Ähnliches würde ich nicht mehr zu sehen bekommen. Die Zeiten – besser das Klima – haben sich geändert. Ich beobachte eine Formation Wildgänse; sie fliegt südwärts. Bald folgen weitere. Bereits unten in Skard war mir aufgefallen, daß die sonst verstreut auf dem Fjell lebenden Goldregenpfeifer sich zu Gruppen zusammenfanden. Der Vogelzug stand bevor, ein Zeichen für den hereinbrechenden Winter. Man muß die Mahnungen der Natur nur verstehen.

Zu dieser Jahreszeit ist die Fähre ein reines Versorgungsschiff. Ich bin der einzige Passagier an Bord. Zunächst laufen wir die kleine Insel Hrinsey an. Die Liegezeit beträgt nur wenige Minuten. Ein paar Kisten und Kartons werden ausgeladen, dazu Milch, Steigen mit Gemüse, zwei große Plastiksäcke voll Fleisch und eine Autobatterie. Kapitän Ingólfsson packt selbst mit an. Ich kenne seinen

Namen, denn er unterzeichnet das Polarkreiszertifikat, das man unverlangt mit dem Ticket ausgehändigt bekommt.

Der Fjord weitet sich. Aber Spuren menschlicher Besiedlung kann ich an seinen Ufern nicht mehr entdecken. Nur ein kleiner, orangeroter Punkt, eine Rettungshütte für Schiffbrüchige, hebt sich vom Grau der Felsen ab. Einmal zähle ich 26 Wasserfälle gleichzeitig. Sie stürzen vom Kaldbakur herab; sicherlich brauchen sie noch Namen.

Kapitän Ingólfsson greift zum Fernglas. Er hat am Horizont einen dunklen Punkt entdeckt. Auf Höhe des Leuchtfeuers Hrólfssker passieren wir ihn. Es ist die *Reykjafoss*, ein Containerschiff, mit Kurs Akureyri. Der Regen verschluckt sie wieder. Das letzte, was ich von Island sehe, sind die Felsen eines Kaps. Aber anders als Nonni begegnen wir nun keinen Eisbergen. Vor uns wogt das weite Nordmeer.

Die kaum 40 Meter lange *Saefari* folgt den Bewegungen der See. Sie schlürft jedes Wellental aus und nimmt vom Kamm herab Anlauf in das nächste. Kapitän Ingólfsson steht lässig am Steuer. Seine Beine gleichen das Auf und Ab wie eine Hydraulik aus. Das kann man nicht lernen, man muß es sich »erfahren«.

Obwohl von der Insel Grimsey noch nichts zu sehen ist, verrät jetzt die Anwesenheit von Seevögeln die Nähe von Land. Doch erkennen kann ich es erst, als wir bereits in den Hafen einlaufen. Ein Gemisch aus Nebel und Sprühregen schafft norddeutsche Verhältnisse: Novemberstimmung. Bei dem trostlosen Anblick, der sich mir bietet, frage ich mich spontan: »Wie können es hier Menschen aushalten?« Murjek in Schweden war ein Ende der Welt gewesen, die Insel Skuvoy ein anderes. Es muß noch mehrere geben!

Häfen sind »Aushängeschilder«. Diesem hier sieht man sofort an, daß auf Grimsey nicht das Geld wohnt: brüchiger Beton, rostiges Eisen, dazu eine Schutzbuhne, über die – wie der Tang auf der Krone zeigt – die See ins Hafenbecken schlägt. Das miese Wetter verstärkt den Eindruck noch. Mir ist mal wieder nach Umkehr. Doch was hätte meiner Polarkreisreise ohne diese Nordmeerinsel und ihre Menschen gefehlt!

Ein Traktor mit Anhänger steht für die Aufnahme der Fracht bereit – durchwegs Lebensmittel. Schaulustige haben sich eingefunden. Wer hier aufwächst, der ist wetterfest. Die Leute beäugen den Fremden mit dem Rad wie etwas Exotisches. Ich spreche den Nächststehenden an: »Wo finde ich…?« Sofort schwappt mir eine Welle der Hilfsbereitschaft entgegen. *Alle* wollen mir *alles* sagen. Binnen Minuten erfahre ich mehr über die Insel, als in den Reiseführern steht; denn diese schweigen Grimsey eher tot. Kein Tourist – kein Interesse!

Für mich das Wichtigste: Zelten, so erfahre ich, könnte ich hier überall. Es gibt ein Geschäft, in dem man *alles* bekommt (man nennt mir auch gleich die Öffnungszeiten), dazu ein Postamt, eine Schule, eine Kirche. Da es auf der Insel noch keine Hausnummern gibt, hilft man sich mit Bezeichnungen oder Farben. Letztere sind für Fremde leichter zu merken. Ich werde gleich eingewiesen: »Der Laden ist in dem weißen Haus, die Post in dem blau-weißen, der Lehrer wohnt in dem mittleren grauen mit dem grünen Dach…« So erhalte ich noch im Hafen meine erste Grimseylektion.

Auch Straßennamen gibt es hier nicht. Ein Kilometer Schotterpiste, sonst nur Schaftracks und Trampelpfade, da erübrigen sich Schilder. Bei diesem »Verkehrsnetz« macht es Sinn, daß vor den Häusern keine Pkw, sondern Traktoren parken. Ich begebe mich auf Zeltplatzsuche – bei diesem Wetter eine undankbare Aufgabe. An den ersten drei Buchten gefällt es mir nicht. Aber schon ist Grimsey zu Ende. Da ich nirgendwo eine Karte von der Insel hatte kaufen können, orientiere ich mich nach der Erinnerung; denn ich hatte eine Luftaufnahme gesehen. Wie sagte doch die Dame im Travel-Office in Akureyri: »Ja, wir sollten eine kleine Broschüre drucken. Es gibt noch nichts Gedrucktes über Grimsey!«

Als ich beim Leuchtfeuer nicht weiterkomme, kehre ich um. Mal sehen, was die Westküste bringt? In der Gegenrichtung liegt das *Flugvöllur;* dort endet die Schotterpiste wieder. Die Rollbahn ist mit Bojen markiert, wie sie die Fischer für ihre Treibnetze benutzen. Das Flughafengebäude hat Garagenformat. Vor ihm sind vier Stühle montiert. Die Halteschrauben sind eher Sturm- als Diebstahlsicherung. Aus den Sitzen schwappt das Wasser. Da von Flugzeugen, Fluggästen und Flugleitung nichts zu sehen ist, radle ich über die Rollbahn weiter. Dabei scheuche ich Hundertschaften von

Küstenseeschwalben auf. Auch sie versammeln sich für den Zug nach Süden. Also doch »Flugbetrieb«. Am Ende der Bahn sehe ich: Würde hier ein Pilot über das Feld hinausschießen, so »flog« er doch gleich wieder: Die Klippen stürzen senkrecht ab ins Meer.

Grimsey ist baum- und strauchlos. Auf der Insel regieren die Stürme. Das macht die Suche nach einem geschützten Plätzchen für das Zelt zum Problem. Und doch finde ich es! Die Natur gibt mir einen Wink. Eine vom Luftstrom emporgerissene Vogelfeder überschießt senkrecht den oberen Klippenrand, bevor sie in etwa fünf Metern Höhe landeinwärts verweht. Da habe ich mein »Windloch«. Nur darf ich nicht den hinteren Ausgang des Zeltes benutzen; sonst würde ich selbst »fliegen«. Einhundert Meter unter mir schäumt die See.

Als nächstes besuche ich das »weiße Haus«, um mich mit Lebensmitteln einzudecken, dann das »blau-weiße«. Dort holt ein Inselbewohner gerade seine Post ab – mit dem Traktor. Das junge Mädchen am Schalter hat Probleme mit der Post nach Deutschland. Sie ruft ihre Mutter zu Hilfe: »Mama!« Diese bemerkt sofort, daß ihre Tochter eine Wertstufe zuviel aufgeklebt hat. Sie zahlt mir die Differenz aus und entschuldigt sich für das Versehen, indem sie mir ihren Kugelschreiber schenkt. So kommt man zu Souvenirs.

Bisher konnte ich kein brauchbares Trinkwasser finden. Die vielen Seevögel verunreinigen jede Pfütze. Spontan entscheide ich mich für das »gelbe Haus«. Ein kurzes Gespräch, und mein Wasserproblem ist gelöst. Zum Nachschubholen könnte ich jederzeit wiederkommen.

Ich habe die Polarkreismarkierung entdeckt. Sie befindet sich unweit der Landebahn. Das kleine, in Kniehöhe montierte Schild ist leicht zu übersehen. Sein Spender, ein gewisser Edward Morrison aus den USA, wollte nicht vergessen werden und hat sich darauf mit seinem Namen und den Koordinaten seines Wohnortes verewigt. Da stehe ich nun zum vierten Mal an meiner Ziellinie, deren Erreichen hier mit so vielen Hindernissen verbunden war. »Nordurheimskautsbaugur[31] Grimsey, 4. September 1992!« Die trockene Tagebuchnotiz sagt wenig.

Inzwischen habe ich die Insel umrundet, Seevögel beobachtet,

Strandgut gesichtet. Leider waren hierfür immer Gummistiefel und Regenmontur notwendig. Heute ist nun die Kirche an der Reihe. Erwartungsvoll ziehe ich die Tür auf. Drinnen empfängt mich eine wohltuende Schlichtheit und ein Stück Grimseygeschichte. Das Gästebuch mit dem schweren, handgeschnitzten Holzdeckel wurde vor 37 Jahren angelegt. Die Eintragungen beginnen am 12. Juni 1957, mit 43 Unterschriften. Es wird wohl die Schar der Kirchgänger gewesen sein, die das Buch damals einweihte. Liest man die Namen, wird man an die Geschichte der alten Germanen erinnert: »Ragnar«, »Torleif«, »Gudrun«, »Gunter«, »Sigfridur«... In neuerer Zeit haben sich in dem Buch auch ein paar Ausländer verewigt, darunter ein Deutscher namens H. Scheffler. Er hinterließ dem kleinen Inselvolk einen frommen Gruß: »Gott segne euch!«

Im Kirchenraum hängen historische Aufnahmen, auch Bilder der ersten Pastoren auf Grimsey. Petur Gudmundsson predigte hier von 1868 bis 1898. Die nächsten 40 Jahre folgte ihm Matthius Eggertsson. Wer auf dieser Insel seine Schäfchen hütet, der hat eine Aufgabe fürs Leben.

Wieder auf der Straße, grüßt mich ein kleiner Junge. »Heiii!« ahme ich den Knirps nach; worauf dieser mit einer Plastikpistole auf mich zielt. Grimsey, das ist eben auch die Gegenwart. Ein Traktor mit einer Frau am Lenkrad begegnet mir. Sie – und zwei weitere, die auf den Kotflügeln sitzen, haben Kleinkinder auf dem Schoß: ein »Sammeltaxi« für Mütter.

Drei Tage Inselleben, und ich kenne bereits eine Menge Details. Man fährt hier Case-, Ursus- und Zetor-Traktoren. Das gelbe Fahrzeug (es gibt also doch einen Pkw auf Grimsey) ist das des Mechanikers. Die Baujahre einiger Häuser waren mir aufgefallen: 1906, 1957, 1988. Wirklich Altes hat die Natur längst eingeebnet. Aber diese »aufsteigenden« Zahlen drücken Zuversicht aus. Nur Menschen, die bleiben, bauen sich ein Heim. So dürfte Grimsey nicht wieder zu dem werden, was es schon einmal war: eine nur von Seevögeln bewohnte Insel.

Dieser Tag endet mit einem »Volltreffer«. Ich klingle an der Tür des »mittleren grauen Hauses mit dem grünen Dach« (Lehrer und Pastoren sind für neugierige Reisende immer ein heißer Tip). Eine

Frau öffnet mir – mit dem Ellbogen, denn ihre Hände sind teigverklebt. Ein kurzes Vorstellen, eine höfliche Bitte, und schon habe ich für morgen eine Einladung zum »Kaffi«. Frisch gewagt ist halb gewonnen!

Bisher waren Wind und Regen erträglich gewesen. Nur über der Klippenkante kam es zu einem Düseneffekt. Dort konnte man sich allenfalls bäuchlings vorwagen. Doch jetzt hat sich das Geräusch der See verändert: Sie tobt. Mein Zelt will »fliegen«. Ein Windsprung und das Anschwellen zum Sturm haben mich schutzlos gemacht. Zwei Versuche, das Zelt in Geländemulden umzusetzen, mißlingen. Den wievielten Sturm auf dieser Reise erlebe ich nun schon? Die Naturgewalten haben bereits »Tradition« für mich. Vielleicht stimmt es, was die Klimaforscher sagen: Eine gestörte Erdatmosphäre neigt zunehmend zu Turbulenzen. Den Gedanken, mich bei dem Unwetter in die Kirche zu verdrücken, brauche ich jedoch nicht in die Tat umsetzen. Ein Traktorengeräusch bringt die Lösung.

Natürlich weiß man inzwischen in allen Stuben Grimseys, daß über den Westklippen jener Fremde haust, der vor ein paar Tagen von Bord der *Saefari* gegangen war. Jetzt bekomme ich Besuch von einem alten Mann. Vom Traktor herab deutet er mir an: »Komm einmal mit!« Da ich bereits für die »Flucht« in die Kirche gepackt habe, kann ich ihm sofort folgen. Seine Führung endet in der Nähe des Flugfeldes. Dort wohnt er. Wir haben zunächst erhebliche Verständigungsschwierigkeiten. Meine Isländischkenntnisse beschränken sich weitgehend auf die Vokabeln zum Einkaufen. Nicht anders sieht es mit meinem Dänisch aus. Der Alte spricht dafür kein Deutsch, und sein früher einmal gelerntes Englisch hat er weitgehend vergessen. Doch allmählich finden wir zu einer Art »nordischem Esperanto«. Die Einladung des Alten beinhaltet auch das Angebot, »bis auf weiteres« in seinem Haus zu schlafen. Dafür trennt er sich sogar von seiner Bettlampe; denn in dem mir zugewiesenen Raum gibt es zwar eine Steckdose (und viele Kerzen), aber keine Deckenbeleuchtung.

Aus dem Zusammensetzen isländischer, dänischer und englischer Sprachbrocken kann ich inzwischen ein Porträt meines Gastgebers zeichnen: Der Mann heißt Finnur Jónsson. Mit über 70 Jahren ist er der älteste Bewohner Grimseys. Sein Haus war eigentlich als bescheidenes »gistihús« gedacht gewesen, doch mangelt es zur Zeit an einer Frau für die Bewirtschaftung. Finnur lebt allein. Wie viele Isländer, so war auch er früher Fischer. Während des Krieges brachte er seinen Fang bis nach England. Schon lange ist er zu alt für den harten Job; er hat eine neue Aufgabe gefunden: Ihm obliegt das Auftanken der Fischerboote und die Versorgung der Inselhaushalte mit Heizöl. Damit ist Finnur Jónsson für die Bewohner Grimseys wichtiger als der Priester. Ohne ihn kein Fisch und kalte Stuben!

So üben wir uns, während draußen der Sturm tobt, in Völkerverständigung. Gerät Finnur beim Sprechen ins Stocken, dann schlägt er sich mit der flachen Hand auf den Hinterkopf, als wolle er die ihm fehlenden Worte herausschütteln. Manchmal verfällt er auch in einen Wiederholungsmonolog, wobei er mit den Händen das Drehen einer Gebetsmühle nachahmt – bis diese bei dem gesuchten Begriff »einrastet«. Schade, daß niemand unser Gespräch filmt.

Soeben geht es um das Wort »Basar«; es ist der Name seines Hauses. Vom »Ort, wo die Kühe im Winter sind«, über »auch Boote ›leben‹ dort« und »am Meer gibt es ganz viele davon« kommen wir zu den Begriffen »Box« und »Bucht«, also, übertragen auf ein Haus, zur: »Wohnnische«. Abends führe ich im Schein von »Madame Pompadour« (so habe ich Finnurs Lampe wegen ihres roten Samtschirmes getauft) Tagebuch. Es ist bereits voll. Für die morgige Fragestunde bei Maria Steinthorsdóttir, der Lehrerin, muß ich mir ein neues anschaffen.

Nachmittag 15 Uhr. Ich klingle an der Tür des »mittleren grauen Hauses mit dem grünen Dach«. Frau Steinthorsdóttir empfängt mich wie einen alten Bekannten. Der Teig, den sie gestern an den Händen hatte, liegt heute zu goldbraunen Kringeln ausgebacken auf dem Tisch. »Willkommen!« Ich fühle mich spontan wohl. Als die Lehrerin erfährt, daß mich der alte Finnur in sein Haus geholt hat, meint sie: »O ja, er ist ein sehr freundlicher Mensch!« Ein Kompliment, dem ich später noch viele hinzufügen mußte.

Wie Maria Steinthorsdóttir so zu erzählen beginnt, könnte ich das Fach »Heimatkunde« bald selbst unterrichten. »... Auf Grimsey leben 120 Menschen, zwei Dutzend Schafe und sechs Pferde. Es gibt

46 Gebäude, davon sind 34 bewohnt. Alle haben ihren speziellen Namen. Der Name Grimsey stammt vom ersten Siedler, dem Wikinger Grimur. Es gibt weder einen Arzt noch einen Pastor auf der Insel. Ersterer kommt alle drei Wochen vom Festland herüber, der Kirchenvertreter läßt sich alle zwei Monate blicken. Seinen Besuch kündigt er einem Mittelsmann an, der dann die Inselbewohner informiert...« Die Lehrerin merkt wohl, daß sie in mir einen aufmerksamen Zuhörer hat. Es sprudelt nur so aus ihr heraus: »...das Trinkwasser kommt aus einer Tiefenbohrung – oder einfacher: von den Dächern (niemand weiß, warum bei der allseitigen Nähe der See reinstes Süßwasser aus der Tiefe sprudelt)... Trotz der nördlichen Lage fällt hier im Winter nur wenig Schnee... Die Polarnacht dauert auf Grimsey vier Tage...«

Inzwischen sind wir bei Lektion zwei, den Sagas. »Es gab auf Grimsey eine ›Zeit der Frauen‹. Von einer unbekannten Krankheit hingerafft, starben alle Männer. Die letzten vier versuchten in einem Boot zu fliehen, aber der Tod holte sie ein.« Doch viel schöner ist die Geschichte von der Eisbärin: »Durch Unachtsamkeit war das letzte Feuer auf der Insel erloschen, und einige beherzte Männer machten sich über das Treibeis auf den Weg nach Island. Sie wollten in einem Kessel Glut holen. Das Eis geriet jedoch so sehr in Bewegung, daß es einem von ihnen nicht mehr gelang, weiterzukommen. So mußten ihn die anderen auf einer Scholle zurücklassen. Für den Mann bedeutete dies den sicheren Tod. Doch eine Eisbärin spürte den Geschwächten auf. Sie gab ihm Wärme und Milch...« Maria Steinthorsdóttir formuliert die Worte mit mütterlicher Wärme, ja sie formt sie sichtbar mit ihren Händen. Die Sage endet wie viele Märchen: glücklich. Denn die Eisbärin führte den Mann nach Grimsey zurück. Er bedankte sich bei ihr, indem er ihr eines seiner Schafe überließ. Die Bärin fraß es und trottete ihres Weges! Es ist ein Gebot der Höflichkeit, daß ich die Lehrerin nicht bis in die Abendstunden in Anspruch nehme, aber sie besteht darauf, mir wenigstens noch die Schule zu zeigen. Am Ende der Führung besitze ich dann nicht nur eine Karte von der Insel, sondern auch eine Liste mit den Häusernamen. Sie sind eine amüsant-interessante Übersetzungsaufgabe: »Das höher an der Sandbucht gelegene«, »Flacher Stein«, »Siegreicher Siedlungsplatz«, »Jungengarten«... 34 Häuser, 34 Namen: getaufte Heimatgeschichte einer Insel am Polarkreis.

An diesem Abend kann ich Finnur erzählen, daß mein Zelt an der *Basavik* gestanden hatte, daß ich die *Almannagjá* auf Grimsey kenne, daß... Der Alte staunt nicht schlecht über mein Wissen. Ich muß wirklich ein aufmerksamer Schüler gewesen sein.

Finnur Jónsson scheint mich inzwischen »an Kindes Statt« angenommen zu haben. Er versorgt mich, umsorgt mich. Hinter seinem Haus hatte sich – als Rest eines ehemaligen Gartens – nur der Rhabarber gegen die von allen Seiten vordringende Natur behaupten können. Diesen erntet er nun und kocht für mich daraus eine Suppe. Mit dem »Befehl«: »Essen!« verabschiedet er sich; jemand braucht Heizöl!

Inzwischen weiß er längst, daß wegen des anhaltenden Sturmes die Fähre nicht kommen wird, aber er verheimlicht es mir noch. Dafür hat er neue Einfälle. Den Lebensmittelkauf durch mich lehnt er kategorisch ab. Ich könne das nicht! Er müsse sich alles selbst aussuchen! Heute steht eine Fischpfanne auf dem Herd – wiederum nur für mich. Und wie drückt er sich um das Mitessen? Er, Finnur Jónsson, esse keinen *thordur fiskur!* »So«, frage ich ihn, »seit wann ißt ein isländischer Fischer keinen Dorsch? Dein Volk hat 1000 Jahre fast nur davon gelebt!« Der Alte findet ein neues Argument: »Die Pfanne ist versalzen!« Ich koste: Eher das Gegenteil ist der Fall. Aber Finnur Jónsson muß plötzlich wieder Heizöl ausfahren. Da sitze ich vor einer Riesenportion Fisch! Diese Art »liebenswürdiger Kampf« wiederholt sich noch öfter. Nie ist Finnur um Argumente verlegen. Endlich gelingt es mir, mich für seine ungewöhnliche Gastfreundschaft zu revanchieren. Während er wieder einmal unterwegs ist, zeichne ich auf die Rückseite seines großen Wandkalenders sein »Basar«-Haus in der Nordansicht. Sogar der Traktor, wie er davor parkt, fehlt nicht. Finnur ertappt mich bei den letzten Strichen. Seine Hand legt sich auf meine Schulter; dann höre ich hinter mir ein erstauntes »Nej, nej, nej – nej, nej, nej!« Schnell wie nie zuvor ist er plötzlich aus dem Haus. Ich höre den Traktor anspringen. Schon nach wenigen Minuten kommt er zurück – mit einem leeren Karton (wohl aus dem Lebensmittelgeschäft). Auf dessen Boden legt er die nun fertige Zeichnung, und mit Schnitten, wie man einen Dorsch zerlegt, trennt er den Boden passend heraus. Irgendwo im Haus findet er eine Tube Klebstoff. Mit Mittel- und Zeigefinger verstreicht er ihn auf dem Karton. Während dieser Arbeit beginnt der Alte zu summen; und als das Bild wenig später an der Wand hängt, »singt« er wieder sein »Nej, nej, nej! Nej, nej, nej!«

Es wird Zeit, daß das Schiff kommt! Seit zwei Tagen ist das Brotregal im Geschäft leer. Auch Milch gibt es keine mehr zu kaufen. Finnur ist wieder einmal bestens informiert, aber daß die *Saefari* heute mittag einlaufen wird, verrät er mir gerade noch rechtzeitig. Wir fühlen uns beide nicht wohl. Der alte Mann hatte mich umsorgt, als sei ich sein eigener Sohn. Jeder kennt die Lebensgeschichte des anderen. Mit seiner ungewöhnlichen Gastfreundschaft hatte er mich beschämt; mir war es geglückt ihn aufzumuntern. Wer, außer dem »Radler-Touristen«, hat den 72jährigen je singen gehört? Unser Abschied ist kurz: ein Händedruck. Finnur hatte vorgegeben, etwas erledigen zu müssen, deshalb könne er nicht mit zum Hafen kommen. Wie immer überläßt er mir noch einmal sein Haus. Ich sehe ihn mit dem Traktor wegfahren – dorthin, wo es nichts zu erledigen gibt. Von den Klippen herab kann man nur übers Meer schauen.

Die Geschichte von Finnur Jónsson ergäbe vollständig erzählt ein eigenes Buch. Etwas möchte ich nachtragen: Als ich Grimsey verlasse, habe ich in meinem Gepäck ein altes Netzgewicht, ein Geschenk von ihm. Er hatte sich solche Gewichte vor Jahrzehnten aus dem Muschelsand der Basabucht gegossen. Ein eingeritztes »N« besagte, daß sie zu seinem ersten Boot gehört hatten. Dieses hatte er zu Ehren des isländischen Schriftstellers Jón Sveinsson »Nonni« getauft. Es war das letzte Gewicht, das er aus seiner Zeit als Fischer besaß. Die anderen lagen auf dem Grund des Meeres. Solche Erinnerungsstücke wiegen schwer!

Natürlich besitze ich kein Foto von Finnur. Mit der Bitte, »sich ins Bild zu setzen«, hätte ich vieles in unserer zwischenmenschlichen Beziehung zerstört. Doch ich habe einen originellen Ersatz entdeckt. Irgendwann hatte ein Franzose im Hafen von Grimsey gearbeitet. Ihm verdankt die Schule eine Fassadenmalerei. Erst kürzlich waren die Farben aufgefrischt worden. Das Bild zeigt – stilisiert – Finnur Jónsson, wie er in der Montur eines Vogelfängers und Eiersammlers über den Klippen steht. Ein Foto hiervon – statt vom »Original« –, ich halte es für das passendere Andenken.

Ich werfe noch einen Blick über die »Kante«. Der Sturm, es wurde eine Windgeschwindigkeit von 60 Knoten (gut 110 Stundenkilometer) gemessen, hatte Unmengen Holz an die Küste geworfen. Es stammte aus Sibirien, war mit dem Treibeis am Nordpol vorbeigedriftet und könnte nun – wie bereits dem ersten Wikinger – den Bewohnern Grimseys für allerlei Zwecke dienen. Auch Finnurs Mast, über dessen Spitze er mit Hilfe eines Taues den Sand für seine Netzgewichte von der Küste heraufgehievt hatte, war ein Treibholzstamm gewesen, ein entwurzelter Baum, vielleicht vom Ufer der Lena.

Als das Schiff ablegt und ich zurückschaue, bietet sich mir der gleiche Anblick wie bei der Ankunft: Regen, rostiges Eisen, bröckelnder Beton. Ein junger Bursche aus der Fischhalle verabschiedet sich von mir durch Blinken mit den Traktorscheinwerfern. Ich sehe diese triste Fassade jetzt mit ganz anderen Augen. Ohne Grimsey, diese »Insel im Abseits«, wäre meine Reise ärmer gewesen.

Die *Saefari* bringt mich nicht einmal bis nach Akureyri zurück. Bereits in Dalvik, auf Höhe der Fjordinsel Hrinsey, ist die Fährfahrt zu Ende – Winterfahrplan. So radle ich durch ein historisches Stück Island südwärts. Hier, am Ufer des Eyjafjördur, lebte der Schriftsteller Sveinsson, genannt Nonni, hier erschlug der Priester Ljótólfur seinen Widersacher, Karl den Roten, hier treibt *Klaufi Snaekollen* sein Unwesen. Von seinem Schwager enthauptet, mischte er sich als »böser Geist« unter die Menschen.

Akureyri empfängt mich, wie ich es erwartet habe: mit Regen! Nordwind bedeutet hier Wolkenstau. Ein Ende ist nicht abzusehen. So treffe ich die einzig richtige Entscheidung. Ich streiche das Unternehmen Krafla, verzichte auf das »Feuer« und setze dafür das »ewige Eis«. Denn auch drüben in Grönland verläuft meine Ziellinie. Dort wartet die letzte Etappe!

Das kalte Ende einer Reise

Es gelingt mir nicht, mich mit der Dame am Telefon über einen Abflugtermin nach Grönland zu einigen. Zwei Verbindungen wöchentlich stehen im Plan, aber beide sollen »vielleicht« gestrichen werden. Die Vertreterin der Fluggesellschaft drückt sich so suspekt aus, daß mir die Klärung vor Ort notwendig erscheint. Schließlich bietet nur die *Odin Air* reguläre Flüge nach Ostgrönland an. Ohne sie fehlt meiner Reise das Endziel.

Noch einmal sehe ich das eingeschneite Island aus der Vogelperspektive. Am Flughafen von Reykjavik warten schlimme Neuigkeiten auf mich. Die *Odin Air* soll Konkurs angemeldet haben. Im Office der Gesellschaft gibt man freimütig zu: »Ja, wir haben Probleme!« Aber man macht mir auch Hoffnung: Es gebe bereits einen Interessenten für Grönland, einen britischen Geschäftsmann. Fänden sich außer mir noch zwei weitere, so wäre ein letzter Flug gesichert. Ein Wunder geschieht! Wir sind noch am Verhandeln, als die Tür geöffnet wird. Herein kommt ein japanisches Paar: »Wir möchten einen Fototrip nach Grönland machen…« Am liebsten würde ich die beiden umarmen; denn damit sind die 3 000 Dollar gesichert, die der Flug der Gesellschaft einbringen muß.

Doch meine Freude währt nur kurz. Die Japaner möchten lediglich ein paar Fotos schießen und gleich wieder zurückfliegen (ein teures Vergnügen). Der Brite will in zehn Tagen wieder in Reykjavik sein, ich beabsichtige noch eine Woche länger auf Grönland zu bleiben. Eine »Telefonkonferenz« mit irgendwelchen Leuten beginnt. Am Ende stellt mich der Chef der *Odin Air* vor die Alternative: »Wenn Sie einverstanden sind, mit dem Herrn aus Großbritannien zurückzufliegen, geht der Flug in Ordnung. Wenn nicht, wird er ausfallen!« Natürlich willige ich ein! Ein gekürzter Aufenthalt ist immer noch besser als der völlige Verzicht.

Völlig unplanmäßig wird die Maschine sofort startklar gemacht. Hektik entsteht! Mein Fahrrad und nicht benötigtes Gepäck kann ich im Hangar deponieren. Zeltausrüstung, Bekleidung, Kochgerät etc. packe ich in den mitgenommenen Rucksack um. Eine halbe Stunde später hebt der Vogel ab. Eben noch in Akureyri, jetzt bereits auf dem Flug nach Grönland! Da hat der Zufall Pate gestanden.

Die Nase der Maschine zeigt nach Westen. Vor mehr als 1000 Jahren segelte von der isländischen Küste ein Langschiff in die gleiche Richtung, das Schiff Erik des Roten. Der Wikinger wurde zum Entdecker Grönlands. Wieder einmal befinde ich mich in »alten Spuren«.

Unter uns tauchen die ersten Treibeisfelder auf: ein Puzzlespiel ganz in Weiß. Wenig später ist die Küste zu erkennen – was für ein Anblick! Gebirgsketten steigen schroff aus dem Meer auf. Ihr Felsenrelief wird in der Ferne vom riesigen Inlandeis überlagert. Nur zwei Farbtöne sind auszumachen: das Grau des Gesteins und das blendende Weiß des Schnees. Die Wikinger hatten die Insel »Grünes Land« getauft. Ich gäbe ihr jetzt den viel treffenderen Namen »Eis-Land«.

Landung auf der Piste von Kulusuk, einer kleinen Vorinsel, dann Weiterflug mit einem Hubschrauber. Noch immer Hektik. Doch wenig später bin ich auf Grönland; ein Traumziel ist erreicht!

Zu einer solchen Reise gehören monatelange Vorbereitungen. Sie bedeuten keine Arbeit, sondern Vorfreude. Natürlich hatte ich versucht, auch hier Kontakte zu knüpfen: mit der Zeitung *Atuagagdliutit,* mit Niederlassungen des *Konglig Grönlandske Handel,* mit Infostellen. Viel Erfolg hatte ich bei diesen Bemühungen nicht gehabt. Meine Anfragen »rochen« zu sehr nach Wissensdurst. Da kam kein Pauschaltourist, der nur ein paar Eisfotos schießen wollte, da meldete sich ein »Neugieriger« an. Schließlich fand sich doch jemand, der mir behilflich sein wollte: Kristine Lyngbo.

»Willkommen, Christian!« Mit diesen Worten empfängt mich die Dänin in ihrem Büro in Ammassalik; und ähnlich wie Maria Steinthorsdóttir erteilt sie mir erst einmal Unterricht. So erfahre ich von ihr, wie ich den Inuits gegenübertreten sollte, wie »Probleme« mit ihnen zu lösen wären, was ich beim Kontakt mit den Schlittenhunden beachten müßte, wo das Zelten unbedenklich – oder risikoreich – sei; kurz all das, was man nicht in üblichen Reiseführern findet. Mit Kristine Lyngbo war mir wieder einmal ein »positiver Mensch« begegnet.

Von Ammassalik aus, wo mich der Hubschrauber abgesetzt hatte, werden die Inuitsiedlungen Ostgrönlands versorgt. Hierfür stehen die Schiffe *M/S Blaside* und *M/S Anders Olsen* zur Verfügung. Doch nur das zweite ist zur Zeit einsatzbereit. Es muß nun die Dienste des Schwesterschiffes mit übernehmen, wodurch sich die Umlaufzeiten verdoppeln. Kristine hatte mir die Eskimosiedlung *Tiniteqilaaq* empfohlen. Sie sei die »sozial stabilste«. Dort blieben die Türen noch unverschlossen; es gäbe kaum Alkoholprobleme, und der Ort wäre »relativ« sauber. Ich weiß, daß bei uns ein völlig falsches Bild von Grönland entstanden ist. Prächtige Bildbände zeigen eine unberührte Natur; Reiseführer schreiben selten die Wahrheit; und die Kataloge der Touristikunternehmen blenden das Negative erst recht aus. Grönland, das ist nicht nur eine Insel jungfräulichen Eises. Die Städte und Siedlungen starren vor Schmutz. Die Natur ist zum Mülleimer der Eskimos geworden. Trunksucht und soziale Verwahrlosung bestimmen das Bild einer alten Kultur. Martin Komp, Autor des Buches »Grönland für Einzelreisende«, hatte den Mut gehabt, die Wahrheit zu schreiben. Grönland: ein Traum, aber auch ein Alptraum?

So war ich Kristine für diesen Tip besonders dankbar, und was die Schiffsumlaufzeiten betraf (ich käme ja nicht rechtzeitig zurück), so hatte sie auch hier vorgesorgt. In meiner Tasche befand sich eine »Contact-Person-List«. Mit ihrer Hilfe könnte ich meinen Rücktransport nach Ammassalik arrangieren. Ole Damgard Jakobsen, der dänische Lehrer der Inuitsiedlung stand darauf, dann Robert Umerreq, ein besonders freundlicher Jäger, wie Kristine betont hatte, schließlich der »Aussteiger« Max Audibert, ein Franzose, der sich in Tiniteqilaaq niedergelassen hatte. Und – typisch für Kristine – am Ende der Liste dann der Hinweis: »Im Fall einer Katastrophe anrufen...« Es folgte ihre Telefonnummer.

Ich nutze die Zeit bis zum Auslaufen der *Anders Olsen*, um noch einiges zu erledigen: Postamt, Bank, Verpflegungs- und Benzinkauf. Letzteres erhalte ich im »Haus für alles Brennbare«. Dort reiche ich einem Eskimo meine SIGG-Flasche: »Una liitere bensiina!« Mein jetzt erstmals praktiziertes Inuit scheint mir etwas »hohl« zu klingen. Der Mann nimmt die Flasche mit Lästermiene

Eisbergparade vor der Eskimosiedlung Tiniteqilaaq

entgegen und reicht sie an die Umstehenden weiter. Das 1-Liter-Gefäß sorgt für Heiterkeit. So etwas hatte hier noch nie jemand betanken lassen. Üblich waren 10- oder 20-Liter-Kanister. Das Füllen der Flasche gerät dann auch zur Verschwendung. Der Pumpdruck ist so hoch, daß ein zweiter Liter danebengeht. Jetzt beschämt mich der Eskimo: Er verlangt in tadellosem Dänisch »Fam kroner!«. Nun gut, dann »Tak for moje!«[32].

Aus den Augenwinkeln hatte ich schon einiges beobachtet. Vor dem Postamt war ein Betrunkener gestürzt und nicht wieder auf die Beine gekommen. Der Hügel gegenüber dem Lebensmittelgeschäft war die »Bühne« der Biertrinker. Jugendliche hingen in Gruppen herum; sie plagte dröhnende Langeweile. Dann der viele Müll, der Dreck zwischen den Häusern – Grönland live!

Die *Anders Olsen* ist ein kleines Schiff und wohl schon ein Stück Geschichte. Ganz aus Holz, mit dem eisenbeschlagenen Bug gegen den Eisgang und der orangeroten »Alarmfarbe« (das macht es Suchflugzeugen leichter, sie zu finden) verspricht die Fahrt mit ihr schon jetzt ein Erlebnis zu werden. Kaum bin ich an Bord, fällt mir auch gleich eine Aufgabe zu. Es herrscht Ebbe, und so liegt das Deck der *Anders Olsen* gut zwei Meter unterhalb des Kainiveaus. Für die Passagiere ist das eine Kletterpartie. Die Mütter reichen mir ihre Kinder – vom Säugling bis zum Sechsjährigen. Beim Inempfangnehmen der wattierten Bündel schauen mich tiefdunkle Augenpaare an. Was für erstaunte Blicke! Ich stelle in diesen Minuten fest: Alle Eskimokinder sind hübsch.

Es folgt das Gepäck der Familien, dann die Fracht. Gasflaschen werden verstaut, reparierte Bootsmotoren, Lebensmittel. Als die *Anders Olsen* ablegt und Kurs auf die offene See nimmt, zersplittert vor ihrem Bug das Eis im *Kong Oscars Havn.*

Es hatte einen Temperatursturz gegeben: Der grönländische Winter läßt grüßen!

Es gibt Naturerlebnisse, die machen still. Dünne Wolkenschichten filtern die Sonne, sorgen für eine indirekte Beleuchtung. Ein seidenmattes Licht liegt über dem Wasser. Die im Ostgrönlandstrom südwärts driftenden Eisberge haben ihre Farbe ins Undefinierbare gewechselt. Als die Wolken zerfallen, werden die Eisberge wieder zu weiß-blauen Gebilden. Jedes von ihnen hat eine andere Form. Es gibt »Tafelberge«, solche mit Zinnen und Graten, gerundeten Buckeln oder bizarren Auswaschungen. In einer Position ließen sich mit einer Fisch-Eye-Linse 36 Eisberge gleichzeitig erfassen. Stunde um Stunde stehe ich an der Reling. Kein noch so spannender Krimi könnte diesen Naturfilm ersetzen.

Wir haben Ikateq, eine winzige Eskimosiedlung, passiert. Ganze vier Häuser konnte ich zwischen den Felsen ausmachen. Was für eine kleine Menschenwelt in dieser riesigen Natur! Jetzt dreht die *Anders Olsen* in den Egedefjord. Die Dänen nennen ihn Isfjord. Zu Recht, wie ich sehe. Ungeheure Eismassen treiben in seinem Wasser dem Meer zu. Manchmal scheint es, als stoppte eine geschlossene weiße Wand das Schiff. Der Kapitän nimmt die Fahrt zurück, startet Ausweichmanöver. Das Kielwasser zeigt unsere Zickzackfahrt. Schwimmendes Eis ist tückisch. Sechs Siebentel seiner Masse ruhen unter Wasser. Jeder Berg, jede Scholle ist ein »U-Boot«, von dem nur der Turm sichtbar bleibt. Wieder einmal rumpelt es unten am Kiel. Ein Zittern geht durch das

Schiff. Die *Anders Olsen* wird noch langsamer. Sicherheit geht hier vor Geschwindigkeit!

An der gesamten Ostküste Grönlands leben weniger Menschen als bei uns in einem großen Dorf. Kleinstsiedlungen wie Qerndevardiit haben ganze fünf Einwohner. Wenn da zwei Familien umzögen, wäre der Ort als »Verlassene Siedlung« aus den Karten zu streichen. Auch Akerneraaq, das jetzt steuerbords auf einer Landzunge sichtbar werden müßte, gilt bereits als »aufgegeben«. Hier kann ich kein einziges Haus mehr entdecken. Vielleicht haben Schneelast und Stürme sie bereits niedergedrückt. Wir sitzen fest! Eisberge und Treibeis bedecken den Fjord nun vollständig. Doch die Masse ist in Bewegung, und unser Kapitän scheint die sich auftuenden Lücken schon vorher zu ahnen. Mit geschicktem Einsatz der Dieselkräfte hilft er nach. Die *Anders Olsen* kommt wieder frei. Urplötzlich sind wir in offenem Gewässer. Von der Spitze einer Halbinsel abgelenkt, treiben die Eismassen am Sund Sarpaqa vorbei, in den wir nun hineingleiten.

Wie aus einem Versteck tauchen die Häuser Tiniteqilaaqs auf. Man gewahrt sie erst, wenn das Schiff bereits in den Hafen schwenkt. Seeräuber hätten sich keinen besseren Platz auswählen können. Ich bin am Ziel!

Doch etwas flau ist mir schon, als die *Anders Olsen* wieder ablegt und hinter den Felsen verschwindet. Ich fühle mich ein bißchen wie ausgesetzt. Als erstes gilt es jetzt den Rücktransport nach Ammassalik zu arrangieren. Ein Flugzeug wartet nicht. Zudem: Es ist die letzte Maschine!

Bereits beim Einlaufen in den Hafen hatte ich mich gefragt, welche der hier liegenden Nußschalen wohl »mein« Boot werden würde – und überhaupt: Wie wollte man mit so etwas durch den eisbefrachteten Fjord kommen? Recht skeptisch gestimmt gehe ich hinauf ins Dorf.

Der bärtige Fremde ist die Attraktion in Tiniteqilaaq. Die Frauen mustern mich verschämt, die Männer unverhohlen. Kinder kommen herbeigelaufen und plappern drauflos. Ich grüße nach allen Seiten: »Kuta! Kuta!« Selbst alte Eskimos verbeugen sich, grüßen zurück: »Kuta!« Als ich einen der Männer anspreche und nach Max

Kecke Blicke

Eine »pittoreske Unordnung« gehört zum Erscheinungsbild jeder Eskimohütte

Audibert frage (ich will mein Glück zuerst bei dem Franzosen versuchen), ruft dieser einen Jungen herbei und beauftragt ihn, mich zu führen. Mein »Kujanak« für diese Hilfsbereitschaft war wohl zuviel des sprachlichen Einsatzes. Der Mann glaubt, ich spräche tatsächlich Inuit; er legt los. Verlegen winke ich ab: »Naga!« und radebreche: »Tupersimavfik... ingerdlavok... silarssuak...« Der Eskimo nickt. Er hat wohl verstanden, daß ich mich auf einer »Reise in die Natur« befinde.

Während mich der Junge zu Max führt, registriere ich da, worauf mich das Buch Martin Komps vorbereitet hatte: kein Haus ohne stinkende Mülldeponie davor, Berge leerer Bierdosen, Halbwüchsige, die aus purer Langeweile mit dem Gewehr auf »Ziele« schießen. Unmittelbar neben dem Lebensmittelgeschäft entleert ein Mann gerade einen Eimer mit Exkrementen. Sofort stürzt sich eine Meute junger Schlittenhunde darauf. Sie wittern darin noch etwas Freßbares. Das also ist die saubere, intakteste Siedlung Ostgrönlands! Wie muß es da in dem nur wenig weiter nördlich gelegenen

Sermiligaaq aussehen, über das man offen als von der »Müllkippe des Landes« spricht? Da ist es gut, die Wahrheit vorher zu wissen und die Sensibilität ein wenig zu unterdrücken.

Wir sind am Ende der Siedlung angekommen. Der kleine Eskimo zeigt auf einen jungen Mann, der gerade Schlittenhunde füttert: »Max!« Ich bedanke mich bei ihm fürs Herführen. Er lacht über mein »Kujanak!«, was seine Wangenknochen noch mehr hervortreten läßt.

Der Franzose hat unsere Stimmen gehört und sich umgedreht: »Bonjour, Max!« Sein Gesicht wird zu einem großen Fragezeichen: »Ich, Max Audibert, habe Besuch?« Wenig später sitze ich ihm in seiner Hütte gegenüber und schreibe in Gedanken unser Gespräch bereits mit.

Der Franzose ist ein Beispiel dafür, daß ein Wunschtraum zum »Schicksal« werden kann. Max stammt aus Marseille. Zur Freude seiner Eltern wollte er Arzt werden, doch dann sattelte er um. Es gab eine Disziplin, da konnte er den Menschen noch mehr erforschen: Anthropologie. Als Max von einem Kommilitonen hörte, wie hilfreich es für das Studium sei, »vor Ort« Kenntnisse zu sammeln, entschloß er sich zu einer Reise zu den Inuit. Er kam nach Tiniteqilaaq, verliebte sich in eine junge Eskimo – und blieb! Den lauten, stinkenden Moloch Marseille gegen diese Eisinsel zu tauschen, wäre noch verständlich – aber... In Gedanken vollende ich das Porträt des jungen Franzosen. Kristine hatte von einem »Aussteiger«, von einem »Jäger« gesprochen. Doch vor mir saß nicht der bärtige Wildnistyp, den man sich darunter vorstellt – eher ein Milchgesicht. Max spricht auffällig leise, so als wollte er sich für jedes seiner Worte entschuldigen. Seine Gesten entsprechen der weichen Psyche. Dabei scheinen die Hände einem ganz anderen Menschen zu gehören. Harte Arbeit hat sie rissig gemacht, ihre Finger gekrümmt. Sie beweisen: Max' Leben ist »Kampf«! Zwar besitzt er inzwischen das Grundrecht der Eskimos: alles zu jagen und zu fischen, »was er sieht«, aber es scheint nur für das Minimum zu reichen. Schon beim Betreten der Hütte hatte ich die Situation mit einem Blick erfaßt. Auf dem Tisch lag ein Stück trockenes Brot; und abgestandener Tee – erneut aufgewärmt – war immer noch besser als Schnee-

Nur noch selten sieht man diese schnittigen Jagdboote der Eskimos. Breite Polyesterboote mit Außenbordmotor haben sie abgelöst

wasser. Ich sah die Unordnung, den Schmutz, die Wäsche, die aufs Waschen wartete, hörte aus dem Hintergrund das Schreien eines Kleinkindes. Gut, daß ein zum Trocknen aufgespanntes Seehundfell die andere Raumhälfte abdunkelte. Jetzt schiebt mir Max' Schwiegermutter, eine mir »uralt« erscheinende Inuit, eine Tasse zu: »Tiit?« Dankend nehme ich den Tee an, verzichte aber auf das nachgereichte Brot. Gastfreundschaft muß nicht bis zum letzten Bissen ausgenützt werden.

Max, der eine Weile geschwiegen hat, scheint meine Gedanken zu lesen. Mit »Manchmal sind die Tage nicht leicht«, formuliert er eher im Understatement eines Briten.

Ernüchtert – aber auch erleichtert – verabschiede ich mich von ihm. Spontan hatte er sich bereiterklärt, mich zum Heliport nach Ammassalik zurückzubringen und den Preis – hier gilt die Regel: eine Bootsstunde gleich 200 Kronen – von geschätzten 1600 auf 1000 reduziert. Er, der es eigentlich selbst nötig hatte!

Ich bin auf dem Weg nach Norden. Max hatte mir den Tip

gegeben, den Schlittenweg jenseits der ersten Bergkette zu benutzen; das sollte das Vorwärtskommen erleichtern. Doch schon nach wenigen Kilometern wird das Terrain schwierig. Es fehlt der Schnee, den die Schlitten hier im Winter unter den Kufen haben. Das skandinavische Fjell und Grönlands Bergwelt, sie sind so verschieden wie der Harz und ein Hochgebirge. Wie mühsam kommt man hier voran!

Am nächsten Tag entscheide ich mich, den Bergrücken fjordwärts zu überqueren. Ich brauche den freien Blick. Doch was für ein Hindernis! Jahrtausendelang hatten sich die Gletscher an den Felsen versucht. Nicht immer gewann das Eis. Wo der harte Granit ihm erfolgreich die Stirn bot, entstanden »Stufenberge«: für mich ein kräftezehrender Parcours. Oft gelingt es mir nur dort, Höhe zu gewinnen, wo Steinstürze eine schräge Ebene aufgeschüttet haben. Den »Stufen« folgen jähe Abbrüche, dann wiederum Felspartien, so glatt, daß man auf ihnen Murmeln spielen könnte. Schmelzwasser machen sie zu gefährlichen Rutschbahnen. Ich sehe mich einer Natur gegenüber, für die ich – trotz meiner vielen Reisen – keinen Vergleich habe.

Die ersten Schneefelder bringen eine Erleichterung. Sie sind fest und trittsicher. Mit dem Kamerastativ als »Stützstock« komme ich gut voran. Niemand braucht mir zu sagen, welche Risiken dieser »Alleingang« in sich birgt. Ein Ausgleiten – und ich könnte wie Aaron Coates in »König der Wildnis« einen letzten Zettel schreiben.[33] Doch was bliebe von einem Abenteuer, täte man jeden Schritt an einer »Sicherheitsleine«?

Auf dem Bergrücken angelangt, werde ich mit einem atemberaubenden Ausblick belohnt. Zu meinen Füßen liegt der Egedefjord, ein gewaltiger, eisgefüllter Strom. Über dem jenseitigen Ufer wird der weiße Schild des Inlandeises sichtbar. Aus der Ferne klingt es wie Geschützdonner. Dort kalben die Abflußgletscher. Das sich in kurzen Zeitabständen wiederholende Grollen zeigt, warum der Fjord so eisbepackt ist. Unentwegt wird Nachschub »geboren«. Bei diesem Anblick ist die Entscheidung bereits gefallen: Dieser Platz oder keiner!

Etwa 300 Meter unterhalb des Höhenkammes baue ich mein Zelt

auf. Das kleine Plateau ist ein echter Logenplatz: freier Ausblick nach drei Seiten, im Rücken eine schützende Bergwand. Auch die Trinkwasserversorgung ist gesichert: Ganz in der Nähe gibt es ein Schneefeld. Außerdem erscheint mir die Stelle »nanok-sicher«. Eisbären, die immer wieder unfreiwillig auf Schollen nach Süden abtreiben und sich hungrig auf den Rückweg machen, würden gewiß nicht zu »Bergsteigern«. In den Abendstunden meldet sich das Eis besonders laut. Das Grollen will nicht enden – überall rumort es. Bei dieser Geräuschkulisse werde ich wieder einmal zum »Erdenwurm«. Schon oft hatte mich die Natur das Nichtssein gelehrt!

Trotz des fast wolkenlosen Himmels war die Sonne tagsüber kraftlos geblieben. Jetzt hängt sie als blaßgelbe Scheibe am südlichen Horizont. Wie damals im Nordland, ist ihre Bahn flach geworden. Ihre Strahlen wärmen nicht mehr, ihr Licht wirkt kalt. In dieser Nacht muß ich mich erst einmal an das »Leben« des Eises gewöhnen. Nicht mehr durch den Berg abgeschirmt, dringen die Geräusche jetzt ungehindert ins Zelt. Und nun, wo die Ohren die Aufgabe der Augen mit übernehmen müssen, verdoppelt sich der akustische Eindruck. Das Grollen der kalbenden Gletscher wird zur »nahenden Gewitterfront«, das Bersten eines Eisberges im Fjord zur »Detonation«. Nur zwei dünne Lagen Stoff trennen mich von einem Urgeschehen.

Als Erik der Rote Island mit Westkurs verließ, mag er keinen festen Plan gehabt haben. Schon immer ist Neugierde eine Triebfeder der Menschen gewesen. Das gilt auch für mich. Zwar verläuft hier meine Ziellinie, der Polarkreis, doch die tieferen Gründe für diese »kalte Etappe« können Neugierde und der Wunsch gewesen sein, mich am Ende einer solchen Reise auszuruhen. Damit ist nicht das gemütliche Hinsetzen gemeint, sondern das Sichsetzenlassen des Erlebnisstaus, den mir dieses Abenteuer am Polarkreis entlang beschert hatte; und welcher Platz wäre hierfür geeigneter, als der am Rande des ewigen Eises? Aber so wie die Besiedlung Grönlands durch die Wikinger letztlich von der Natur zunichte gemacht wurde, so sollte auch mein Unternehmen ganz anders als erwartet enden. Doch noch bin ich ahnungslos!

Der Himmel verspricht wieder einen Bilderbuch-Wandertag.

Mit Kompaß, Signalspiegel, Erste-Hilfe-Set und einer kleinen Verpflegungsration bin ich erneut auf dem Weg in die Berge. Es ist ein seltsames Gefühl. Die Felsen, über die ich klettere, hatte wohl vor mir noch nie ein Mensch betreten. Wie drüben in Norwegen gehe ich über Gestein, das nach Millionen Jahren vereisten Lebens »gerade erst« das Licht dieser Erde wiedererblickt hat. Voller Übermut hebe ich einen Stein auf und frage ihn: »Wie alt bist du?« Unvermutet entdecke ich einen Hang, auf dem der Herbst leuchtet. Vor den kalten Inlandwinden geschützt – und wie in einem Hohlspiegel die Sonnenstrahlen nutzend –, hat sich hier eine geradezu üppige Vegetation entwickelt. Jetzt wetteifern Krähenbeeren, Kriechweiden und Blaubeersträucher um das goldenste Gelb, das feurigste Rot. Inmitten dieses Farbentuches liegt – wie zur Dekoration abgelegt – ein Rentiergeweih, von der Sonne gebleicht, vom Frost weißgenagt. Eigentlich ist es schade, dieses Bild zu zerstören, aber ich kann nicht anders: Als Sammler bin ich immer auch auf Beutesuche.

Für den Rückweg wähle ich eine andere Route. Jetzt befinde ich mich auf einer »Spielwiese der Eisriesen«. Tausende Gretirsteine liegen wie vergessene Würfel herum. Manche von ihnen haben die Größe eines Hauses. Mit schwirrendem Flug streicht eine Gruppe Schneehühner ab. Ihr aufgeregtes Gackern klingt unangenehm laut. Es macht mir die Stille bewußt, die hier zwischen den Bergen herrscht.

Bald lerne ich, mich mit Hilfe von Landmarken zu orientieren: eine Bergkuppe, ein Schneefeld, eine Gletscherzunge. Der Kompaß wird überflüssig. Und habe ich *meinen* Höhenrücken erreicht, so weist mir ein Eisberg den Weg. Er »ankert« unterhalb des Zeltplatzes. Durch sein Hahnenkammprofil unterscheidet er sich deutlich von den anderen.

Wieder einmal sitze ich vor meiner Stoffhütte. Der kleine Kocher faucht gegen das Bersten und Krachen des Eises an. Das Summen einer Mücke im Sturm könnte nicht kläglicher klingen. Zum ersten Mal sehe ich dann das »Kippen« eines Eisberges. Bei dem tief im Wasser liegenden Schwerpunkt erscheint ein solcher Vorgang unmöglich; und doch passiert es.

Auf seinem langen Weg vom Inland bis zur Abbruchkante ist das

Eis vielfältigen Verformungen ausgesetzt. In dem ansonsten starren Körper entstehen Spannungen. Der Auftrieb im Wasser mag sie noch verstärken. Nur so sind die »Explosionen« zu verstehen, die immer wieder vom Fjord heraufklingen. Da lösen sich aufgestaute Kräfte. Es beginnt mit einem Knall – so laut, als hätte eine Geschützbatterie gefeuert. Zunächst kann ich die Ursache nicht erkennen, aber dann sehe ich Wasserfontänen hochsteigen. Sie stammen von den Eisbrocken, die der »gesprengte« Eisberg auf seinem Rücken getragen hatte. Durch seine zunehmende Schräglage geraten sie ins Rutschen und »stürzen« ab. Dann kippt der Riese selbst. Er tut es im Zeitlupentempo. Durch die Flutwelle, die er verursacht, gerät die ganze Eisflotte in Bewegung. Knirschen und Splittern klingt zu mir herauf. Der Eisberg wälzt sich noch immer, so als müßte er seine neue Lage erst finden. Jedes Schaukeln von ihm erzeugt eine weitere Stampede unter den Eisschollen.

Das Lösen der Spannungen in dem Eiskörper muß zu einem diagonalen Bruch geführt haben. Urplötzlich lag der Schwerpunkt oben. Später erfahre ich von britischen Geologen, daß sie vergeblich auf ein solches Schauspiel gewartet hätten. Mir bescherte es der Zufall.

Es ist meine letzte Bergtour. Ich sollte sie abbrechen müssen. Der Tag hatte windstill und wolkenlos begonnen. Der blaßblaue Himmel strahlte weit und ruhig. Ich hatte ein »Tal der Blumen« entdeckt, eine kleine Blüteninsel zwischen kargem Fels. Selbst Löwenzahn gedieh hier. Wie eine Brosche ruhte seine Blüte stengellos in der Blattrosette. So entzog man sich widrigen Bedingungen. Jetzt bin ich auf der Suche nach ähnlichen Evolutionsbeispielen, als ein fauchendes Rauschen naht. Noch bevor ich es einordnen kann, werde ich umgestoßen: Eine unsichtbare Kraft hat mich »gefällt«. An den Bewegungen der Vegetation sehe ich, wie die Sturmbö weiterjagt; aber schon herrscht wieder Stille. Der »Piteraq« fällt mir ein. Ich hatte von dem Fallwind, der die Stärke eines Taifuns erreichen konnte, gehört. Vor ein paar Jahren wurde die Stadt Ammassalik sein Opfer. Ihre Holzhäuser hielten dem enormen Winddruck nicht stand. Bei dem Gedanken ist es vorbei mit meiner gelösten Stimmung. Ich kehre um.

War diese Bö ein Vorbote des Piteraq? Mir wird ganz mulmig. Ich besitze kein Transistorradio, über das ich hätte Wettermeldungen empfangen können. So bleibt mir nur das Deuten der Wolkenbilder. Als von Nordosten her Zirren aufziehen, ist dies das Zeichen für eine Wetteränderung. Spätestens in zwei Tagen wäre es soweit. Was mich noch beunruhigt, ist die fortschreitende Eisbildung im Fjord. Seine Seitenarme sind bereits zugefroren. Würden nicht Ebbe und Flut für den »Wiegeschritt« des Treibeises sorgen, die ganze Wasserfläche wäre bereits erstarrt.

Während der Nacht bleibt es ruhig. Als ich am nächsten Morgen aus dem Zelt krieche, wirkt der Himmel drohend grau. Es sieht nach Schnee aus. Vom Fjord klingt vielfältiges Knirschen zu mir herauf. Dort bricht unter der Bewegung des Wassers eine geschlossene Eisschicht auf. Es sieht ganz danach aus, als würde ich einfrieren. Durch die Vorgänge alarmiert, entschließe ich mich, mit dem Zelt wieder näher an Tiniteqilaaq heranzurücken.

Vom neuen Standort aus mache ich mich am nächsten Tag auf den Weg zu Max: Lagebesprechung! Der Franzose war erkrankt und ist noch immer blaß um die Nase. Aber er besteht darauf, mich nach Ammassalik zurückzubringen. »Und das Eis im Fjord?« frage ich unsicher nach. »Wir werden durch den Ikaasartivag fahren«, beruhigt er mich. »Der Weg ist zwar weiter, aber noch immer offen!« Morgen früh soll es losgehen. Doch mit meiner Ruhe ist es vorbei. Die Bö, welche wie eine Warnung vom Inlandeis heruntergerauscht kam, die sich ankündigende Wetteränderung, die zunehmende Eisbildung – jetzt auch noch Max' Schwäche…

Bevor ich zu meinem Zelt zurückwandere, besuche ich noch kurz Lehrer Jacobsen. »…etwa 50 Häuser, 150 Eskimos, ein einziges Telefon, zwei Krankenschwestern… demnächst entsteht ein ›Service-Haus‹ für die Inuit, dann können sie duschen. Auch Gefriertruhen für den überzähligen Fang will man ihnen stellen… Das Lieblingsfach der Kinder ist Rechnen, den Unterricht in Jagen und Fischen erteilen erfahrene Jäger…« Wie von Maria Steinthorsdóttir, so erfahre ich auch von Damgard Jakobsen eine Menge Wissenswertes. Doch ich bin nicht mehr richtig bei der Sache. Es gibt eine letzte Flugverbindung, und es sind noch zu viele Fragen offen.

Als ich mich von dem Lehrer mit einem »Manga tak for informationer!« verabschiede, überrascht mich seine Frau, eine Inuit, mit einem Geschenk. Zur Erinnerung an Tiniteqilaaq gibt sie mir eine Perlenstickerei, wie sie für die Ostfjorde typisch ist. Gut, daß mein Bart meine Verlegenheit kaschiert.

In dieser Nacht finde ich nur zu einem Halbschlaf. Das Naturerlebnis wird völlig von der Ungewißheit über den Ausgang dieser Reise überlagert. Eben hat neben dem Zelt ein Tier gefaucht! Ich schrecke auf, lausche: die bekannten Geräusche des Eises, sonst nichts. »Du hast geträumt!« beruhige ich mich selbst. Wenig später sitze ich schon wieder. Der Teepott klappert. Ich höre ein leises, schabendes Geräusch – dann wieder Stille. Doch nur Minuten später spüre ich eine Bewegung am Zelt. Plötzlich ein »Schlag« gegen den Tunnel, gefolgt von dem schon einmal wahrgenommenen Fauchen. Erneut ein Ziehen am Zeltstoff. Kein Zweifel, ich habe Besuch von einem Tier. Geräuschlos taste ich zur Trillerpfeife. Ihr schriller Pfiff ist so laut, daß es mich in den Ohren schmerzt. Wieder lausche ich. Aber außer dem Eis rührt sich nichts.

Jetzt wage ich mich mit der Taschenlampe aus dem Zelt – und erschrecke: Es schneit. Ich brauche lange, um die Geräusche, die ich wahrgenommen hatte, im nachhinein zu identifizieren. Das »Fauchen« stammte vom Abrutschen des Schnees auf dem glatten Zeltstoff. Der »Schlag« war das Reißen einer Leine. Sie war durchgebissen worden. Eine zweite hing nur noch an einem Faden. Auch das Rentiergeweih zeigte, wie ich erst viel später bemerkte, Nagespuren. Ein hungriger Fuchs hatte mich besucht; die gereizte Psyche machte das harmlose Tier zu einer unbestimmten Gefahr.

Noch während der Nacht packe ich. Im Morgengrauen eine letzte Tasse Tee aus Schneewasser, dann mache ich mich auf den Weg nach Tiniteqilaaq – durch eine Landschaft, über die sich der Winter legt.

Max ist nicht zu Hause. Seine Frau sagt etwas von »telefuunerpok«. Er war also telefonieren gegangen. Als er zurückkommt, sehe ich schon an seinem Gesicht, daß etwas nicht stimmt. Mit drei Worten klärt er mich auf: »Es gibt Sturm!«

Max hatte in der am Ende des Sundes gelegenen Siedlung Qernertivartivit angerufen, um sich nach dem Wetter und dem Eisgang zu erkundigen. Von dort kam die Sturmwarnung. »Wir können jetzt nicht fahren, es wäre zu gefährlich!« sagte er leise. »Aber dein Flugzeug wird bei Sturm auch nicht kommen. Wenn er durchgezogen ist, bringe ich dich direkt nach Kulusuk. Dann wirst du es noch immer schaffen!« Das entnervende »Vielleicht« ging also weiter.

Ich könnte Kristine Lyngbo beim Wort nehmen: »Im Fall einer Katastrophe anrufen...« Doch was könnte die Dänin in dieser Situation für mich tun? Sturm bedeutet: kein Schiff, kein Hubschrauber!

Max ist unten an der kleinen Bucht. Er hofft auf einen Fisch. Ich soll mich in der Nähe aufhalten, denn er möchte noch einmal Wetterinformationen einholen.

Irgendwie hat es sich in Tiniteqilaaq herumgesprochen, daß ich hier festsitze. Lehrer Jacobsen kommt aus dem Schulhaus und spricht mich an: »Es soll jemand von Angmagssalik[34] hierher unterwegs sein!« Dann wendet er sich an einen der dänischen Techniker, die gerade die Wasserleitung zum Versorgungstank reparieren: »Weißt du Genaueres über das Boot aus Angmagssalik?« Dieser antwortet mit dem ausgestreckten Arm: »Da!« Wir drehen uns alle um. Den felsigen Weg herab kommt ein Mann mit dunkelblauem Allwetteranzug. Damgard Jacobsen spricht ihn an. Ich verstehe etwas von »tysker«, »flyve«... Er erklärt ihm offensichtlich meine Situation. Nun spricht der Mann mich an: »You speak English?« Als ich das bejahe, kommt es wie ein Befehl: »Come on! But hurry up!« Er zeigt in Richtung Hafen und wiederholt: »Hurry up!«

Mir ist danach, den Mann zu umarmen, aber ich hetze los. Mein Gepäck liegt in Max' Hütte. Ihn selbst kann ich vom Dorf aus nicht sehen, nun kann ich mich nicht einmal mehr von dem lieben Kerl verabschieden. Elma, seine Frau, erschrickt, als ich so hereingestürmt komme. Mit wenigen Worten versuche ich sie aufzuklären: »Umiarssuak... Angmagssalik... manákut!« Ich drücke ihr meine Schlafsackrolle in die Hand – als Geschenk für Max, der ihn so gut gebrauchen kann: »Tunissut, Max!« Die junge Frau scheint das alles nicht zu begreifen. Ich werfe den Rucksack über, greife die Kameratasche: »Inuuvd... kussinek!« Beim Abschiedsgruß verhaspele ich mich. In einem späteren Brief müßte ich alles erklären.

Der Skipper wartet bereits auf mich. Mit einem Blick sehe ich, daß dies ein ganz anderes Boot als das von Max ist: Verdeck, Funkausrüstung, ein bulliger Motor. Wir wechseln nur wenige Worte: »Christian!« stelle ich mich vor. »Thomas!« – »Was ist mit dem Sturm?« – »Er kommt über den Sund! Wir fahren durch das Eis!« Habe ich da richtig gehört? Er will durch den Egedefjord? Vor die Wahl gestellt: Sturm oder Eis, hat sich dieser Thomas für das letztere entschieden.

Mit der Schräglage eines Rennbootes kurven wir aus dem Hafen. Hinter uns »kocht« das Wasser. Auf mein »sehr stark!« antwortet Thomas nur kurz: »Ja, sehr!« Doch kaum nähern wir uns der Einmündung des Sarpaqa, ist es mit dem Dahinflitzen vorbei. Thomas nimmt die Fahrt zurück, öffnet die Persenning und steuert das Boot jetzt stehend. Mit geschickten Ruderausschlägen weicht er den Eisschollen aus. Aber als wir den Fjord erreichen, wird die Eismasse zur Barriere. Wir sitzen das erste Mal fest.

Thomas reckt den Oberkörper: Wo ist eine Lücke? Es gibt keine! Wir befinden uns in einer schwimmenden Landschaft aus Eis. Ein Spalt tut sich auf! Mit dem Gespür eines Hundes, der einer Fährte folgt, arbeitet Thomas sich mit dem Boot vor. Er nutzt die Bewegungen des Eises. Doch schon sind wir wieder eingeschlossen. Jetzt versucht er es in die Gegenrichtung. Aber die auf Distanz offeneren Stellen sind in Wirklichkeit spiegelnde Eisflächen. Er durchschneidet sie mit dem Bug wie mit einem Messer. Ist dafür das Eis zu dick, treibt er das Boot mit aller Motorkraft wie einen Keil hinein. Die Geräusche, die dabei am Polyesterrumpf entstehen, klingen für mich fürchterlich. Sägen und Schneideisen scheinen das Boot zerlegen zu wollen. Jeden Augenblick könnte die Kante einer Eisscholle wie eine Faust die dünne Kunststoffhaut durchstoßen und sich dann – den Weg für das Wasser freimachend – langsam wieder zurückziehen. Mir kommen grausige Gedanken.

Thomas hat das Boot gestoppt. Er läßt sich in den Sitz fallen: »Ich brauche eine Zigarette!« An seinem Gesicht erkenne ich, daß er mit der Situation gar nicht zufrieden ist. Der starke Eisgang im Fjord hat wohl auch ihn überrascht.

Jetzt versucht er es wieder: schneiden, brechen, drücken. Er setzt das Mittel ein, das ihm den größten Erfolg verspricht. Dabei scheint er sich an der Färbung des Eises zu orientieren. Trotzdem wird unsere Fahrt immer mehr zu einer Irrfahrt. »Ich brauche eine Zigarette!« Immer wieder muß Thomas pausieren und eine »Prinz« rauchen. Meinen Flieger habe ich längst abgeschrieben. Von Ammassalik könnte ich später nach Westgrönland fliegen – und von dort mit einer Maschine der SAS nach Kopenhagen. Doch mein Rad und das restliche Gepäck stehen im Hangar in Reykjavik. Ich sehe die Tausender nur so davonsegeln.

Thomas reckt sich, er hat etwas erspäht. Eben lagen die Eisschollen noch wie eine Schlinge um das Boot, jetzt kommt Bewegung in die weiße Masse. Wir befinden uns in der Mitte des Fjordes, und es ist der Ebbestrom, der nun nach dem Eis greift. Die Abstände zwischen den Schollen weiten sich. Wir haben es geschafft! Vielleicht erreiche ich mein Flugzeug doch noch!

Thomas spielt jetzt wieder mit der Kraft des Motors. Er nutzt dabei den Windschatten der Eisberge und weicht geschickt der offenen See aus. Von Insel zu Insel huscht er mit dem Boot. Er muß diese Gewässer genau kennen. Sein kurzer Blick zurück über die Schulter scheint zu fragen: »Alles noch okay mit dir?« Jetzt deutet er nach vorn. In der Ferne sieht es nach heftigem Regen aus. Aber als er zum Hörer des Funkgerätes greift, klingt seine Stimme angespannt: »Ammassalik Radio! Ammassalik Radio!« Aus dem Lautsprecher kommen knarrende Geräusche, kaum als eine Antwort zu verstehen. Thomas spricht dänisch. Er gibt unsere Position durch und sagt etwas von »Sturm«. Für mich klingt es fast wie ein Notruf. Noch einmal dreht er sich nach mir um, sagt aber nichts.

Die folgende halbe Stunde gehört zu den schlimmsten Erlebnissen auf all meinen Reisen. Nicht nur die Sturmfahrt an Bord der Finnmarken war mir noch in guter Erinnerung, sondern auch so manche andere »bewegte« Passage. Doch eine See, wie ich sie nun erlebe, war mir bisher unbekannt geblieben.

Der »Regen« entpuppt sich als etwas ganz anderes – als Wasserstaub einer See, deren Oberfläche »zerplatzt«. Wir müssen uns auf der Höhe von Kap Qasigissat befinden, als der Sturm das Boot packt. Es gehorcht nicht mehr dem Ruder, bricht seitlich aus, fällt mit der Geschwindigkeit jäh zurück. Sekunden später jagen wir wieder vorwärts. Nicht mehr der Motor, sondern der Sturm wird zur treibenden Kraft. Wie eine Riesenfaust schlägt er von den Bergen herab auf die See – keine Schaumkronen, nicht einmal richtige Wellen: Er »hämmert« ihre Oberfläche. Diese bewegt sich wie in unzähligen Strudeln – reißt plötzlich auf. Explosionsartig verwandelt sich das Wasser in Gischt. Thomas versucht mit harten Ruderausschlägen das Boot auf Kurs zu halten. Immer wieder zwingt er den Bug nach Norden. Nichts ist mehr von der Lässigkeit zu spüren, mit der er es bisher geführt hatte. Sein Gesicht wirkt versteinert. Nur seine Wangenmuskeln arbeiten. Wieder dieser Anblick: Eine See, wie mit einem Hammerwerk bearbeitet – Vertiefungen, »Dellen«, die mit rasender Geschwindigkeit zusammenfließen und wieder neu entstehen. Dann das »Explodieren«, eine Luft voller Wasserstaub, das Knallen der Persenning. Hinter mir liegt Thomas' Angelausrüstung; sie »schwimmt« bereits. Überall an den Verschnürungen fliegt Wasser ins Boot. Ein harter Schlag, und wir werden um mehrere Meter seitlich versetzt. Für ein paar Sekunden fällt die Persenning hohlwangig zusammen, dann bläht sie sich wieder zum Platzen. Ich versuche, mich an den Verstrebungen festzuhalten, ziehe beim nächsten Schlag den Kopf ein. Wenn wir umschlagen, das weiß ich, bleiben uns ganze vier Minuten zum Leben. Eine eiskalte See verkürzt das Leiden.

So plötzlich, wie wir in dieses Inferno eingetaucht sind, sind wir auch wieder draußen. Der Sturm spuckt uns aus wie ein Tier eine bereits halbverschlungene, ungenießbare Beute. Thomas, der die ganze Zeit mit der Bändigung des Bootes beschäftigt war und seit dem Funkspruch kein Wort mehr gesagt hatte, meldet Ammassalik Radio, daß wir durch sind und noch etwa zehn Minuten bis zum Einlaufen in die Bucht brauchen. Jetzt kann ich nicht mehr anders – vielleicht ist es auch mehr eine Reflexbewegung, das Lösen der Anspannung und Angst –, ich haue ihm mit der flachen Hand zwischen die Schulterblätter: »Du warst großartig!« Es ist ein derber Schlag, ein »Ausrutscher«, aber Thomas zuckt nicht einmal zusammen. Er nickt nur kurz: »Dein Dank ist angekommen!« Und auf das soeben Durchlebte angesprochen, meint er trocken: »Das war ungewöhnlich!«

Vor uns in der See wird ein »weißer Strich« sichtbar. Thomas deutet auf ihn: »Wieder Probleme!« Es ist ein Treibeisfeld, das der Sturm hier an die Küste gedrückt hat. Mittendrin scheint ein anderes Schiff zu stecken; ein roter Punkt ist zu sehen. Thomas fährt den Motor hoch, als wollte er die Eisbarriere rammen, doch dann holt er weit aus. Er hat eine Chance erkannt, das Kielwasser des anderen Schiffes. Es ist die *Nungu Ittuk*, ein großer Frachter, mit einigen 1000 PS mehr als Thomas' *Mariner*. In Schleichfahrt bahnt sich der andere den Weg durch das Eis, und Thomas nutzt die Chance. Noch bevor sich das Kielwasser der *Nungu Ittuk* wieder schließt, sind wir durch. Vor uns liegt die Einfahrt zum Kong Oscars Havn – und hinter der nächsten Biegung Ammassalik. Wir haben es endgültig geschafft!

Thomas lehnt jede Art von Entschädigung schroff ab (immerhin hatte ich 1000 Kronen gespart): ein Händedruck, dann wirft er mir das Gepäck zu. Als letztes höre ich ihn wie im Selbstgespräch sagen: »Ich brauche eine Zigarette!«

Mit seltsam steifen Schritten gehe ich hinauf in den Ort. In mir steckt mehr als bloße Muskelanspannung. Ich bräuchte Stunden, Tage, um mich von dem eben Erlebten zu lösen. Mein erster Weg führt mich zu Kristine Lyngbo: »Hallo, Kristine! Ich bin zurück!« Die Dänin schaut mich verblüfft an: »Wie kommst du jetzt hierher ...?« Ich erzähle ihr von Max Audibert, von den Problemen mit der Rückfahrt und von meinem »Retter«, Thomas. »Sagtest du ›Thomas‹?« fragt sie erstaunt zurück. Ich beschreibe ihr den Mann und das Boot. Sie lehnt sich in ihrem Stuhl zurück, verschränkt die Hände hinter ihrem Kopf und blickt mich eine Weile stumm an. Dann nickt sie: »Du kannst von Glück sagen! Das war Thomas Kristensen. Er ist der erfahrenste Skipper an der Ostküste. Kein anderer Mann hätte dich da hindurchgebracht!« Nach dieser Eis- und Sturmfahrt will ich ihr das gerne glauben.

Nun scheint alles nur noch Routine: Umsteigen in den Hubschrauber, nach kurzem Flug wäre ich drüben in Kulusuk. Mein Flugzeug nach Reykjavik würde ich noch erreichen. Aber ich sollte mich irren. Der Vertreter der Handelsgesellschaft hat eine böse Überraschung für mich. Erst vor wenigen Stunden war die Entscheidung der *Grönlandflug* bekannt geworden, ab sofort keine Passagiere mehr an Bord ihrer Hubschrauber zu akzeptieren, die nicht ein Weiterflugticket für eine ihrer Maschinen besaßen – eine glatte Erpressung, denn diese Gesellschaft hatte im inländischen Flugverkehr eine Monopolstellung.

Was nun? Kristine und der KNI-Mann[35] beruhigen mich: Sie wollen ein Boot für mich arrangieren. Ich sollte mich im Hotel Angmagssalik bereithalten. Man würde sicherstellen, daß das Flugzeug auf mich wartet.

Als ich die Rezeption des Hotels betrete, herrscht dort Revolutionsstimmung. Eine Gruppe Herren mit dem »Greenland Seafood«-Abzeichen an den Jacken diskutiert laut. Der Mann hinterm Tresen übertönt sie noch. Er wettert ins Telefon. Ich bekomme mit, daß es um die Entscheidung der *Grönlandflug* geht. Es fallen böse Worte. Mitten in der Kanonade hält der Mann inne; er hat mich bemerkt: »Entschuldigung, was kann ich für Sie tun?« Als das Stichwort: »Weigerung der *Grönlandflug*« fällt, schreit er förmlich auf: »Sie sind der richtige Mann im richtigen Augenblick!« Dann sagt er etwas ins Telefon (es klingt wie »internationale Blamage«) und reicht mir mit den Worten: »Für Sie, Grönland-Radio, sagen Sie ihnen, was Sie darüber denken ...!« den Hörer. Ich bin etwas überrumpelt, aber das Ganze kommt mir nicht ungelegen. Denn *so* war ich noch nie von einer Fluggesellschaft verschaukelt worden. Man fliegt mich nach Ammassalik und verweigert mir den Ausflug!

Am anderen Ende der Leitung ist Lars Törgensen, von Nuuk-Radio. Damit beginnt ein Interview, das, wie ich später erfahre, noch am Abend des gleichen Tages in seiner ganzen Bissigkeit ausgestrahlt wird. Und ich »beiße« wirklich. Ich spreche von »verschaukeln«, von »Bedingungen wie in einem afrikanischen Winkelstaat«. Schließlich gehöre Grönland zum Königreich Dänemark, da sollten auch im Luftverkehr »europäische Normen« gelten! Wie ich mir so meine ganze Verärgerung aus der Seele prügele (da kommt wohl auch der Streß der letzten Tage durch), macht einer der Seafood-Herren das »Daumenzeichen«: »Gib's ihr!« Er meint damit die *Grönlandflug*.

Lars Törgensen hat ein »Thema«, und er wird unglaublich agil. Er schaltet sogar den Minister für Tourismus ein. Aber man kennt die Sprache der Politiker: »Das klingt seltsam, dieses Problem müssen wir lösen…« – »Manga tak, herre minister… so lange wartet mein Flugzeug nicht, und es ist das letzte, welches von Kulusuk nach Island fliegt!« Dafür hat der Mann aus dem Hotel die Lösung. Er stellt sich jetzt vor: »Lin Tay, Manager des Hotels Angmagssalik. Mit diesem Interview haben Sie uns sehr geholfen. Nehmen Sie es als Sonderservice, daß wir Sie jetzt mit unserem Schiff nach Kulusuk bringen!« Ein paar Telefongespräche, und alles ist geklärt. Kristine Lyngbo wird über den »Sonderservice« informiert. Im hoteleigenen Bus bringt man mich zum Hafen. Dort besteige ich wieder ein »rotes Holzschiff«. Es ist die *Timik*, ein fischkuttergroßes Boot. Als es ablegt, klettert sogleich ein Eskimo hinauf in den Mastkorb: Eiswache! Der Kapitän muß sich auf seine Handzeichen verlassen, denn nur aus der Höhe ist das Treibeis zu überblicken. Einmal gestört, scheint es sich ähnlich langsam zu beruhigen wie eine von Wölfen aufgescheuchte Herde Karibus. Die *Nungu Ittuk* hat zudem mit ihrer Verdrängung die Abdrift des Eises begünstigt. Schneller als erwartet sind wir durch.

Jetzt wärmt sich der Eskimo in der Kombüse bei einer Tasse Kaffee auf. Er hat die Feuerwehrschule besucht und spricht deshalb etwas Englisch. Ohne daß ich ihn ausfrage, beginnt er zu erzählen. Sein Herz gehört den Schlittenhunden. Er berichtet von seinem ersten schweren Fehler während der Jagd. Nach dem Erlegen eines Eisbären hatte er die Hunde mit den noch warmen Innereien gefüttert. Damit wurde das ganze Gespann unbrauchbar; denn sobald die Meute später einen Bären ausmachte, hörte sie auf keinen Befehl mehr. Sie gierte nur noch nach warmem Blut. Geradezu begeistert erzählt er von der Fähigkeit der Hunde, selbst die Dicke des Eises zu »riechen«. Sie »sagten« ihm, wenn es den Schlitten nicht mehr tragen würde, wenn eine Strömung am Eis leckte. Fast bereue ich es, daß Kulusuk bereits in Sicht kommt. Gerne möchte ich noch länger Zuhörer sein.

Die *Timik* verlangsamt ihre Fahrt. Vor der Insel herrscht erneut Eisgang. Aus Sicherheitsgründen werde ich ausgebootet. Der Inuit setzt mich im Beiboot an einer Stelle am Ufer ab, von der es nur noch wenige Meter bis zur Piste sind. Ein letztes Mal nutze ich meine bescheidenen Sprachkenntnisse: »Kujanak! Inúvdluarkussinek!«[36]

Zwei Maschinen stehen am Rand des Rollfeldes: ein Flugzeug der *Ice-Patrol* und eine zweimotorige Cessna mit dem Rufzeichen TG-GTO. Sie trägt nicht den Schriftzug der *Odin Air*, aber eine Verwechslung ist ausgeschlossen, denn im Hotel war die Ankunft der Maschine aus Reykjavik gemeldet worden. Jetzt erkenne ich auch hinter einem der Fenster das Gesicht des britischen Geschäftsmannes. Wie ich später von ihm erfahre, hatte man ihn noch an Bord des Hubschraubers gelassen. Die anderen vier Fluggäste sind Geologen.

So als hätte der Pilot meinen Namen erraten, spricht er mich an: »Mister Hannig?« Ich nicke: »Yes!« Mit einer Handbewegung fordert er mich zum Einsteigen auf: »We are ready!« Wenig später starten wir in einer großen Staubwolke. »Farvel Grönland!«

Hinter mir liegen aufregende Stunden. Aber wie bei Musikstükken, die man bereits zu Ende wähnt, denen aber doch noch ein Paukenschlag folgt, so hat auch diese letzte Etappe noch ein Nachspiel. Nach der Landung in Reykjavik wird mein Name aufgerufen: »Mister Hannig! Mister Hannig, please!« Als ich mich zu erkennen gebe, kommt ein Herr in Blau auf mich zu. Was ich aus seinem Mund erfahre, zieht mir fast die Beine weg. Noch während ich am inneren Eisfjord gezeltet hatte, war der totale Zusammenbruch der Fluggesellschaft *Odin Air* erfolgt. Ihre Maschinen gehörten bereits den Gläubigern. Darüber informiert, daß auf Grönland ein britischer Geschäftsmann und ein deutscher Outdoor-Typ auf den zugesagten Rückflug warteten, hatte uns eine Maschine der *Leiguflug*, die in eigener Mission die Geologen abholte, mit an Bord genommen. Von den Piloten wurden wir darüber nicht aufgeklärt. »Und«, so der Vertreter der *Leiguflug*, »für Ihren Rücktransport wurden wir nicht einmal bezahlt!«

Erst jetzt begreife ich: Der letzte Flieger war gar nicht mehr gekommen, dafür der »allerletzte«!

Ich gehe hinüber zum Hangar der *Odin Air*, wo mir ein Pilot, der nun keinen Job mehr hat, das Tor aufschließt. Da stehen mein Rad und das restliche Gepäck. Bei dem Anblick muß ich lächeln. Sie wirken wie ein Überbleibsel der Konkursmasse.

Was mir jetzt noch bleibt, ist die 50-Kilometer-Zielgerade zum Flugplatz Keflavik – fünfzig Kilometer von über fünftausend. Doch was sagen angesichts dieser Reise schon Distanzen. Ihre Dimension liegt im Erlebnis!

Finnur Jónsson *als Wandbild an der Schule von Grimsey*

Infos

Tour und Technik

Die 5000 Kilometer lange Tour wurde mit einem Mountainbike (Kettler, Safari-Street) gefahren. Technische Änderungen: Ledersattel (Brooks), gegabelter Vorbau (MTS 100), »Alltagslenker«, verstärkter Stahlständer. Bereifung: Schwalbe Marathon. Technische Probleme gab es nicht. Das Wechseln der Kette (nach 3500 Kilometern) und des hinteren, kleinen Zahnkranzes gehörten zum normalen Verschleiß. Nach der Tour wurden die Schalt- und Bremszüge erneuert, da Korrosionsschäden durch Salzluft/Seewasser vorlagen. Es gab weder Reifen- noch Schlauchschäden. Allerdings wurde das Rad auf extrem rauhen Pistenabschnitten geschoben. Die Gepäckbelastung betrug ca. 30 Kilogramm. Eine technische Veränderung ermöglichte die Benutzung normaler Packtaschen (Agua) als Low bags. Die Gewichtsverteilung vorne/hinten war deshalb gleichmäßig.

Zelt: Hilleberg-Tunnel, Schlafsack: Nordkap, Bekleidung: Fjäll Räven, teilweise gebrauchte Militärkleidung, ansonsten durchwegs Wolle/Baumwolle, Schuhe: Canadian Badlanders.

Straßenverhältnisse: In Nordskandinavien sind inzwischen fast alle Hauptstraßen asphaltiert. Restabschnitte befinden sich im Ausbau. Straßen von Dorf zu Dorf zeigen das übliche Profil: Rillen, Schlaglöcher, aufgewühlte Kurven. Der Lehmanteil des Belages kann sie nach längerem Regen für Radler zum Problem werden lassen. Auf den Färöern sind praktisch alle Verkehrswege asphaltiert, das gilt auch für kleine Nebenstraßen. Zum Risiko können die Tunnel werden. Fast alle sind unbeleuchtet, manche nur einspurig ausgebaut (besonders kritisch bei Lkw-Verkehr). Bei ruhigen Wetterlagen besteht zusätzliche Gefahr durch Abgasstau. Für das Durchfahren der längeren Tunnel gilt die Regel: möglichst früh oder möglichst spät – also dem Verkehr zeitlich ausweichen. Auf Island ist der Ausbau der Ringstraße weiter fortgeschritten. Aber noch immer gibt es rauhe Pistenabschnitte. Bei umsichtiger Fahrweise sind sie jedoch auch mit einem normalen Rad zu bewältigen. Für die Hochlandtracks gilt: Alles »wie gehabt«. Nur wer sein Rad quälen möchte, bleibt auch auf ihnen durchgehend im Sattel. Auf Pisten aus Vulkanasche/Schlacke besteht erhöhte Sturzgefahr. Wer Flußdurchquerungen scheut, muß auf einen »Lift« warten, was etwas dauern kann. Grönland ist praktisch straßenlos. Nur im Westen der Insel gibt es ein paar Kilometer Asphaltstraße, ansonsten nur das innerstädtische/dörfliche Verkehrs- und Wegenetz. Die Insel ist damit auch kein Parcours für ein Mountainbike.

Wetter und Klima

Für den Reisenden, erst recht den Radler, ist das Wetter ein zentrales Thema. Bezogen auf diese Tour läßt sich hierzu verallgemeinernd folgendes sagen: Östlich des großen skandinavischen Gebirgszuges herrscht kontinentales (trockenes) Klima. Demgegenüber ist der gesamte norwegische Küstenbereich als »naß« zu bezeichnen. Westliche Winde führen dort zu Wolkenstau (Regen). In diesem Fall wäre es unsinnig, an der Küste zu verweilen. Die Lofoten schneiden wettermäßig günstiger ab. Auf den Färöern überwiegen die Regentage, womit gleichermaßen Schauer- wie Dauerregen gemeint ist. Nebellagen sind häufig, wobei es sich in höheren Lagen um »aufliegende Wolken« handelt. Wind – bis Orkanstärke – gehört auf den Färöern zum Wetteralltag. Windstille Tage sind eine Rarität. Das isländische Wetter wird von der vorherrschenden Windrichtung bestimmt. Südliche bis westliche Winde haben Regen in den südlichen Landesteilen – und Sonne im Norden – zur Folge. Bei nordwestlichen bis nördlichen Winden ist es umgekehrt. Wer keinen festen Routenplan hat, sollte diese Regel nutzen. Grönland hat seine eigene Wetterküche. Es gibt langanhaltende Schönwetterperioden (1992 in Ostgrönland über Monate), aber auch plötzlich Einbrüche (Nebel, Sturm).

Die Temperaturen bezogen auf diese Tour: Nordfinnland (Mitte September): 10 Grad, Nachtfröste. Norwegen, Eismeerküste (Anfang Oktober): 3–10 Grad, am Kap Nachtfrost. Strecke Hammerfest–Narvik (Mitte Oktober): 7 Grad, in Höhenlagen Nachtfrost bis minus 10 Grad. Schweden (Polarkreis): Anfang Juni 7 Grad, in Höhenlagen um Null, norwegische Küste/Lofoten: 10–15 Grad, Ende Juni auf Höhe des

Polarkreises 5 Grad. Färöer (Juli): 10–12 Grad, Südisland (August): 10 Grad, Hochland: 5 Grad, absinkend. Insel Grimsey (September): 7–10 Grad. Ostgrönland (September): 5–10 Grad, sich verstärkende Nachtfröste.

Ein ganz anderes Thema ist das Klima. Die zunehmende Bildung von Stürmen, ein »Wettermerkmal« dieser Tour, wird von der Wissenschaft als Folge der Störung der Atmosphäre interpretiert (auf der nördlichen Erdhalbkugel Vertiefung der Tiefdruckrinne, Stichwort »Islandtiefs«). Obwohl weltweit vom »Treibhauseffekt« gesprochen wird und in Norwegen, Island und Grönland deutliche Spuren des Zurückweichens der Gletscher zu finden sind, ist in diesen Bereichen – ausgehend von der Arktis – bereits eine Klimaverschlechterung eingetreten (woran auch der isländische Jahrhundertsommer – 1991 – nichts ändert). Seit etwa 1960 werden rückläufige Temperaturen gemessen, und die Momentaufnahme der abschmelzenden Gletscher (siehe Eindrücke von dieser Tour) ist insofern kurzsichtig, als sich zum Beispiel auf Island allein in wenigen Jahren die Zahl der »wachsenden« Gletscher verdoppelt hat. Welche Folgen eine Klimaverschlechterung in diesen Bereichen hat, zeigen die Aufgabe der Besiedlung Grönlands durch die Wikinger und die Viehverluste der Isländer im 18. Jahrhundert. Damals verhungerten auf der Insel 4500 Pferde und 50000 Schafe.

Schlechtes Wetter mag also einem Radler die Tour erschweren, eine anhaltende Klimaverschlechterung bedeutet dagegen für die Menschen, die am Polarkreis leben, das Ende ihrer wirtschaftlichen Existenz.

Der Weg der Wikinger: eine Zeittafel

Die Landnahme der Wikinger außerhalb Norwegens fällt mit der Herrschaft König Haralds (860–930) zusammen, dem eine rigorose Handhabung der Macht nachgesagt wird. Der Mangel an fruchtbarem Land in den Fjordbereichen mag ein weiterer Anlaß für die Auswanderbewegung gewesen sein.

um 860	Besiedlung der Färöer und der Shetlandinseln. Der Wikinger Naddothur entdeckt von den Färöern aus Island. Er nennt es »Schneeland«.
865	Der schwedische Wikinger Garthar Svavarsson sucht dieses Land, umfährt die Insel und gibt ihr den Namen »Gartharholmi«. Ein gewisser Flóki tauft sie später in »Island« um.
870	Ingólfur Arnarson wird der erste Siedler Islands.
um 970	Ein gewisser Snaelbjörn kommt bis an die grönländische Küste, überlebt die Fahrt aber nicht.
982	Erik der Rote wird zum Entdecker Grönlands.
985	Bjarni Herjólfur verfehlt mit seinem Boot Grönland und erreicht Amerika.
990	Leifur Eriksson entdeckt von Grönland aus Labrador und Neufundland.

Reisen zur Unzeit

Bei dieser Tour wird deutlich, daß der Autor nicht nur das jahreszeitliche Erlebnis suchte (Herbst; Wintereinbruch und Frühling), sondern diese Zeitwahl auch traf, um dem Strom der Touristen auszuweichen. Massentourismus, und diesen gibt es inzwischen leider auch in Nordskandinavien und auf Island (Grönland wird gerade »erschlossen«), ist gleichermaßen unsensibel gegenüber der Natur wie den Menschen. Wer hier am Ende einer Tour vom »Reichtum einer Reise« (siehe Vorwort) sprechen möchte, der sollte zur »Vorhut oder Nachhut der Herde« werden.

Glossar

1	»achte Jahreszeit«	Im Gegensatz zu uns unterscheiden die Samen acht Jahreszeiten, beginnend mit dem »Früh-Frühling«. Die achte, der Winter, folgt dem »Spätherbst«
2	Lebloses, Nisse, Wanze, Kakerlake	bezieht sich auf die Größe des Goldes. »Lebloses« ist Goldstaub, eine »Kakerlake« ein Nugget
3	Bensiini asema	Tankstelle
4	Noaide	Mittler zwischen den Menschen und den überirdischen Mächten (Schamane)
5	Skoltefossen	Wasserfall an der finn.-norweg. Grenze
6	rugbröd, smör, geitost	Graubrot, Butter, Ziegenkäse
7	Ruosas, Uldas	Dämonen
8	Torfgammen	igluähnliche Behausungen aus Holz, Steinen, Torfsoden
9	gatekjökken	Imbißstube
10	ingen kaker	kein Kuchen vorrätig
11	Rafting	Wildwasserfahrten
12	ackja	Rentierschlitten
13	Königspfad	bekanntester schwedischer Wanderweg
14	Pinguicula alpina	Alpenfettkraut
15	Gretirsteine	»Spielsteine« des Riesen »Gretir«
16	rorbu	ror = Ruderer, bu = Hütte, seenahe Hütten, die früher den Ruderern der Fischerboote als Unterkünfte dienten. Heute (auch als Nachbauten) an die Touristen vermietet
17	Königshof	Hof aus altem Kirchenbesitz, der dem König zufiel und so, dem Erbrecht entzogen, nicht geteilt werden durfte
18	kjöt	hier ist wohl »Lammfleisch« gemeint
19	»Vom Hoch ins Tief geht's schief«	bezieht sich auf die Linien gleicher Luftdruckwerte (Isobaren), die im Tief »absinken«

20	»tak fyrir«	erweiterter Dank, etwa: »Danke für das, was du für mich getan hast!«
21	tjaldsvaedi	Campingplatz
22	warden	Aufsichtsperson
23	Inuit:	die Ausdrücke beziehen sich auf das Wort »Hilfe« und davon abgeleitete Verben
24	heitt sukkuladi	heiße Schokolade
25	Tölt	Gangart, die nur dem Islandpferd eigen ist
26	Windchill-Faktor	Temperaturerniedrigung durch Windeinfluß. Beispiel: Minus 10 Grad werden bei 40 km/h Wind wie minus 29 Grad empfunden
27	Konjunktivitis	Bindehautentzündung
28	Trollbrote	Steine, die durch Frostspaltung in Scheiben geschnittenen Broten gleichen
29	Krafla-Feuer	über Jahre währender Ausbruch der Krafla (ab 1980)
30	Nonni	Jugendname für den Schriftsteller Jón Sveinsson. Hier bezogen auf sein Buch »Erlebnisse eines jungen Isländers«
31	nordurheimskautsbaugur	Polarkreis
32	»Tak for moje«	»Danke für die Mühe!«
33	»einen letzten Zettel schreiben«	bezieht sich auf die Romanfigur »Aaron Coates«, der in Alaska – auf sich allein gestellt – an einer Beinverletzung starb und kurz vor dem Tod auf einen Zettel sein Testament schrieb
34	Angmagssalik	zweite Form von »Ammassalik«
35	KNI	Inuitkürzel für »Königlich-Dänische-Grönländische Handelsgesellschaft«
36	Inuit:	»Danke! Auf Wiedersehen!«

Literatur

Bei der Reiseplanung und für die Erstellung des Manuskriptes wurden folgende Bücher, Broschüren und Karten verwendet:

Ernst Manker, Menschen und Götter in Lappland
Erich Kasten, Kulturwandel bei den Samen
Barbara Kirchhof, Die Lappen, Wirtschafts- und Lebensweise am Rande der Ökumene im Wandel
Werner Nigg, Lappland vom Polarkreis zum Nordmeer
Reinhold Dey, Land der Mitternachtssonne
Jutta May, Lappland, Goldstadt-Reiseführer
Frank Peter Herbst und Peter Rump, Lappland-Handbuch
Israel Ruong, Die Samen, Identität und Identitätskriterien
Lilian Bye, Das Jahr der Lappen
Johan Turi, Erzählungen vom Leben der Lappen
Seppe J. Partanen, Lappländisches Gold
Ulrich Kreuzenbeck und Hans Klüche, Färöer
Nordis, Scandica Sonderheft Nr. 11, Färöer
Dr. Ernst und Franzi Krenn-Gjógv, Föroyar, Inseln des Friedens
Else Zimmermann-Ost, Die Färöer, die unbekannten Inseln
DuMont Landschaftsführer, Die Färöer
Hjálmar und Bárdarson, Island, Porträt des Landes und des Volkes
W. Schutzbach, Island, Feuerinsel am Polarkreis
Samivel, Island, Kleinod im Nordmeer
Wissenschaftliche Länderkunden, Band 28, Island
Bamberger Geographische Schriften, Das Frostklima Islands seit dem Beginn der Instrumentalbeobachtungen
Wolfgang von Geldern und Michael Kunert, Grönland
Martin Komp, Grönland, Reisehandbuch für Einzelreisende
Ferner: die Publikationen der länderbezogenen Touristeninformationen sowie des »Svenska Institutet«, Stockholm
In sprachlichen Fragen erfolgte ein Rückgriff auf »Langenscheidt«, Bergveinsson (Isländisch), Jóhannesson (Isländisches Etymologisches Wörterbuch), Dansk-Grönland Ordbog (Inuit)

Verwendete Karten

Norwegen:	Kümmerly & Frey, Blatt 4 und 5
Finnland:	Generalkarte »Saamenmaas«
Schweden:	Scanmap, Blatt 8
Färöer:	Scanmap, Topographischer Atlas
Island:	Landmaelingar Islands/Geodetisk Institut, Touring Map 1:500 000, Mid-Island (Blatt 5), Midsurdurland (Blatt 6), Mitausturland (Blatt 8)
Grönland:	Kort og Matrikelstyrelsen, Danmark/Grönland, 65Ö-1

Zur Schreibweise

Buchstaben, die im üblichen Typensatz nicht vorkommen, wurden in Anlehnung an ihre Aussprache wie folgt umschrieben:

å = a
æ = ae
ø = ö
ð = th oder d

MIT DEM ABENTEUER UNTERWEGS

Reiseerzählungen im Paperback: Interessante und informative Erlebnisberichte aus allen Kontinenten mit Schwarzweißfotos – ungewöhnliche Reisen mit Grenzerfahrungen

Konrad Gallei / Gaby Hermsdorf
Blockhaus-Leben
Ein Jahr in der Wildnis von Kanada
224 Seiten,
32 s/w Fotos, 2 Karten
ISBN 3-89405-014-4

Dieter Kreutzkamp
Husky-Trail
Mit Schlittenhunden durch Alaska
256 Seiten,
52 s/w Fotos, 4 Karten
ISBN 3-89405-080-2

Christian E. Hannig
Im Land der Schotten
Die Highlands, Hebriden und Orkneys
ca. 250 Seiten,
ca. 40 s/w Fotos
ISBN 3-89405-077-2

FREDERKING & THALER